추천사

"뉴먼은 우리가 가족과 가까운 친구들에게 복음을 전하는 매우 어려운 과제를 성취할 수 있도록 돕는 훌륭한 책을 선물했다. 이 책은 시종일관 명쾌하고 솔직하고 유머러스하며 강한 설득력을 갖는다. 성공과 실패의 이야기들은 예리하게 급소를 찌르며, 각 장(章)의 끝에 있는 '전도를 위한 팁'은 독자들에게 큰 도움이 될 것이다. 나는 하나님께서 이 책을 사용하셔서 많은 사람들을 그리스도께 이끄실 것을 추호도 의심하지 않는다."

— 로버트 피터슨, 커버넌트 신학교 조직신학 교수

"이 책은 자신의 가족을 그리스도께 이끌기를 열망하는 그리스도인들에게 큰 희망을 준다. 뉴먼은 견고한 신학적 기초를 바탕으로 독자들에게 건전한 조언과 충고를 제공한다. 그러면서 사람들을 예수께 이끄는 기술과 관련하여 머리와 마음을 잇는 풍부한 이야기를 통해 그의 통찰력을 선명하게 드러낸다. 이 책에 나오는 방법은 일차적으로 가족 전도에 초점이 맞추어져 있지만 모든 종류의 전도에 쉽게 적용할 수 있다. 복음을 전하는 기술을 향상시키기 원하는 모든 그리스도인에게 이 책을 추천한다."

— 제리 루트, 휘튼 칼리지 전도와 리더십 교수
『복음주의 성찬식The Sacrament of Evangelism』의 공동 저자

"오늘날 도시에서 목회하다 보면 쉽게 정치적이며 외교적인 태도를 갖게 될 수 있다. 그러나 그런 가운데서도 나는 항상 진리를 사랑하는 기지(機智)를 구체화하는 사람들을 주목하곤 한다. 랜디 뉴먼이 바로 그런 사람이다. 그가 복음을 전하기 위해 사용하는 기술은 매우 모범적이다. 이 책에서 뉴먼은 믿지 않는 가족들에게 담대하면서도 재치 있게 복음을 증언하는 방법을 제시한다. 독자들은 이 책을 통해 많은 유익을 얻게 될 것이다."

— 존 예이츠, 버지니아 주 폴스 교회 담임목사

"뉴먼은 '복음주의 철학회'가 주최한 변증론 강좌에서 수많은 평신도 청중을 매혹시켰다. 복음을 전하는 그의 접근법은 사려 깊은 믿음과 사람들에 대한 깊은 동정심을 놀라운 방법으로 혼합시킨다. 독자들은 그의 통찰력으로부터 큰 영감을 받게 될 것이다."

— 윌리엄 레인 크레이그, 탈봇 신학교 철학 교수
'합리적인 믿음'(www.reasonablefaith.org)의 설립자

"이 책의 제목은 그다지 세련되지 못하다. 그러나 만일 당신이 믿지 않는 가족을 믿음으로 이끄는 방법에 관한 이야기를 듣기 원한다면, 이 책을 읽어라. 그리고 저자의 지혜와 희망으로 가득 찬 생각을 들어보라. 그러면 당신은 그로부터 큰 도움을 얻게 될 것이다."

- 존 서머빌, 플로리다 대학 영국사 명예교수
『뉴스는 어떻게 우리의 말을 막는가*How the News Makes Us Dumb*』의 저자

"이 책을 통해 뉴먼은 어떻게 우리가 가족을 친근하며 재치 있게 그리고 은혜와 진리로 대할 수 있는지를 보여준다. 사랑하는 사람들을 그리스도께로 인도하는 것은 매우 어려운 일인데, 이 책은 우리에게 사용자 친화적인 로드맵을 제공해 준다."

- 로버트 슈워츠왈더, '가족 연구 위원회'(Family Research Council) 부회장

가족 전도

가족과 가까운 친구들에게 복음을 전하는 방법

가족 전도

가족과 가까운 친구들에게 복음을 전하는 방법

랜디 뉴먼 지음 | 정충하 옮김

CH북스

나의 사랑하는 세 아들

댄, 데이비드, 존에게 기쁨으로 헌정함

"자식들은 여호와의 기업이요"(시 127:3)

목차

모든 책 뒤에는 그것이 나오기까지 수고한 사람들이 있다. 이 책 역시 예외가 아니다. 우선 가족에게 복음을 전하는 일과 관련하여 나에게 그들의 이야기를 공유해 준 많은 사람들에게 감사를 드린다. 그들 가운데 많은 이는 눈물을 흘리면서 이야기를 들려주었다. 가족에 대한 그들의 애절함과 동정심은 나를 크게 감동시켰다.

나의 두 번째 가정인 '감람나무 회중'(Olive Tree Congregation)은 이 책이 만들어지는 과정 가운데 많은 기도로 나를 뒷받침해 주었다.

또 많은 친구가 나를 격려해 주었다. 특별히 스펜서 브랜드, 패트릭 데니스, 마크 피터스버그, 린 존슨, 글린 올랜드, 워싱턴 D.C.의 CCC 간부들, 동료 대학교수들, 교회의 부부 그룹, 조지 메이슨 친목회 회원들에게 감사를 전하고 싶다.

특별히 나에게 영향을 준 팀 켈러의 설교들과 D. A. 카슨의 신학 서적과 C. S. 루이스의 책들에 대해 하나님께 감사를 드린다.

그리고 무엇보다 나의 가족에게 고마움을 전한다. 그들이 없었다면 내가 어떻게 가족과 관련한 책을 쓸 수 있었겠는가?

항상 나를 대단한 아들로 생각해 주시는 어머니와 아버지에게 감사를 드린다. 사실은 그렇지 않은데 나에 대한 변함없는 그들의 사랑은 하나님께 감사를 드리지 않을 수 없다.

또 중국 음식을 함께 나누기 위해 먼 길을 기꺼이 달려와 줄 정도로 가정을 소중하게 여기는 배리와 엘렌과 수지에게 감사하다.

또 계속 기쁨과 웃음을 선사해 주는 댄과 데이비드과 존에게 고맙다.

그리고 가장 예리한 비판자이자 가장 부지런한 교정자이며, 가장 큰 응원자이자 가장 사랑스러운 동반자인 아내 팸에게 고맙다. 그녀가 없었다면 나는 이 책을 쓸 정도로 가정을 소중하게 여기지 못했을 것이다. 그녀 덕분에 나는 스스로를 드러낼 수 있었을 뿐만 아니라 다른 사람들도 나처럼 되기 바랄 정도로 가정생활을 즐길 수 있었다.

한 친구는 내가 불신 가족에게 복음을 전하는 방법에 대한 책을 쓰고 있다고 말하자 나에게 각 장의 제목을 다음과 같이 붙이라고 말했다.

> 1장: 그렇게 하지 마!
>
> 2장: 그렇게 하지 마!
>
> 3장: 내가 지금 농담을 하고 있다고 생각해?
>
> 4장: 다른 사람이 그렇게 하도록 기도해!
>
> 5장: 1장과 2장과 3장을 복습해!

그리고 나서 그는 가족에게 복음을 전하지 말아야 하는 몇 가지 이야기를 들려주었다. 그것은 그의 생각을 입증하는 예화였는데 실패한 경우가 성공한 경우보다 훨씬 더 많았다.

그러나 그것이 나의 작업을 단념시키지 못했다. 단념은커녕 도리어 더 가속시켰다. 2004년에 나의 첫 번째 책 『전도, 예수님처럼 질문하라』(두란노, 2013)가 출간된 이래, 하나님은 나에게 전도에 대해 강의할 수 있는 기회를 많이 주셨다. 강의가 끝나면 종종 문답시간이 이어졌는데, 그때 가장 많이 받은 질문이 '어떻게 불신 가족에게 복음을 전할 것인가'에 대한 것이었다. 그들은 어떻게 사랑하는 사람들에게 복음을 전할 수 있는지를 알기 원했다. 눈물을 흘리며 무신론자 아버지, 냉소주의자 어머니, 동성연애자 형제, 마약중독자 자매, 다른 종교에 빠진 딸, 타락한 사촌 등에 대해 이야기했다.

어떤 사람들은 한때 굳센 믿음을 지켰던 가족에 대해 이야기했다. 그들의 증언은 이런 방식으로 이어진다. "우리는 독실한 기독교 가정에서 자랐습니다. 그러나 지금 나의 형제는 하나님에 대해 전혀 관심이 없습니다." 때로는 반대로 이야기가 진행되기도 한다. "나는 유대교(혹은 이슬람교, 혹은 힌두교, 혹은 불교) 가정에서 자랐습니다. 그러다가 대학에 들어가 복음을 접하고 기독교인이 되었습니다. 그러자 부모님은 나와 의절하겠다고 하십니다." 때로 부모와 의절하는 일이 실제로 일어나기도 한다. 한 자매는 힌두교 사제인 자신의 아버지가 이렇게 경고했다고 말했다. "만일 네가 또다시 교회에 발을 들여놓는다면, 나는 자살할 거야." (그녀의 상황에 대해서는 나중에 좀 더 상세히 다룰 것이다.)

그런가 하면 기독교 가정으로부터 뛰쳐나와 시궁창 속에서(마약이나 섹스 혹은 마귀가 예비한 다른 시궁창 속에서) 뒹구는 '탕자들'도 있다. 또한 반대로 시궁창 속에서 뒹굴다가 그리스도인이 된 사람들은 패역한 자들로 간주되기도 한다. 하지만 두 경우 모두 당사자가 느끼는 고통은 거의 차이가 없어 보인다.

내가 이 책을 쓴 목적은 희망을 주기 위함이다. 성경이 하나님의 구원 역사를 종종 기적으로 묘사하는 것을 생각해 보라. 그분은 한때 허물과 죄로 죽었던 자들을 다시 살리셨다(엡 2:1-5). 그분은 우리를 흑암의 권세로부터 건져내셨다(골 1:13). 그분은 그것을 사람은 할 수 없으나 하나님은 하실 수 있다고 설명하셨다(마 19:26). 우리는 전도가 기적의 영역에서 일어난다는 것을 기억할 필요가 있다. 그렇게 할 때 우리는 더 신실하게 기도하고 더 전심으로 의지하고 더 온유하게 복음을 전하기 시작할 것이다. 우리가 우리의 능력을 의지하지 않고 하나님의 구원의 능력을 붙잡을 때, 비로소 희망을 발견하게 된다.

나는 이런 주제를 탐구하는 과정에서 많은 그리스도인들과 인터뷰를 했다. 그들은 나에게 다양한 이야기를 해 주었다. 그중에는 해피엔딩으로 끝나는 이야기도 있고 그렇지 않은 이야기도 있었는데, 나는 이 책에서 그 이야기를 나누고자 한다. 우리는 그 이야기 속에서 유익한 교훈을 발견하게 될 것이다.

우선 나의 이야기를 나눠 보겠다.

유대교 가정에서 자란 나는 대학교 2학년 때 예수님을 메시아로 믿었다. 유대교 가정이라는 것은 어머니가 철저한 유대교도임을 의미한다. 유대교도 부모에게 내가 그리스도인이 되었다고 말하는 것은 정말로 어려운 일이었다. 그들의 반응은 일단 조용했지만, 나는 전화를 끊은 후 그들이 서로 무슨 말을 할지 걱정이 태산 같았다. (여담이지만 가족에게 새로운 종교를 갖게 되었다고 이야기할 때는 직접 대면해서 이야기하는 것이 전화로 하는 것보다 훨씬 더 낫다. 그러나 나는 겁쟁이라서 그렇게 하지 못했다.)

나의 부모님은 스스로 진보주의자임을 자처하는 분들로, 그저 나로 인해 행복하다고 말씀하실 뿐이었다(어머니가 전화로 말씀하시는 동안 아버지는 아무 말도 하지 않고 가만히 계셨다). 유대식 억양의 "나는 너로 인해 행복하단다"라는 어머니의 말은 나에게 "너는 나를 정말로 비참하게 만드는구나"로 들렸다. 이어서 어머니는 나에게 두 가지를 요청하고 세 가지 소원을 말씀하셨는데, 그것을 나는 결코 잊을 수 없다.

> 요청 1: 할아버지와 할머니에게는 그 사실을 말하지 말라.
> 요청 2: 네 남동생으로부터 떨어져 있어라.
> 소원 1: 네가 콜로라도의 공동체 모임에 참여하지 않았으면 좋겠다.
> 소원 2: 네가 세상을 바꾸려고 하지 않았으면 좋겠다.
> 소원 3: 네가 머리를 삭발하지 않았으면 좋겠다.

'세상을 바꾸자'라는 모토 아래 설립된 CCC에서 사역하고 있는 나는 종종 "네가 세상을 바꾸려고 하지 않았으면 좋겠다"라는 어머니의 말을 생각하며 웃는다. 하지만 나는 머리를 삭발하지는 않았다.

부모님에게 복음을 전하려는 나의 첫 번째 시도는 완고한 저항에 부딪혔다. "우리는 너로 인해 행복하단다"라는 말 다음에는 항상 '그렇지만'이 따라왔다. "그렇지만 그 문제에 대해서는 우리에게 말하지 말아라", "그렇지만 우리는 그 문제에 대해 듣고 싶지 않단다", "그렇지만 그 이야기는 하기 싫구나 다른 이야기를 하자." 메시지는 분명했다. 예수님에 대해서는 아무 말도 하지 말라는 것이었다.

그럼에도 나는 부모님에게 책과 팸플릿과 편지를 보내는 일을 중단하지 않았다. 부모님에게 유대인의 뿌리를 지키면서 유대 선지자들이 예언하고 약속한 메시아를 붙잡으라고 간청했다.

한 번은 그들에게 예수님의 생애를 주제로 만든 영화를 보낸 적이 있다. 그것은 누가복음을 중심으로 만든 영화인데, 히브리어로 더빙된 것이었다. (영어 판 원본은 이미 전에 보내드렸지만, 그들은 보지 않았다.) 나는 히브리어를 사용하지 않는 부모님이지만 예수님이 모세처럼 히브리어를 말하는 것을 보면 틀림없이 감동을 받을 것이라고 생각했다. 그러나 그들은 히브리어로 더빙된 영화 역시 보지 않았다. 그것은 영어 판 원본과 마찬가지로 선반 위에서 먼지를 뒤집어쓰고 있을 뿐이었다.

한 번은 부모님을 '메시아의 유대 공동체'의 금요예배에 초청했다. 그러나 그들은 예배 중에 나가버렸다.

또 한 번은 그들에게 스탠 텔킨의 『배신을 당한자Betrayed』라는 제목의 책을 보냈다. 내가 매우 좋아하는 책인데 유대인들을 대상으로 복음에 대해 이야기하는 내용이었다. 그 책에서 저자는 예수님의 메시아 되심을 성경으로 논증하고 자신의 간증을 덧붙이면서 자신의 딸 이야기를 한다. 그의 딸은 대학생이 된 후 예수님을 만났는데, 그것이 유대인인 그에게 큰 걸림돌이었다. 그는 '배신을 당했다'고 느꼈고 곧바로 자신의 딸이 틀렸음을 증명하는 작업에 착수했다. 그 일은 1년 동안 계속되었다. 그러나 그는 자신의 딸이 틀렸음을 증명하지 못했다. 도리어 그가 발견한 것은 그와 아내와 딸을 예수 그리스도를 믿는 믿음으로 인도할 수밖에 없는 압도적인 증거였다. 그의 책은 많은 유대인을 예수 그리스도께 이끄는 일에 사용되었다. 나는 틀림없이 그 책이 부모님을 예수님께 인도할 것이라고 생각했다. 그런데 어머니는 그 책을 읽고 아무 말도 하지 않았다. 그리고 그것을 진짜로 필요하다고 생각하는 다른 사람에게 줘 버렸다.

수십 년 동안 아무 일도 일어나지 않았다. 그동안 가했던 모든 '정면 공격'은 다 실패했다. 솔직히 말하면, 어떤 의미에서 나는 희망을 잃은 채 전도를 포기했고 기도하는 것도 중단했다. 하나님에 대해 원망하는 마음도 생겼다. 그분이 부모님을 선택하지 않으신 것에 대한 원망이었다.

그러던 어느 날 어머니와 나는 전화로 중요한 대화를 나누게 되었다. 어머니는 내가 다니던 고등학교의 교사였던 분의 장례식에서 겪은 경험을 내게 상세히 들려주셨다. 나도 그를 잘 알고 있었다. 그는 철저한 무신론자로 2년 동안 암으로 투병했다. 암이 그의 육체를 갉아먹는 2년 동안 조금씩 죽어가던 이야기를 듣는 것은 고통스러운 일이었다. 의학적인 측면에서도 그랬지만, 영적인 측면에서 더욱 그랬다. 죽음이 다가오는 동안에도 그의 마음은 조금도 부드러워지지 않았다. 오히려 죽음이 가까워질수록 더 강퍅해졌다. 결국 그는 그런 상태로 죽었다.

어머니의 종교적인 입장을 요약하면 '모든 사람이 천국에 간다'는 것이다. 그녀는 비탄에 빠진 유족을 위로하기 위해 이렇게 말했다. "슬퍼하지 마세요. 당신의 아버지는 지금 더 좋은 곳에 있어요."

그러나 그들의 반응에 어머니는 놀랐다. 그들의 아버지가 무신론자였다는 것을 잘 알고 있던 그들이 어머니 말을 거의 경멸에 가까운 태도로

무시해 버렸기 때문이다. 어머니는 아마도 나에게 공감을 끌어내기 위해 그 말을 했던 것 같다

나는 마음이 아팠지만 어머니가 내세에 대해 생각한다는 사실이 감사했다. 그러면서 어머니의 생각과 정반대로 말하는 성경의 수많은 구절을 떠올렸다. 진실로 나는 그 전직 교사가 더 좋은 장소에 있다고 믿지 않았다. 나는 지옥의 불꽃과 빌레들과 이를 가는 것을 생각했고, 전화로 영원한 고통과 진노와 유황불에 대해 장황한 설교를 늘어놓고 싶었다.

그러나 그 대신 어머니에게 한 가지 질문을 던졌다.

"어머니, 그것을 어떻게 아세요?"

긴 침묵이 이어진 후 어머니가 대답했다.

"내가 그것을 어떻게 아느냐고?"

"네, 그가 더 좋은 장소에 있는 것을 어떻게 아시냐는 말이에요. 어머니는 그것을 확신하고 있는 것처럼 들려요. 그런데 어떻게 그렇게 확신하세요?"

어머니는 나로 인해 큰 혼란에 빠진 것 같았다. 어머니는 70년 동안 강고한 종교적인 틀 속에 갇혀 있었다. 그것은 바뀔 필요가 있는 틀로 지금 바뀌어야 했다. 지금이 아니면 언제란 말인가?

마침내 어머니는 이렇게 말했다.

"사실 나는 그것을 잘 모르고 있는 것 같구나."

이것은 갑작스러운 돌파구였다. 그동안 내가 말하고 설명하고 책과 편지를 보내고 설교했던 모든 것은 어떤 돌파구도 열어 주지 못했지만 이번에는 달랐다. 어머니는 지금까지 고수해 온 종교적인 확신을 불편한 의

심으로 바꾸었다. 나는 할렐루야 합창을 부르고 싶었다.

우리의 대화는 어느 정도 긴장된 상태로 계속 이어졌다. 마침내 나는 조심스럽게 말했다. "그래요, 어머니는 그 문제에 대해 좀 더 탐구해 볼 필요가 있을 것 같아요." 몇 분 후 우리는 전화를 끊었다. 그러나 나는 무엇인가 어머니의 종교적인 확신을 흔든 것에 대해 감사했다. 어쩌면 당시 그녀는 그 대화로 인해 그때까지 고수해 온 확신, 즉 삶의 경험이나 종교적인 입장과 상관없이 누구나 천국에 갈 수 있다는 확신을 의심하기 시작했는지 모른다.

그 전화 통화 후 우리는 신앙 문제에 대해 오랫동안 이야기하지 않았다. 그 후 부모님은 처음으로 컴퓨터를 구입했다. 그들은 인터넷 서비스에 가입하고 이메일 보내는 법을 배웠다. 그래서 나에게 이메일을 많이 보냈는데, 대부분 음악과 관련된 것이었다. 그러던 중에 갑자기 어머니와 나 사이에 대화의 문이 열렸다. 어머니는 나에게 별 거리낌 없이 여러 가지를 물었다. 당시 어머니는 71세였다. 그리고 내가 그리스도인이 된 것은 이미 20년도 더 지난 일이었다.

어느 날 어머니가 나에게 보낸 이메일에는 이렇게 적혀 있었다. "내가 신약성경 읽는 것을 시도할 수 있을까?" 나는 그 이메일을 프린트해서 액자에 걸어 놓고 싶을 정도로 뜨거운 감동을 느꼈지만 그 마음을 감추고 이렇게 대답했다. "어머니, 어머니가 신약성경에 대해 어떻게 생각하는지 듣고 싶어요." 그때부터 우리는 예수 그리스도와 복음에 대한 내용이 담긴 이메일을 많이 주고받았다. 그리고 어머니는 나에게 도전적인 질문을 했다.

"왜 예수는 자기 아버지와 어머니를 미워해야 한다고 말했니?"

"어째서 사람들이 예수를 그토록 여러 차례 죽이려고 했니?"

"오른편 뺨을 치거든 왼편도 돌려 대라는 말이 무슨 뜻이니?"

나는 간단하게 대답하기를 피하고 그녀의 질문에 질문으로 대답하는 것이 더 좋겠다고 생각했다. 왜냐하면 그렇게 하는 것이 유대인식 대화법으로, 단순히 내 생각을 말하는 것보다 어머니의 사고 과정에 훨씬 더 유익하기 때문이었다. 그래서 나는 이렇게 되물었다.

"어머니는 어째서 예수님이 그렇게 이상한 말을 했다고 생각하세요?"

"예수님이 말씀하신 것 가운데 사람들을 그토록 화나게 만든 것이 무엇일까요?"

"다른 편 뺨을 돌려 대는 것은 어떤 유익이 있을까요? 어떤 대안이 더 나을까요?"

몇 달 동안 계속된 우리의 대화는 그녀가 지난 70년 동안 생각해온 것과 다른 방식으로 생각하게 만들었다. 그러면서 나는 그녀의 구원을 위해 다시 기도하기 시작했다. 나의 기도는 과거보다 훨씬 더 진지하고 초점이 분명한 기도였다. 과연 나의 어머니가 예수님을 믿는 것이 가능할까? 하나님은 그렇게 할 수 있을 만큼 능력이 많으실까? 하나님은 기꺼이 그렇게 하실 정도로 선하실까?

다음 이메일에는 이렇게 적혀 있었다. "랜디, 나는 이제 너처럼 생각하기 시작한 것 같구나. 예수가 정말로 메시아였다는 사실에 대해 말이다." 나는 곧바로 답장을 보냈다. "그분이 어머니의 메시아라고 말씀하시는 거예요?" 그녀가 대답했다. "아직은 아니란다."

그러던 어느 날 어머니는 나에게 스탠 텔킨이 쓴 『배신을 당한 자 *Betrayed*』라는 책에 대해 들어 본 적이 있는지 물었다. (이메일로 대화하는 것은 정말로 유익하다. 왜냐하면 아무 거리낌 없이 "그럼요, 물론이지요, 들어 보고 말고요. 오래전에 내가 그 책을 드렸는데 어머니가 그것을 다른 사람에게 주었잖아요"라고 말하면서 환호성을 지르고 난 후 이렇게 조용히 답장을 타이핑할 수 있기 때문이다. "아, 언뜻 들어본 것 같아요. 그런데 그건 왜 물으시죠?")

어머니는 이메일을 통해 한 친구가 그 책을 사인과 함께 선물로 주었다며, 자신이 그 책을 좋아하게 된 경위와 그 책이 최소한 5년 동안 자신의 책장에 꽂혀 있었다는 것과 조만간 나와 그 책에 대해 토론했으면 좋겠다는 뜻을 밝혔다. 나는 기다릴 수 없었다.

그날의 대화 속에는 분명 초자연적인 개입이 있었다. 어머니의 눈은 완전히 열렸다. 하나님의 때와 나의 때는 다르며, 그분의 길과 나의 길은 다르며, 무엇보다 그분의 능력과 나의 능력은 다르다. 어머니의 목소리는 온유했으며, 그것은 그녀에게 새 생명이 임했음을 보여주는 증거였다. 그녀가 이렇게 말할 때, 나는 거의 쓰러질 지경이었다. "이제 나는 예수님을 믿게 되었다고 말해서 유대인 친구들과 친척들로부터 멀어지게 될까 봐 걱정이구나. 그것이 나의 유일한 문제야. 그렇지만 그 일까지도 하나님께서 도우실 것을 믿는다." 나는 감격으로 목이 메서 말했다. "그럼요. 분명 하나님께서 도우실 거예요."

얼마 후 어머니는 동생을 통해 세례를 받았다. 그는 그리스도인이 된 후 네덜란드에서 목사로 사역하고 있었다. (예전에 어머니가 나에게 당분간 떨어져 있으라고 말했던 바로 그 동생으로, 그에 대한 이야기는 나중에 다시 언

급하겠다.) 어머니가 동생에게 세례를 받을 때 찍은 사진이 컴퓨터에 저장
되어 있는데, 나는 그 사진을 볼 때마다 울컥한다.

이 책의 세 가지 기본적인 명제

75세인 어머니가 믿음으로 나온 것은 나에게 많은 교훈을 주었다. 그 일을 통해 나는 인내의 가치와 기도의 중요성과 은혜의 신비와 사랑의 능력을 배웠다. 나는 이 책을 통해 독자들과 그러한 교훈을 나누고자 한다. 그러나 그 일에 착수하기 전에 먼저 이 모든 과정에 대한 나의 생각을 이야기하겠다. 세 가지 기본 명제가 가족 전도에 대한 나의 관점을 형성한다.

첫째, 나는 대부분의 그리스도인이 전도자가 아님을 알고 있다. 그러므로 그들에게 전도는 쉽지 않다. 전도에 대해 말하고 책을 쓰는 사람들은 대부분 전도자로, 그 사실 때문에 종종 문제가 발생한다. 그들에게 전도는 쉽고 숨 쉬는 것만큼이나 자연스러운 것이다. 그들은 주변에 있는 사람들에게 복음을 전하지 않는 것을 상상할 수 없다. 그러나 그런 그들의 모습은 우리가 죄책감을 느끼게 한다.

그들은 말한다. "하루에 최소한 한 영혼에게 복음을 전하지 않으면 밤에 잠이 오지 않는다." 나는 그런 말을 들으면 '나는 잠이 잘 오던데'라고 생각한다(나는 나와 같은 사람이 매우 많다는 사실을 안다). 또 그들은 비행기 좌석에 앉자마자 복음을 전할 기회를 위해 기도한다고 말한다. 하지만 나는 내 옆자리가 비어 있기를 기도한다.

전도가 쉽고 자연스러운 것이라는 말을 들을 때, 우리는 죄책감과 좌절을 느낀다. 왜냐하면 대부분의 그리스도인에게 전도는 쉽지도, 자연스럽지도 않기 때문이다. 결국 우리는 다음과 같은 부류 중 하나가 된다. 첫 번째, 평상시와 다른 어투로 복음을 전하면서 다른 사람을 흉내 낸다. 두 번째, 복음을 전하는 것이 쉽게 느껴질 때까지 기다리다가 그렇게 되지 않으면 그냥 입을 다문다. 세 번째, 충분히 담대하거나 단호하거나 재치 있지 못한 스스로를 정죄한다. 이렇듯 사람들에게 '좋은 소식'을 전하지만, 실상 우리의 목소리에는 은혜로 말미암은 자유함보다 죄책감이 더 많이 담겨 있다.

이것은 조금 아는 사람이나 모르는 사람에게 복음을 전할 때 생기는 잠재적인 문제들이다. 그러나 우리의 모든 것을 속속들이 다 아는 가족들에게 복음을 전하는 것은 그보다 더 벅차고 어려운 일이다. 나는 그 중요한 일을 돕기 위해 각 장에 세 가지 요소를 넣었다. 성경에서 얻은 통찰력, 그 과정을 통해 교훈을 얻은 사람들의 이야기, 가족 전도를 진척시키기 위해 취할 수 있는 특별한 단계들.

둘째, 이 책은 다른 방식으로 구성될 수도 있었다. 예를 들어 1장은 부모에게 복음을 전하는 방법에 대해 설명하고, 2장은 형제자매에게 복음을 전하는 방법에 대해 설명하고, 3장은 연로한 조부모에게 복음을 전하는 방법에 대해 설명하는 등으로 말이다. 그러나 이 방식에는 최소한 두 가지 문제가 나타난다. 첫 번째는 상대적으로 더 큰 문제로 그러한 접근 방식이 실제로 문제의 본질을 꿰뚫지 못한다는 것이다. 특정한 관계를 초월하는 우선적인 힘이 있는데, 우리는 부모와 자녀, 형제와 자매, 나이가 많으나 적으나 모두에게 적용되는 주제에 더 집중해야 한다. 그것을 위해서는 은혜, 진리, 사랑, 겸손, 시간, 영원, 소망과 같은 보편적인 요소를 고찰하는 것이 훨씬 더 큰 도움이 된다. 이러한 주제를 가지고 씨름하는 것이 '이렇게 말하라', '이렇게 말하면 안 된다', '이것을 기억하라' 등과 같은 단순한 방법론보다 더 중요하다.

그리고 상대적으로 작지만 또 하나 중요한 두 번째 문제는 자신에게 적용되는 부분만 읽고 나머지 부분은 그냥 지나칠 수 있다는 것이다. 그러면 나머지 부분에 담겨 있는 통찰력들을 놓치게 된다. 심지어 서점에서 자신이 원하는 부분만 대충 훑어보면 이 책을 사지 않을 수도 있다. 그것은 나에게 그야말로 최악이다.

셋째, 이 책은 당신과 당신의 가족보다 하나님과 복음에 훨씬 더 큰 관심을 기울인다. 이 책에서 나는 단순히 관계적인 힘보다 훨씬 더 중요한 문제들과 씨름한다. 모든 장(章)에 전도에 대한 실천적인 지침을 구성하는 신학적인 숙고(熟考)가 포함되어 있다. 그러므로 인내를 가지고 이 책을 읽기 바란다. 성경의 진리를 더 풍성하게 이해할 때, 여러분은 담대하고 명확하게 복음을 전할 수 있는 견고한 기초를 갖게 될 것이다. 오늘날 많은 사람이 그리스도인을 숙맥으로 여기며 복음을 배척한다. 안타깝게도 대부분 그들의 참소는 옳다. 이제 우리는 그들에게 더 이상 빌미를 제공하지 말자. 그 대신 성경을 더 깊이 파자. 그리고 인생의 모든 것에 대해 성경적으로 사고하자.

특히 처음 몇 장은 복음을 전하는 것보다 복음을 이해하는 것에 초점을 더 맞춘다. 하나님의 구원으로 초청하는 메시지를 전하면서 자기 자신에게 스포트라이트를 맞추는 것은 상당히 위험하다. 나는 전도에 대해 가르칠 때 흔히 빠질 수 있는 함정, 즉 상대에게 어떻게 다가가야 하는지, 어떻게 말해야 하는지, 무엇을 기억해야 하는지, 어떻게 느끼고 말하고 행동해야 하는지 등에 대해서만 집착하는 함정을 피하고 싶다.

나의 소망은 하나님의 은혜가 당신을 각성시키는 것이다. 나의 기도는 하나님의 사랑이 당신의 대화 속에 흘러넘치고, 감사가 당신의 기도 속에 가득하고, 기쁨이 당신의 목소리를 변화시키며, 당신이 이렇게 미가처럼 하나님을 찬미하는 것이다. "주와 같은 신이 어디 있으리이까 주께서는 죄악과 그 기업에 남은 자의 허물을 사유하시며 인애를 기뻐하시므로 진노를 오래 품지 아니하시나이다"(미 7:18).

1장

가족

: 가장 큰 복이지만
무거운 짐인 가족

대학교 1학년 폴렛(Paulette)은 크리스마스 때 동생들을 그리스도께 인도하기 위한 전도 팸플릿을 가지고 집에 왔다.[1] 그녀의 여동생 두 명과 남동생 한 명은 원하든 원하지 않든 복음을 접하게 될 예정이었다. 그녀가 그들에게 전도 팸플릿으로 복음을 전하려 한 것이다.

이따금 명목적으로 교회에 다니는 기독교 가정에서 자란 그녀는 하나님과 종교에 대해 전혀 무관심한 상태로 대학교에 들어갔다. 그런데 어떤 캠퍼스 전도자가 그녀의 관심을 사로잡았다. 그녀는 예수의 부활에 대한 그의 논리적이며 지성적인 증언을 듣고 그가 '새로운 종교'를 전파하고 있다고 생각했다. 그것은 최소한 그녀에게 완전히 새로웠다.

~

1 이 책의 예화에 나오는 사람들은 대부분 익명성을 보장하기 위해 그들의 이름과 이야기의 일부를 바꾸었다.

그는 노상(路上)에서 광적으로 외치는 사람이 아니었다. 대학 강당을 꽉 채운 청중을 향해 조용하게 이성적으로 말하면서, 자신의 말에 관심이 있는 사람들에게 카드를 나눠 주었다. 폴렛은 그 카드에 자신의 이름과 기숙사 주소를 적고 '더 알기 원함'이라는 칸에 체크를 했다. 당시 그녀는 그렇게 하는 자신이 믿기지 않았다. 일주일 후 여학생 두 명이 그녀의 기숙사로 찾아와 그녀에게 복음을 제시했다. 그들은 작은 팸플릿을 읽으면서 폴렛에게 마지막 페이지에 있는 기도를 하겠냐고 물었다.

그녀는 그렇게 하겠다며 기도했고, 그로 인해 그녀의 인생이 바뀌었다. 그녀는 동생들에게 똑같은 방법으로 복음을 전하고자 계획했다. 동생 세 명을 벽에 나란히 세운 후(엄마와 아빠가 없는 것을 확인한 후), 그들에게 전도 팸플릿을 나누어 주고 한 페이지씩 큰 소리로 읽었다. 열다섯 살과 열세 살인 여동생, 열 살인 남동생은 잘 들으라는 그들의 언니 혹은 누나의 명령에 위축된 채 꼼짝도 못 하고 있었다. 마침내 그녀가 마지막 페이지의 기도를 하겠냐고 물을 때, 동생들은 모두 그렇다고 대답했다.

폴렛은 의기양양했다(그리고 안도했다). 소중한 동생들이 그녀가 새롭게 발견한 믿음에 동참하게 된 것도 기뻤지만 그녀가 사용한 전도방법이 실망스럽지 않았기 때문이었다.

그로부터 30년 이상이 지나도 그녀의 믿음은 여전히 견고했다.

그러나 그녀의 전도의 열매는 그렇지 못했다. 첫째 여동생은 고등학교 내내 방황했다. 그녀의 방황은 대학교에 들어가서도 끝나지 않아, 결국 뉴에이지 운동에 빠져버렸다. 둘째 여동생은 예쁜 외모인데 남자친구가 없어서 모든 가족이 어리둥절해했다. 이후 그녀는 자신이 레즈비언이라고 말했고, 그제야 모두 그 이유를 알게 되었다. 또 대학 4년 동안 그리스도께 진지하게 헌신한 것처럼 보였던 막내 남동생은 어느 날 기독교 신앙을 내팽개치고 세속적인 삶을 추구하는 방향으로 나아갔다.

지금 폴렛은 자기 동생들을 벽에 세워 놓은 것을 후회하면서 그리스도인들에게 다른 전략을 찾아야 한다고 촉구한다. 이 책은 그러한 전략을 탐색하는 시도이다. 그러나 그 작업으로 나아가기에 앞서 우리는 가정의 본질과 복음의 진리에 대해 먼저 살펴봐야 한다.[2]

---

2 부디 전도 팸플릿 사용하는 것을 나쁜 전도 방법이라고 결론짓지 말라. 어떤 상황에서 그것은 완벽한 도구일 수 있다. 뒷부분에 나오는 오웬의 이야기를 보라. 모든 상황에 적합한, 유일한 방법은 없다. 예수님도 동일한 메시지를 다양한 사람에게 여러 가지 방법으로 전하셨다. 그분의 본보기는 전도의 다양한 방법론을 정당화한다.

가정을 위한 하나님의 계획

언젠가 독신자들을 대상으로 목회하는 목사가 이렇게 말했다. "가족 드라마 같은 드라마는 없습니다." 나는 그렇게 말한 이유가 궁금했다. 그 말이 너무 위험하기 때문이었을지도 모른다. 가정을 위한 하나님의 계획은 마귀가 가장 강력한 무기를 겨눌 정도로 중요하고 심원(深遠)하다. 그 시나리오가 주어졌을 때, 우리가 고풍스러운 식탁에 둘러앉아 있다기보다 영적 전쟁터에 있다고 느끼는 것은 조금도 이상한 일이 아니다.

우리는 하나님께서 가정을 사랑하시는 이유와 마귀가 가정을 미워하는 이유를 충분히 이해해야 한다. 그때, 비로소 우리는 가족에게 복음을 전하는 방법을 탐색할 수 있는 기초를 갖게 된다.

가정은 중요하다

하나님께서 가정에 높은 가치를 부여하신 것을 논의하기에 앞서, 먼저 우리는 삼위일체 하나님의 본질을 생각해 볼 필요가 있다. 그분은 스스로를 '아버지와 아들과 성령'이라고 부르신다.[3] 가정과 관련된 말이 아닌 다른 용어를 선택할 수도 있었지만 그렇게 하지 않으셨다. 물론 구약에서는 '아버지'라는 호칭이 신약에 비해 적게 사용된다. 하지만 그렇다고 해서 그 말이 모세 율법과 선지서와 성문서에 나오지 않는 것은 아니다. 하나님께서 양육하고 보살피며 보호하신다는 아바(Abba)라는 개념은 구약과 신약 모두에 퍼져 있다.

한 가지 예를 들어보자. 이사야 선지자는 임마누엘 예언의 정점에 도달했을 때 메시아가 우리와 함께할 것이라고 선포하면서, 하나님의 호칭을 "기묘자, 모사, 전능하신 하나님, 영존하시는 아버지, 평강의 왕"으로 계시한다(사 9:6). 여기서 우리는 신성(神性)의 최고 호칭 가운데 '아버지'라는 말이 있는 것을 볼 수 있다.

그러므로 유대인 공동체의 기도문에 나오는 "아비누 말케누"(우리의 아버지, 우리의 왕)라는 표현은 성경적인 근거가 있는 말이다. 옛 랍비들은 '아버지'라는 호칭 속에서 하나님의 내재적이고 온유하며 친밀한 본성을

---

3   '아버지, 아들, 성령'처럼 정서적인 용어를 피하고 '창조자, 구속자, 지지자'로 대체할 것을 제안하는 자들은 문화적인 측면을 너무 간과하는 것이다. 분명 하나님은 창조자, 구속자, 지지자이시고 그분 자체가 그러한 호칭을 정당화한다. 하지만 그것이 '아버지, 아들, 성령'을 대체할 수는 없다. 예수님이 '아버지'라는 호칭을 특별하게 사용하신 것을 통해 우리는 그 말의 중요성을 분명하게 알 수 있다. 그러므로 우리는 그러한 용어를 피하거나 최소화해서는 안 된다. 가정의 가치를 평가절하하는 오늘날의 풍조를 따라갈 필요가 없다.

인식하고 동시에 '왕'이라는 호칭 속에서 그의 초월적이고 주권적이며 거룩한 본성을 인식했다. 그분은 사랑의 하나님이자 통치하시는 하나님이다. 우리는 그분을 의지하면서 동시에 경외한다. 우리는 그 안에서 안식하면서 동시에 그분께 엎드려 경배한다. 우리는 아들과 종, 자녀와 예배자로 그분과 관계를 맺으며 기쁨과 두려움으로 그 앞에 나아간다.

예수께서 삼위일체의 첫 번째 위격으로서 '아버지'라는 용어를 자주 사용하신 것은 하나님을 "은혜로우시며 긍휼이 많으시며 … 모든 넘어지는 자들을 붙드시며 … 자기를 사랑하는 자들은 보호하시는" 자로 묘사하는 구약의 묘사와 정확하게 일치한다(시 145:8, 14, 20).[4] 바울 역시 에베소 교회의 성도들을 위해 기도하는 가운데 하나님을 "하늘과 땅에 있는 각 족속에게 이름을 주신 아버지"라고 묘사한다(엡 3:14-15).

이와 같이 성경에는 가족과 관련된 용어가 자주 나온다. 그러한 경우를 몇 가지 더 살펴보자. 그리스도의 피로 구속받은 자들은 양자(養子)로 받아들여져 '아들들'로 불리며, 교회는 '그리스도의 신부'로 불린다. 또 때가 찰 때 우리는 '혼인 잔치'에 참여하게 될 것이다.

여기서 놓치면 안 되는 점은 가정의 이미지가 신성(神性)의 계시와 연결되어 있다는 사실이다. 그러므로 우리는 가정을 두려움과 경외심으로 다루어야 한다. 그것은 단순히 문화적으로 형성된 제도가 아니라 하나님께서 친히 제정하신 제도이다.

---

4 우리는 구약에서 하나님을 아버지와 같은 분으로 찬미하는 수십 개의(수백 개는 아니지만) 구절을 어렵지 않게 찾을 수 있다.

가정을 하나님의 삼위일체 속성과 연결하여 고찰하는 것으로부터 우리는 최소한 두 가지 의미를 끌어낼 수 있다. 첫째로 하나님께서 관계적이기 때문에 그분의 형상을 따라 창조된 우리도 관계적이라는 점이다. 굵은 줄로 우리의 관계들은 서로 연결되어 있으며 그러한 관계들 가운데 가장 친밀하고 중요한 관계가 바로 가정이다. 둘째로 하나님께서 타자(他者) 지향이시기 때문에(아버지는 아들을 나타내고, 아들은 아버지에게 순복하고, 성령은 아들을 영화롭게 하는 것을 추구하는 것 등) 우리도 타자 지향이어야 한다는 점이다. 자기부인은 하나님의 형상을 닮은 우리의 본성과 합치되는 반면 자기중심주의는 그것과 어긋난다. 타자 지향성은 우리가 하나님 중심으로 살아갈 때 정점에 이른다. 그리고 그러한 삶은 우리의 본성과 이성과 가장 깊은 열망을 불러일으킨다.

이 모든 것은 우리의 삶 가운데 가정이 매우 중요한 위치를 차지한다는 사실을 말해 준다. 아버지에 의해 선택받고, 아들에 의해 구속되고, 성령의 인침을 받은 우리는 가정을 높이 평가해야 한다. 하나님의 값없는 호의를 경험한 우리는 가정을 평가절하하며 비아냥거리는 문화적 풍조에 휩쓸리지 말고 가정의 가치를 올바로 이해하기 위해 하나님을 바라보아야 한다.

가정은 친밀하다

가정을 세우실 때, 하나님은 한 남자와 한 여자의 결혼을 가장 기본적인 단위로 시작하셨다. 그리고 다음과 같은 명령과 함께 결혼을 위한 영원한 청사진을 만드셨다. "이러므로 남자가 부모를 떠나 그의 아내와 합하여 둘이 한 몸을 이룰지로다"(창 2:24). 이혼을 허락하는 율법 구절과 관련하여 바리새인들에게 질문을 받은 예수님은 결혼을 유지하기 위한 기초로 창세기에 나오는 "한 몸"이라는 표현에 호소하여 대답하셨다.

> "바리새인들이 예수께 나아와 그를 시험하여 묻되 사람이 아내를 버리는 것이 옳으니이까 대답하여 이르시되 모세가 어떻게 너희에게 명하였느냐 이르되 모세는 이혼 증서를 써주어 버리기를 허락하였나이다 예수께서 그들에게 이르시되 너희 마음이 완악함으로 말미암아 이 명령을 기록하였거니와 창조 때로부터 사람을 남자와 여자로 지으셨으니 이러므로 사람이 그 부모를 떠나서 그 둘이 한 몸이 될지니라 이러한즉 이제 둘이 아니요 한 몸이니 그러므로 하나님이 짝지어 주신 것을 사람이 나누지 못할지니라 하시더라"(막 10:2-9).

바울도 창녀와 합하는 것의 불법성을 논증할 때 "한 몸"이라는 표현으로 호소했다. "너희 몸이 그리스도의 지체인 줄을 알지 못하느냐 내가 그리스도의 지체를 가지고 창녀의 지체를 만들겠느냐 결코 그럴 수 없느니라 창녀와 합하는 자는 그와 한 몸인 줄을 알지 못하느냐 일렀으되 둘이 한 육체가 된다 하셨나니"(고전 6:15-16).

계속해서 하나님은 친밀함을 부끄러움이 없는 것으로 묘사하셨다. "아담과 그의 아내 두 사람이 벌거벗었으나 부끄러워하지 아니하니라"(창 2:25). 이러한 시적 표현은 단순한 성적 연합 그 이상을 함축한다. 아담과 하와는 모든 차원에서 존재의 제약을 받지 않는 하나 됨을 향유했다. 그들은 서로 무화과 나뭇잎이나 거짓말과 감정적인 위축과 겉치레로 자신을 가릴 필요가 없었다. 또한 적극적인 경청의 기술을 사용하거나 변명을 하거나 "당신은 스스로 부끄러워해야만 해"라고 말할 필요가 없었다.

최근에 나는 한 교회에서 30년 동안 목회한 목사 부부가 회중에게 감사의 찬사를 받는 것을 보았다. 특별히 그들은 시험과 고난을 견디며 결혼의 모범을 보여준 것에 대해 찬사를 받았다. 그때 남편이 아내의 귀에 뭐라고 속삭였다. 그녀는 웃었고 두 사람은 수십 년 동안 친밀함을 유지한 사람들만 지을 수 있는 표정을 서로 교환했다. 그가 무슨 말을 했는지, 그녀가 어떤 생각을 하는지 아무도 알지 못했다. 그러나 그 두 사람이 보여준 친밀함으로 인해 우리는 모두 일종의 경외심을 느꼈다.

하나님에 대한 아담과 하와의 반역이 가져온 재앙 같은 수많은 결과 중에는 서로 숨기려는 충동이 있다. 다시 말하면 타락으로 말미암아 하나님이 가정의 기초로서 의도하신 한 몸의 친밀함이 훼손된 것이다.

내가 말하고자 하는 요점은 이것이다. 하나님은 친밀함을 배양하고 신뢰를 쌓아 올리고 다른 모든 관계의 기초로서 사람들을 서로 연결하기 위해 가정을 제정하셨다. 하지만 마귀는 그것을 싫어하기에, 가정을 친밀함이 아닌 불화의 근원으로 만들기 위해 자신이 할 수 있는 모든 일을 계속해서 행한다.

가정은 훈련을 위한 장소다

가정은 하나님의 훈련장 역할을 한다. 지혜를 배양하고 분별력을 발전시키며 신중함을 배우고 여호와를 경외하는 법도를 세우는 무대로 가정을 묘사하는 잠언의 많은 구절을 보라. 잠언은 가족 관계에서 시작해서 가족 관계로 끝난다. 다시 말하면 그 책은 아들에게 지혜를 구하라고 가르치는 아버지로부터 시작해서 '현숙한 아내'의 아름다운 이미지로 끝난다. 여기서 우리는 또다시 가정의 이미지가 사용되는 것을 볼 수 있다.

물론 잠언은 가정 외의 다른 주제도 많이 다룬다. 실로 잠언 속 많은 훈계는 개인적인 적용을 요구한다. '혀를 길들여라, 수입과 지출의 균형을 맞추어라, 게으름을 정복하라, 마음을 다스려라, 관대함을 계발하라' 등과 같은 부분은 모두 '여호와를 경외하는 것'으로부터 나오는 개인적인 훈련과 지혜에 의존한다. 그러나 가정의 형통과 경건한 자녀 양육을 위한 많은 약속과 훈계는 사람의 인격을 형성하는 데 가정이 중요함을 분명하게 실증한다. 누구든지 어린 시절에 그와 같은 덕을 함양하면 평생 지혜와 경건을 힘써 추구할 가능성이 높다.

"악한 자의 집"과 반대로 "정직한 자의 장막"은 흥할 것이다(잠 14:11). 그리고 거기에는 "많은 보물이 있"을 것이며(15:6), 그 안에 있는 방들은 "각종 귀하고 아름다운 보배로" 채워질 것이다(24:4). 그 장막을 떠나 유리하는 자는 마치 "보금자리를 떠나 떠도는 새"와 같다(27:8).

잠언은 올바른 결혼이 가정의 중추라는 사실을 전제한다. 좋은 아내는 "그 지아비의 면류관"이며(12:4), "여호와로 말미암"은 자로(19:14), 육체적인 즐거움의 근원이다(5:19). 그런 아내를 발견하는 자는 하나님의 선하심을 발견하고 여호와께 은총을 받은 자다(18:22). 이러한 최상급 표현은, 아내를 동반자가 아니라 자녀를 낳아주는 사유재산 정도로 여기는 풍조가 만연했던 시대에 나온 것임을 생각할 때, 그 의미가 더 강력하게 드러

난다.[5]

반면 다투는 아내는 "이어 떨어지는 물방울"과 같다(잠 19:13, 이러한 이미지는 27장 15절에서도 반복된다). 그런 여자와 함께 큰 집에서 사는 것보다 차라리 "움막"에서 혼자 사는 것이 더 낫다(21, 25:24).

하나님께서 가정을 매우 소중하게 여기시기 때문에, 우리는 가정을 다양한 위협으로부터 보호해야 한다. 음행으로 인한 외적인 위협과 관련하여 잠언은 급박한 어조로 경고한다(잠언 5-7장의 긴 경고를 보라). 다툼으로 이끄는 내적인 위협도 마찬가지이다. 그것은 "마른 떡 한 조각만 있고도 화목하는 것이 제육이 집에 가득하고도 다투는 것보다" 나을 정도로 나쁘다(17:1).

또 하나님께서 가정을 제정하신 목적 중 하나는 그 안에서 자녀를 하나님을 경외하는 법도로 기르게 하시려는 것이다. "아이의 마음에는 미련한 것이 얽혀 있다"(22:15). 그러므로 부모는 근실히 자녀들을 징계해야 한다(13:24). 그것은 그들에게 희망과 지혜와 평안을 가져다줄 것이다(19:18, 29:15, 29:17). 그러나 어리석은 자들은 "자기 아버지의 훈계를 업신여길" 것이다(15:5). 그들의 영혼을 "스올에서 구원"해 줄 복된 훈계인데 말이다(23:14).

하나님을 경외하는 가정에서 자라지 못한 사람이 나중에 의를 추구하며 살 수 있을까? 물론이다. 그러나 나중에 시작하려면 그렇게 사는 것이

---

5 Derek Kidner, *Proverbs: An Introduction and Commentary*, Tyndale Old Testament Commentaries (Downers Grove, IL: InterVarsity Press, 1964), p.50.

더 어려울 것이다. 그것은 성인이 된 후 두 번째 언어를 배우는 사람이 모국어를 사용하는 사람에 비해 훨씬 더 불리한 경우와 비슷하다.

가정에 대한 사탄의 계획

가정에 대한 하나님의 계획(가정이 친밀함과 안전의 원천이 되고 자녀를 경건한 인격으로 기르는 모판이 되게 하는 것)을 생각할 때, 사탄이 그것을 파괴하고자 광분하는 것은 조금도 이상한 일이 아니다. 사탄은 가족을 서로 단절시키고 가정을 훼손시켜서 죄의 온상으로 변질시키기를 원한다.

타락으로부터 처음 파생된 문제가 가정의 문제였던 것은 단순한 우연이 아니다. 에덴동산에서 하나님께 선악과를 먹은 죄에 대해 질문을 받았을 때, 아담은 즉시 손을 들어 하와를 가리켰다. "하나님이 주셔서 나와 함께 있게 하신 여자 그가 그 나무 열매를 내게 주므로 내가 먹었나이다"(창 3:12). 어떤 설교자가 시적으로 표현한 것처럼, 아담의 "뼈 중의 뼈"(창 2:23)는 이제 '다툼의 뼈'가 되었다.

그러면 그다음 타락의 결과는 어떻게 나타났는가? 한 형제가 다른 형제를 시기하다가 결국 살인까지 이르게 된다. 전원풍의 목가적인 가정이 죽음을 위한 사탄의 근거지가 된 것이다.

오늘날 사탄은 가정을 허물어뜨리기 위해 온갖 종류의 궤계를 사용한다. 그의 목표는 가정을 '역기능 가정' 이상으로 만드는 것이다. 실제로 그 용어가 널리 사용되는 것은 악한 자가 이미 가정에 대한 하나님의 목적을 훼손하는 일에 상당 부분 성공을 거두었음을 보여준다. 사실 '제대로 기능하는' 가정은 그다지 높은 목표가 아니다. '제대로 기능하는' 가정이 우리가 실제로 원하는 모든 것인가? 우리가 목표를 단순히 역기능 가정을 치유하는 정도로 낮게 정하는 것은 여전히 사탄의 계략에 빠져 있는 것과 같다.

우리는 더 나아가야 한다. 건강한 가정, 형통한 가정, 친밀한 가정, 아름다운 가정, 강한 가정, 거룩한 가정, 가장 참되며 충분히 좋은 가정을 목표로 해야 한다. '순기능 가정'이나 '역기능 가정'이라는 용어가 아닌 '건강한 가정'이나 '불건강한 가정'에 대해 이야기하자. 지금 우리의 가정이 '역기능'이더라도, 우리의 가정에 대해 더 아름다운 그림을 그리자. 우리의 부모와 형제자매와 자녀들과 다른 사람들을 더 소중하게 여기자. 우리는 가정이 단순히 '제대로 기능하는' 관계 이상이기를 원한다. 그리고 '기능'과 같은 용어는 식탁에 함께 둘러앉은 가족보다 기계장치를 구성하는 톱니바퀴에 더 잘 어울리는 말이다.

가정에 대한 다양한 공격

레프 톨스토이는 장편 소설 『안나 카레니나』를 수수께끼 같은 말로 시작한다. "행복한 가정은 다 똑같은 반면 불행한 가정은 각각 저마다의 모습으로 불행하다." 그는 수많은 무기가 가정을 공격해서 다양한 고통이 야기된 것을 보았던 것 같다.

가정의 기초는 결혼이다. 그러므로 가정에 대한 공격은 바로 이 전략적인 요충지에서 시작된다. 오늘날 세상은 마귀에 의한 영감과 우리의 육체에 호소하여 결혼을 조롱한다.

최근에 친구가 나에게 한 TV프로그램에서 십계명과 관련하여 시행된 테스트 결과를 이메일로 보내 주었다. 그 프로그램은 미국인들이 모세의 십계명을 고수하고 있음을 잘 보여주었다. 우리가 추측하는 것처럼, 어떤 계명은 다른 계명보다 더 중시했다. 대다수의 미국인이 살인을 행하지 않는 것은 복된 일이다. 50% 이상의 사람이 하나님의 이름을 헛되이 부르지 않는 것도 놀랄 일이 아니다. 그런데 친구가 그 뒤에 적은 간음에 대한 에피소드는 놀라웠다. 부정한 일을 행한 적이 없다고 답한 그는 온라인 설문 응답자 가운데 제일 높은 범주에 포함되었다.

왜냐하면 통계에는 간음을 행한 적이 있다고 대답한 사람들이 가장 많은 비율을 차지하고 있었기 때문이다. 그러나 이것은 조금도 놀랄 일이 아니다. 대부분의 영화와 TV쇼는 정결한 삶보다 혼외 성관계를 더 좋다고 여기며 자랑한다. 할리우드에 따르면 혼외 성관계는 더 좋고, 더 재미있고, 무엇보다 부정적인 결과로부터 자유롭다. 심지어 그러한 부정적인 결과들조차 음행의 매혹적이며 유혹적인 묘사로 가려진다. 그것을 기꺼이 위험을 감수할 가치가 있을 만큼 멋지고 매력적이라고 속이는 것이다.

그러나 이러한 일로 고통을 겪은 사람들(예를 들어 부모가 간음을 행하는 가정에서 자란 젊은이들)과 이야기해 보라. 그러면 간음의 이미지가 대부분의 영화와 TV쇼에서 보여주는 것과 전혀 다르다는 것을 알 수 있다. 내가 상담한 젊은이들은 자신이 항상 배우자에게 신실한 상태로 남아 있을지에 대해 절망감을 느낀다고 말했다. 그런 면에서 그들의 아버지가 그들에게 모범을 보여주지 못했기 때문이다.

성적 혁명으로 나타나는, 예기치 못한 또 다른 결과는 섹스리스 결혼(성적 관계가 없는 결혼)이다. 필 박사와 다른 결혼 전문가들은 오늘날 이것이 무시할 수 없는 트렌드라고 말한다. 이 얼마나 아이러니한 일인가! 대부분 오늘날 우리 사회의 끝없는 성 숭배가 더 많은 성으로 귀결될 것이라고 생각할 것이다.

케이틀린 플라네이건은 『애틀랜틱 먼슬리*Atlantic Monthly*』에서 혼내(婚內) 성관계의 종말의 원인으로 페미니스트 운동을 가리킨다. 그녀는 기혼 여자들이 침실의 즐거움을 재발견하도록 돕는 섹스 가이드로 몇 권의 책을 검토했다. 그 가운데 하나가 앨리슨 피어슨의 『하이힐을 신고 달리는 여자』(사람in, 2012)라는 책이었다. 플라네이건은 이렇게 말한다.

> 만일 직장을 그만두고 전업주부가 되면서 큰 성적 즐거움을 발견하는, 한 직장 여성에 대한 책 『하이힐을 신고 달리는 여자』를 남자가 썼다면, 그는 수많은 여자의 비난과 격노의 표적이 되었을 것이다. 그에 비하면 살만 루시디(Salman Rushdie, 소설 『악마의 시』에서 무함마드를 모독했다는 이유로 이슬람교도들에게 엄청난 비난과 살해 위협을 받은 인도 태생의 영국 작가)는 차라리 행운아라고 느껴질 정도로 말이다. 그러나 다행히 그 책은 진보적인 여성 저널리스트가 쓴 것으로, 그녀는 안전

했을 뿐만 아니라 많은 사람들에게 호평을 받기까지 했다. 그 책에서 앨리슨 피어슨이 핵심적으로 말하고자 한 것은, 여성운동이 몇몇 중요한 측면에서, 심지어 그것을 가장 뜨겁게 옹호한 사회 계급에서조차 실패했다는 것이다.[6]

올바른 가정의 모델이 성경의 규범에서 점점 더 멀어져가면서 문제는 점점 더 악화된다. "도둑이 오는 것은 도둑질하고 죽이고 멸망시키려는 것뿐"(요 10:10)이라는 예수님의 말씀은 결코 과장이 아니다. 마찬가지로 "너희 대적 마귀가 우는 사자 같이 두루 다니며 삼킬 자를 찾나니"(벧전 5:8)라는 베드로의 경고도 과장이 아니다.

요점은 분명하다. 종종 가정과 연결되는 고통은 한계가 없는 것처럼 보인다. 다양한 종류의 중독과 함께 이혼, 근친상간, 알코올 남용 등은 오늘날의 가정을 하나님께서 본래 계획하신 목적과 정반대의 모습으로 만들었다. 아마도 톨스토이는 무언가를 알고 있었던 것 같다. 정상적이고 건강하며 아름다운 가정은 하나님을 드러내며 기쁨을 가져다준다는 점에서 모두 동일하다. 그러나 그러한 선(善)이 왜곡되고 비틀어질 때, 가정은 우리가 상상하는 것보다 훨씬 더 다양한 모습으로 펼쳐진다.

건강하지 못한 가정이 만들어내는 또 다른 결과를 생각해 보자. 그러한 가정의 외적인 모습은 앞서 이야기한 것보다는 덜 위험할 수 있지만, 여전히 굉장히 해롭다.

6　Caitlin Flanagan, "The Wifely Duty", *The Atlantic Monthly*, January/February 2003.

첫 번째는 극단적인 독립이다. 이혼이나 어그러진 가정으로 겪은 고통은 일부 사람들로 하여금 독립을 우상화하게 한다. 많은 사람이 가정이 행복을 가져다주지 않으니 그로 인한 해악으로부터 스스로를 보호하기 위해 담을 쌓는다. 그들은 내적인 나침반을 궁극적인 인도자로 삼는다. 자존감과 관련된 많은 운동이 그렇게 감정적인 담을 쌓은 사람들을 더욱 몰아간다. 그렇게 사람들은 그들 자신의 신과 구주로 진화해 간다. 놀랍게도 그들은 종교적인 방식으로 그들의 율법에 따라 산다. 그들은 그것이 얼마나 이기적인 삶의 방식인지 알지 못하고, 오늘날 사회는 그러한 방식을 폭넓게 옹호한다.

그러나 그러한 삶의 방식은 그들의 주변 사람들(특별히 가족)에게 가져다주는 해악을 인식하거나 고려하지 않는다. 그것이 죄(그들을 창조하신 하나님에 대한 반역)라는 사실을 인식할 때까지, 그들은 구주에 대한 '좋은 소식'이 그들의 삶의 방식과 별 관계가 없다고 여길 것이다. (이러한 개인주의 우상을 부수는 방법에 대해 나중에 좀 더 자세히 다룰 것이다.)

건강하지 못한 가정이 만들어내는 두 번째 결과는 극단적인 개인주의와 정반대되는 것으로 가족 단위를 우상화하는 것이다. 일부 부족 문화는 이런 종류의 가족이나 공동체 숭배를 조장한다. 그런데 이때 서구 문화가 개인을 우상화하는 경향이 있는 반면 동양 문화는 집단을 우상화하는 경향이 있다고 일반화하는 것은 공정하지 않다. 왜냐하면 많은 예외가 있기 때문이다.

아이러니하면서도 비극적인 것은 두 형태 모두 우상숭배라는 사실이다. 그리고 우상숭배는 결코 건강하게 살리는 방식으로 나아가지 않는다.

가족을 우상화하는 환경에서 자란 사람들은 복음을 매우 낯설게 느낄 수 있다. 복음 자체가 개인에게 호소하기 때문이다. 이러한 장벽을 부수는 방법 역시 나중에 다룰 것이다.

가족을 위한 구속

1장의 요지는 가족을 성경적인 관점으로 보도록 돕는 것이다. 그때 비로소 우리는 가족과 친척들에게 올바로 복음을 전할 수 있게 된다. 우리가 가족에게 복음을 전하면서 그들을 어떻게 생각하는지는, 우리가 전할 메시지를 어떻게 생각하는지 못지않게 중요하다.

가정은 궁극적이지 않다

가정에 대한 하나님의 관점은 높지만, 그분은 말씀 가운데 우리에게 가정이 결코 궁극적인 목표가 아님을 분명하게 보여주신다. 가정 역시 하나님보다 우선되어서는 안 된다.

예수님은 결혼의 아름다움과 신비와 중요성을 가르치시며 이렇게 선언하셨다. "그러므로 하나님이 짝지어 주신 것을 사람이 나누지 못할지니라"(막 10:9). 그리고 동시에 이렇게도 계시하셨다. "부활 때에는 장가도 아니 가고 시집도 아니 가고 하늘에 있는 천사들과 같으니라"(마 22:30).

예수님은 가정에 대해 높은 우선순위를 가지고 있는 사람들 중 일부를 실족시킬 수 있는 말씀을 하셨다. 밖에 그의 어머니와 동생들이 와 있다는 말을 듣고, 그는 "누가 내 어머니이며 동생들이냐?"라고 반문하셨다 (막 3:33). 그리고 이렇게 관계의 새로운 우선순위를 제시하셨다. "내 어머니와 내 동생들을 보라 누구든지 하나님의 뜻대로 행하는 자가 내 형제요 자매요 어머니이니라"(34-35절). 우리는 여기서 두 번째 만들어진 관계가 첫 번째 관계보다 우선이라는 것을 분명하게 볼 수 있다.

가정의 위치에 대한 예수님의 가장 극단적인 선언은 말씀 가운데 나타난다. "나와 복음을 위하여 집이나 형제나 자매나 어머니나 아버지나 자식이나 전토를 버린 자는 현세에 있어 집과 형제와 자매와 어머니와 자식과 전토를 백 배나 받되 박해를 겸하여 받고 내세에 영생을 받지 못할 자가 없느니라"(막 10:29-30). 그리고 이러한 선언을 강조하기 위해 이렇게 덧붙이신다. "그러나 먼저 된 자로서 나중 되고 나중 된 자로서 먼저 될 자가 많으니라"(31절).

우리는 여기에 '첫 번째 것과 두 번째 것'에 대한 C. S. 루이스의 생각을 적용시킬 수 있다. 그는 두 번째 것은 두 번째로 지킬 필요가 있다며 이렇게 말했다. "당신이 두 번째 것을 첫 번째 자리에 놓으면 두 번째 것을 얻을 수 없다. 첫 번째 것을 첫 번째 자리에 놓아야만 두 번째 것을 얻을 수 있다. 여기서 '무엇이 첫 번째 것인가?'라는 질문이 나오게 되는데 그런 질문은 철학자뿐만 아니라 모든 사람의 관심사가 되어야 한다."[7] 이 것을 가정에 적용해 보자. 만일 우리가 가정을 하나님이나 하나님 나라보다 중요하게 여긴다면, 우리는 결국 가정을 왜곡시키고 마침내 그것을 잃고 말 것이다. 또한 우리가 오직 하나님만 채워 주실 수 있는 것을 가정으로부터 요구하면, 가정은 본래 하나님께서 부여하신 목적을 성취할 수 없다. 배우자, 부모, 자녀들에게 비현실적인 요구를 하면 가정은 기쁨과 안전과 친밀함 대신 고통과 쓰라림과 단절의 근원이 될 것이다.

예수님이 천국의 새로운 관계 아래 놓으신 가정은 책망과 격려의 역할을 다 한다. 건강한 가정 출신의 사람들에게는 가정을 숭배하거나 그것을 실제 이상으로 바라보는 시험이 있을 수 있다. 두 번째 것을 두 번째 자리에 놓을 때, 우리는 가정에 억눌리지 않고 이미 건강한 가정을 더 건강하게 만들 수 있다. 반면 그러한 축복을 갖지 못한 사람들은 이러한 말씀을 통해 큰 위로와 희망을 얻는다. 우리가 새롭게 발견한 가정, 즉 복음으로 이루어진 가정인 교회는 지금까지 우리가 혈과 육으로부터 얻지 못했던 온전함과 힘과 자양분과 지지와 성숙을 가져다줄 수 있다.

특별히 이것은 타종교를 믿는 가정 출신의 사람들에게 도움이 된다. 일부 유대교, 이슬람교, 힌두교, 심지어 불교 가정은 새롭게 그리스도인이 된 자녀를 아예 죽은 자로 여긴다. 어떤 경우에는 관계가 영구히 단절되기도 한다.

---

7   C. S. Lewis, *God in the Dock* (Grand Rapids, MI: Eerdmans, 1970), p.280. 『피고석의 하나님』(홍성사, 2011).

우리는 예수님도 가정으로부터 배척을 당한 사실을 기억할 필요가 있다. 예수께서 "자기와 함께 있게" 하시려고 열둘을 세우고 그들과 함께하셨을 때, 친족들은 "그가 미쳤다"라고 하며 그분을 붙들려고 했다(막 3:14, 21). 요한은 예수의 형제들이 그를 믿지 않았음을 우리에게 분명하게 알려 준다. "이는 그 형제들까지도 예수를 믿지 아니함이러라"(요 7:5). 이것을 예수님은 "선지자가 자기 고향과 자기 집 외에서는 존경을 받지 않음이 없느니라"(마 13:57)고 짤막하게 요약하셨다. 만일 가족이 당신의 말을 듣지 않거나 당신을 미쳤다고 한다면, 당신이 지금 선한 무리 가운데 있는 것이라 여기며 위로를 받으라.

가정은 구속될 수 있다

성경은 최악의 가정이라도 결코 포기하지 말라고 가르친다. 복음의 구속의 능력은 가정의 어떤 죄보다 더 크다. 그리스도인들을 체포하기 위해 돌아다니며 교회를 핍박하고 스데반을 죽이는 일에 동참한 바울이 어느 날 '그리스도 예수의 종'이 된 것처럼, 당신의 형제나 자매나 심지어 동성애자며 마약중독자인 당신의 사촌형제도 그렇게 될 수 있다(롬 1:1). 베드로가 예수님을 저주하며 부인했지만 오순절에 수천 명에게 복음을 전파하는 복음전도자로 변화된 것처럼, 당신의 아버지나 어머니 혹은 음행의 수렁에서 빠져나오지 못하는 당신의 삼촌에게도 희망이 있다. 한때 허물과 죄로 죽고 하나님의 진노의 대상이던 당신이 구주께 나올 수 있었던 것처럼 복음을 가장 격렬하게 반대하는 당신의 친척도 그렇게 될 수 있다(엡 2:1-3).

오웬은 '달콤한'이라는 말을 하지 않고는 자신의 가정에 대한 이야기를 할 수 없는 것 같았다. 그러나 만사가 항상 달콤한 것은 아니었다. 그의 부모는 수차례 별거를 반복하다가 그가 열다섯 살 때 결국 이혼했다. 그는 아버지와 함께 살았는데, 그의 아버지는 줄담배를 피우는 알코올 중독자였다. 그가 아버지와 함께 산 것은 단지 어머니가 어디에 있는지 찾을 수 없기 때문이었다. 그의 어머니는 몇 주일씩 혹은 몇 달씩 행방불명이 되었다. 고등학교를 졸업하고 대학에 들어갈 때 쯤, 오웬은 1년 반 이상 어머니 소식을 듣지 못했다. 그는 이렇게 말했다. "나는 그런 상황을 떠나 대학으로 도망치면서 어머니가 이미 죽었다고 생각했습니다. 그리고 아버지도 빨리 그렇게 되기를 바랐습니다."

오웬은 옷 몇 벌과 책 몇 권을 들고 분노와 고통을 지닌 채 대학에 갔다. 그에게 믿음은 전혀 없었다. 그는 종교적인 양육을 받지 못했다. 그는 그때까지 여섯 번 정도 교회에 간 것이 전부라고 말했다. 그러나 집에서 떠난 첫 달에 그는 한 캠퍼스 사역자가 건네준 설문지를 채워 넣으면서 제대로 복음을 들었다. 그를 위해 아들을 보내실 정도로 그를 사랑하시고 영원히 버리지 않으실 하늘 아버지가 계시다는 이야기는 그에게 정말로 좋은 소식이었다. 그 후 그는 그리스도인이 되었으며, 그 캠퍼스 사역자에게 제자훈련을 받기 시작했다.

캠퍼스 사역자와 여러 가지 주제로 토론하는 가운데, 오웬은 자신의 부모에게 복음을 전하는 주제에 대해 이야기했다. 캠퍼스 사역자는 일단 가족에게 복음을 전하는 일보다 그의 변화된 모습을 알리는 것이 중요하다고 말했다.

그것은 좋은 충고였다. 왜냐하면 하나님께서 오웬을 통해 구원 사역을 행하시기에 앞서 그 안에서 행하실 중요한 일이 있기 때문이었다. 그는 이렇게 말했다. "나는 고통스러운 깨달음에 도달해야만 했습니다. 그것은 부모님이 그랬던 것처럼 나 역시 망가졌다는 사실이었습니다. 나는 아버지가 알코올을 탐닉하면서 현실로부터 도피한 것과 어머니가 나를 버리고 떠난 것에만 초점을 맞추었는데, 사실은 나도 현실에서 도피해서 고통을 잊으려고 했으며 하나님을 버리고 떠나 있었습니다. 그것을 하나님이 보여주셨습니다. 그리고 부모님이 내 안에서 무엇인가 다른 것을 본 것은 바로 내가 그들을 용서하기 시작할 때였습니다."

오웬의 '달콤한' 이야기는 분노와 상처로 가득한 그의 마음을 사랑과 용서의 마음으로 변화시켜 주신 하나님과 함께 시작된다. 다음은 그가 어머니와 함께 복음을 나눈 이야기이다.

20대 초반에 그는 주방 식탁에 앉아 어머니에게 매우 흥분한 상태로 사영리(四靈理) 팸플릿을 읽어 주었다. 그는 그 도구가 매우 좋았다고 말한다. 오웬의 어머니는 마흔네 살 때 구원과 회복을 위해 예수 그리스도를 믿었다. 이후 1년이 채 되지 않았을 때 그만큼 놀라운 일이 오웬과 아버지 사이에 일어났고 결과도 같았다. 그렇게 그의 부모는 화해의 긴 여정을 시작하게 되었고 얼마 후 교회 앞에서 결혼서약을 다시 했다.

복음은 오웬의 여동생과 남동생의 삶 가운데서도 열매를 맺었다. 그것은 다른 방식으로도 영향을 끼쳤다. 그의 부모는 10년 동안 복음적인 교회에서 그리스도 중심적인 결혼생활을 누렸다. 그리고 그 기간에 그의 어머니는 열정적인 전도자가 되었다. 결국 한 대학생이 사영리 팸플릿으로 어머니를 전도한 결과 수많은 사람이 구주께 나오게 되었다.

그러나 오웬의 가정에 나쁜 소식이 들이닥쳤다. 그의 아버지가 암을 포함해 몇 가지 병에 걸린 것이다. 각각의 병이 치명적이지는 않았지만, 여러 가지 병으로 인해 결국 그의 아버지는 세상을 떠나게 되었다. 믿음은 그의 가족에게 시련에 대처할 수 있는 힘을 주었다. 오웬의 아버지는 구원의 확신을 가지고 있었으며, 어머니는 끔찍한 고통 속에서도 희망을 잃지 않았다. 오웬은 가족 모두를 사랑하시는 하나님을 찬미했다.

만일 오늘 당신이 오웬에게 어떻게 가족에게 복음을 전했냐고 묻는다면, 그는 모든 것이 은혜와 진리와 사랑이라고 대답할 것이다. "나는 가족에게 하나님의 은혜가 펼쳐지는 것을 보기에 앞서 먼저 나에게 펼쳐진 그분의 은혜를 보았습니다. 나는 나 때문에 십자가에서 예수님이 받으신 그 고통을 기억하며 또 다른 고통을 느꼈고, 그들에게 하나님의 사랑을 나누기 전에 먼저 그 사랑을 경험해야만 했습니다."

가족 전도가 함축하는 것들

가족에 대한 하나님의 계획을 알 때, 우리는 그들과 복음을 더 잘 나눌 수 있다. 여기에는 두 가지가 함축되어 있다. 첫째는 가족을 전도하기가 어렵다는 것이다.

스캇 펙은 『아직도 가야 할 길』(열음사, 2007)이란 책을 다음과 같은 말로 시작한다.

삶은 어렵다. 이것은 위대한 진리이다. [부처가 가르친 '사성제'(四聖諦) 가운데 첫 번째는 '삶은 고통이다'라는 것이다.] 그것이 위대한 진리인 것은 우리가 그것을 진정으로 알게 되면 그것을 초월하기 때문이다. 일단 우리가 삶이 어렵다는 사실을 진정으로 알게 되면, 다시 말해 우리가 그것을 진정으로 이해하고 받아들이면, 삶은 더 이상 어렵지 않다. 왜냐하면 일단 받아들이면 삶이 어렵다는 사실이 더 이상

문제가 되지 않기 때문이다.[8]

나는 세 가지 이유로 이 부분을 인용하고자 한다. 첫째로, 나는 펙이 삶이 어렵다는 사실을 받아들이는 것이 삶을 변화시키는 데 매우 유익할 수 있다는 것을 알고 있었다고 생각한다. 그러나 둘째로, 나는 펙이 너무 지나치다고 생각한다. 그가 한 말의 첫 번째 부분에는 동의하지만, 두 번째 부분에는 동의하지 않는다. 삶이 어렵다는 사실을 받아들이는 것이 실제로 삶의 어려움을 제거한다는 생각은 지나치게 순진한 것이다. '일단 삶이 어렵다는 사실을 받아들이면 그것은 더 이상 문제가 되지 않는다'는 생각은 명백히 어리석은 생각이다. 셋째로, 나는 많은 그리스도인들이 전도를 포함하여 삶의 일부 측면에서 이런 불교식 사고방식을 받아들였다고 생각한다. 이런 세계관은 그들을 혼란에 빠뜨린다. 왜냐하면 그것이 성경의 가르침과 어긋나기 때문이다.

나는 실제로 삶이 어렵고, 전도도 어렵다고 생각한다. 특히 가족을 전도하는 것은 매우 어렵다. 단순히 그것을 이해하고 받아들인다고 해서 그 어려움이 줄어들지는 않는다. 그것은 우리가 더 열심히 노력하며 그 문제에 달려들도록 도울 뿐이다. 마라톤 전 코스를 완주하는 것이 어렵다는 사실을 알 때, 당신은 그것을 위해 더 열심히 훈련하고 식이조절을 하며 적절한 휴식을 취할 것이다. 하지만 그것을 쉬운 일로 여긴다면, 아마도

---

8 M. Scott Peck, *The Road Less Traveled* (New York: Touchstone, 1978), p.15. 『아직도 가야 할 길』(열음사, 2007).

금방 탈락하게 될 것이다. 실제로 많은 그리스도인들이 (가족이나 다른 사람들에게) 복음을 전하는 경주에서 탈락하는 것은 전도를 쉬운 일로 생각했기 때문이다.

사실 그들이 전도를 쉬운 것으로 생각하는 데는 그럴 만한 이유가 있다. 많은 책과 세미나에서 '단순한', '자연적인', '매일' 등과 같은 말로 전도를 묘사하며 그것이 매우 쉽다고 설득한다. 심지어 나는 전도를 다루는 기독교 서적의 카탈로그에서 이런 문구를 본 적도 있다. "이 책은 당신에게 전도가 얼마나 쉽고 자연스러운 일인지 보여준다. 세 가지 질문과 두 가지 예화와 한 가지 성구만 가지고 있다면 어떤 상황에서도 전도가 가능하다." 반면 전도의 어려움을 그대로 제목에 담고 있는 책들도 있다. 그것은 『우리 모두를 위한 복음 전도*Evangelism for the Rest of Us*』, 『말 잘 못하는 사람을 위한 복음 전도*Evangelism for the Tongue-Tied*』, 『복음을 조금 더 쉽게 전하는 방법*Evangelism Made Slightly Less Difficult*』 등이다.[9]

우리가 삶이나 삶의 어떤 부분이 어렵다는 사실을 인식해야 한다는 점은 옳다. 그러나 그 뒤에 이어지는 말은 틀렸다. 우리는 그리스도인으로서 불교의 렌즈가 아니라 성경의 렌즈를 통해 삶을 바라보아야 한다. 그때 우리는 세상이 타락했고, 사람들이 죄의 종이 되었고, 잃은 자들에 대한 동정심이 없으며, 그들에게 어둠으로부터 그리스도의 빛으로 돌이키라고 말할 때 마귀가 가만히 있지 않을 것이라는 사실을 알게 될 것이다.

---

9   Mike Bechtle, *Evangelism for the Rest of Us* (Grand Rapids, MI: Baker, 2006). Chap Bettis, *Evangelism for the Tongue-Tied* (Enumclaw, WA: Winepress, 2004). Nick Pollard, *Evangelism Made Slightly Less Difficult* (Downers Grove, IL: InterVarsity Press, 1997).

가족

다시 말해 가족이나 다른 사람들에게 전도할 때 우리는 '편안한 전도'나 '자연스러운 전도' 또는 '쉬운 전도'가 아니라 복음의 진리를 강력하고 정확하게 전달하는 것을 목표로 삼아야 한다. 그것을 전달하는 우리의 어려움이나 듣는 자들의 저항은 상관할 필요가 없다.

또 가족 전도는 모르거나 조금 아는 사람에게 전도하는 것보다 훨씬 더 감정적인 다툼이 일어나기 쉽다. 감정적인 다툼은 두 가지로 나눌 수 있는데, 죄의식과 분노이다. 두 가지는 내부와 외부, 모두로부터 우리를 공격해 오는 것처럼 보인다.

우리는 충분히 담대하게 혹은 충분히 효과적으로 혹은 충분히 인내하며 혹은 충분히 사랑하며 복음을 전하지 못했다고 여기며 내부적으로 죄의식을 느낀다. 이것은 사실일 수도, 사실이 아닐 수도 있다. 다시 말해 이것은 잘못된 죄의식일 수 있다.

그러나 우리 중 어떤 이들은 과거의 행실로 인해 참된 죄의식을 갖는다. 즉 가족이 우리의 나쁜 모습을 보았고, 과거의 죄악된 행실로 인해 느끼는 죄의식이 전도를 가로막는 것이다. 우리는 스스로 이렇게 말하며 움츠린다. "그리스도인으로서 선한 모범을 보이지 못한 내가 어떻게 동생에게 그리스도를 전할 수 있겠는가?"

또 어떤 이들은 외부로부터(가족이나 친척으로부터) 오는 죄의식을 느낀다. 외부에서 그들을 가족(가문이나 민족)을 배반한 자로 바라보는 것이다. 특히 유대교와 이슬람교와 힌두교로부터 기독교 신앙으로 회심한 자들은 이런 종류의 죄의식에 직면한다.

파드마의 아버지는 힌두교 사제였다. 그는 딸이 그리스도인이 되었다는 말을 듣고 이렇게 소리쳤다. "만일 네가 다시 교회에 간다면, 나는 자살할 거야!" 이런 아버지의 고함에 그녀는 이렇게 대답했다. "아니에요, 아빠는 그렇게 하지 않으실 거예요. 그러니 그렇게 과장하지 마세요." 이것을 적절한 반응이라고 할 수 있는지는 잘 모르겠다.

죄의식이라는 주제를 충분히 다루려면 그 자체로 책 한 권이 필요하다. 그러나 그렇게 하는 것은 우리의 목적이 아니다. 따라서 필요한 만큼만 간략하게 다룰 것이다. 먼저 우리는 참된 죄의식과 잘못된 죄의식을 구별하는 것부터 시작해야 한다. 만일 우리의 죄의식이 근거 없는 정죄로부터 나온 것이라면, 우리는 '모든 생각을 사로잡고'(생각이 우리를 통제하도록 허용하는 대신 우리가 생각을 통제하며) 그 실체를 검토하며 그러한 근거 없는 정죄를 거짓으로 규정하고 진리로 그것에 대응해야 한다. 그렇게 하려면 어느 정도 수준의 내적인 대화가 필요하다. 그것은 훈련이 필요한 것으로 그렇게 할 만한 가치가 충분히 있다.[10]

참된 죄의식이 참소하는 경우(예를 들어 걸핏하면 화를 냈다든지, 얼간이처럼 행동했다든지, 술 취해서 살았다든지, 저속한 언어를 사용했다든지, 더러운 농담을 지껄이며 희롱하는 등), 우리는 그것에 복음으로 대응해야 한다. 그리고 '먼저 너 자신에게 복음을 전하라'는 말을 기억할 필요가 있다.

또한 우리는 (내부로부터 오는 것이든 외부로부터 오는 것이든) 죄의식의 참소에 십자가가 아닌 다른 것으로 방어하고자 하는 시험에 저항해야 한

---

10 그러한 훈련에 도움이 되는 책을 참고하라. Timothy S. Lane and Paul David Tripp, *How People Change* (Greensboro, NC: New Growth Press, 2006).

다. 우리는 잘못한 것을 벌충하기 위해 잘한 것을 제시해서는 안 된다. 그저 이렇게 고백해야 한다. "그래, 네 말이 맞아. 나는 정말로 걸핏하면 화를 내는 잘못을 했어." 어떤 경우에는 이렇게 덧붙일 수도 있다. "그래서 나에게는 너와 하나님의 용서가 필요해."

가족이나 친척으로부터 오는 (예를 들어 가족이나 가문 또는 민족을 배반한 자라는 식의 공격) 잘못된 죄의식과 관련하여, 나는 독자들에게 그러한 죄의식에 떨지 말라고 조언하고 싶다. 잘못된 죄의식은 올바른 대응으로 무장해제되어야 한다. 어떤 사람들에게 이러한 무장해제는 평생 잊을 수 없는 새로운 경험일 것이다. 다시 말하지만 열쇠는 복음이다. 예수 그리스도를 믿는 우리는 다음과 같은 위대한 말씀으로 우리의 사고(事故)를 무장시켜야 한다. "그러므로 그리스도 예수 안에 있는 자에게는 결코 정죄함이 없나니"(롬 8:1).

부모가 성인이 된 자녀를 죄의식으로 조종하려고 할 때, 성인이 된 자녀는 단호하면서도 애정 어린 표현으로 그 고리를 끊어야 한다. 이것은 연습이 필요하다. 앞서 나온 파드마와 같은 경우라면 이렇게 말하며 대처할 수 있다.

> "아니에요, 아빠. 나는 아빠가 자살하지 않을 거라고 생각해요. 물론 그러기를 바라지도 않고요. 나는 계속해서 기독교 신앙을 추구할 거예요. 교회에도 계속 나갈 거고요."

> "우리 가족은 항상 서로 존중해 왔어요. 그렇지 않아요? 나는 아빠가

내 결정을 존중해 주기를 원해요. 나는 결코 무례한 방식으로 종교적인 입장을 표현하지 않을 거예요. 만일 내가 그렇게 한다면, 그때 정당하게 나를 책망하세요."

"나는 아빠가 나를 성인으로 대해 주기를 원해요. 아빠가 나의 종교적인 결정을 좋아하지 않는 것을 알아요. 그렇지만 나는 아빠와 함께 그 문제를 차분하게 이야기하고 싶어요. 그런데 지금은 그렇게 할 만한 좋은 때가 아닌 것 같네요."

가족 전도가 일으키기 쉬운 또 하나의 감정적인 문제는 분노이다.[11] 죄의식과 마찬가지로 이것도 내부와 외부 양쪽에서 모두 올 수 있다. 때로 우리는 (우리를 이해해 주지 않는다, 복음을 이해하지 못한다, 우리에게 화를 낸다, 빈정거리는 말이나 죄의식으로 우리를 조종하려고 한다는 등의 이유로) 가족에게 화를 낸다. 때로는 그들이 우리에게 화를 내기도 한다. 그러므로 우리는 그것에 대처하는 법을 알 필요가 있다.

내부로부터 오는 것이든 외부로부터 오는 것이든, 분노를 해소하는 중요한 열쇠는 자신에게 복음을 전파하는 것이다. 그러면 격노와 혈기와 험악한 말 대신 인내와 은혜와 사랑이 흘러나올 것이다. 이 부분에 대해 다음 장에서 좀 더 자세히 다룰 것이다. 지금은 몇 문장만 간략하게 제시하

---

11 분노가 전도와 어떻게 관련되는지에 대해서는 『전도, 예수님처럼 질문하라』에서 한 장 전체를 할애하여 상세히 다루었다. *Questioning Evangelism: Questioning People's Hearts the Way Jesus Did* (Grand Rapids, MI: Kregel, 2004).

고 넘어가겠다. 당신이 이 내용을 읽고 깊이 숙고한다면, 분노에 대한 반응은 분명 달라질 것이다.

"만일 가족이나 친척 가운데 한 사람이 나의 종교가 잘못되었다고 말한다면, 아마 나도 분노로 반응할 것입니다. 지금 내가 다르게 보는 유일한 이유는 하나님의 은혜 때문입니다. 나는 이런 상황에서 하나님께 인내심을 구할 수 있습니다."

"아마 나는 곧바로 아빠에게(혹은 다른 누구에게) 화를 낼 것입니다. 왜냐하면 아빠가 나에게 항복하기를 바라기 때문입니다. 사실 나는 통제를 좋아하기 때문에 아빠가 나에게 항복하는 것이 필요합니다. 통제는 나의 우상입니다. 그러나 이제 나에게는 거짓 신이 아니라 구주가 필요합니다. 복음이 나를 변화시킨 것에 대해 하나님께 감사드립니다."

"그녀는 나에게 화를 내고, 그녀의 화는 또다시 내가 그녀에게 화를 내도록 만듭니다. 나의 죄는 하나님을 진노하게 만들었습니다. 그러나 그분은 진노를 내가 아닌 그분의 아들에게 쏟기로 선택하셨습니다. 아, 이런 종류의 사랑이 그로부터 흘러나와 나를 통해 그녀에게 흘러가기를 간절히 바랍니다."

이런 생각은 자연스럽게 일어나는 것이 아니다. 그러나 일단 바울이 말한 대로 '마음을 새롭게 하는 것'을 연습하기 시작하면, 우리는 생각을 계속 고쳐시켜 나갈 수 있을 것이다(롬 12:2). 이러한 새로운 언어를 배우는 것은 시간과 노력이 필요하지만, 분명 우리의 삶을 변화시키는 아름다운 경험이 될 것이다.

우리는 계속해서 다른 감정적인 문제도 주목해야 한다. 성경의 렌즈를 통해 우리를 넘어지게 하는 문제들을 철저히 연구하는 것은 매우 유익하다. 예를 들어 두려움, 염려, 수치심, 상실감, 슬픔 등이 있다. 우리는 이런 문제에 하나님의 말씀의 빛을 비추어 봐야 한다.[12] 그렇게 하려면 많은 수고와 노력이 필요하지만 그것은 가족을 그리스도로 인도하는 데 큰 도움이 된다. 감정적인 스트레스의 배경음을 무시한 채 전도 방법이나 기술에만 초점을 맞추면, 효과적인 결과를 기대하기는 어려울 것이다.

어떤 사람들은 객관성의 결여에서 오는 좌절을 경험한다. "나는 대부분 매우 이성적이며 침착한 사람입니다. 그러나 가족과 함께 있을 때는 모든 종류의 평정심과 객관성을 잃어버립니다."

그러나 객관성은 올바른 목표가 아니다. 그것은 비현실적인 목표다. 하나님이 맺어 주신 가족의 강한 결속은 객관성을 불가능하게 만든다. 우리는 다른 것을 목표로 삼고 그것을 위해 기도해야 한다. 객관성이 따르는 문제는 감정이 배제된 초연을 요구하는 것처럼 보이는데, 종종 이것은 무관심이나 냉담함 같은 인상을 준다. 그것은 우리가 사랑하는 사람들

---

12 감정적인 문제와 관련된 책 『기독교 상담과 교육 기초Christian Counseling and Education Foundation』로부터 많은 도움을 받을 수 있다. www.ccef.org에 들어가 보라.

에게 하나님을 전하면서 취할 태도와는 거리가 멀다. 다시 말해 객관성의 목표보다 사랑의 목표가 더 낫다. 우리가 (그리스도를 통해 하나님으로부터 우리에게 흐르는) 사랑 가운데 서서 (말과 행동으로) 사랑을 나타낼 때, 우리는 분노와 죄의식으로부터 자유로운 상태로 복음을 나눌 수 있다. 그리고 그때 복음은 그들에게 오만하게 책망하는 나쁜 소식이 아니라 진정으로 은혜롭고 매력적인 좋은 소식으로 들릴 것이다.

단계적 실천

1. 만일 아직까지 가족을 위한 기도 시스템이 없다면, 속히 그것을 만들어라. 기도 제목을 적은 노트를 준비하고, 거기에 가족 사진을 붙여 놓는 것도 좋을 것이다.

2. 가족을 위한 기도를 감사와 함께 시작하라. 이것은 어떤 사람들에게 특별히 어려울 수 있다. 그러나 당신의 가정의 안녕 여부와 상관없이 당신에게 가정이 있다는 사실과 그것이 주는 은택에 대해 감사하라. 각각의 가족에 대한 하나님의 사랑과 그분이 그들에게 주신 모든 선물에 대해 감사하라.

3. 어쩌면 당신의 기도 속에 다음과 같은 고백이 포함되어야 할지도 모른다. 예를 들면 가족에 대한 사랑이 부족했던 것, 그들을 변화시키고자 시도하면서 결국엔 그들을 통제하고자 했던 것, 그들의 죄를 깨닫게 하는 데 성령이 아니라 자신의 능력을 의지했던 것, 냉담함과 오만함과

자기 의에 대한 것 등이다. 당신의 죄가 지닌 어둠 위에 성령의 진리의 빛을 비추어 달라고 간구하라.

4. 만일 아직까지 아무것도 하지 않았다면, 이제 그리스도인으로서 '골방에서 나와' 당신의 가족에게로 가라. 담대한 믿음과 함께 온유한 말과 은혜로운 행실을 위해 기도하라. 누구에게 제일 먼저 이야기하는 것이 좋을지 결정하라. (나는 휴일 저녁 식사 시간에 가족 전체에게 이야기하는 것을 추천하지 않는다.) 전도하기보다 정보를 전달하는 것 같은 방식으로 이야기하라. 그러면 하나님께서 나중에 전도의 문을 열어 주실 것을 신뢰할 수 있다. 지금은 이렇게 이야기하는 것이 바람직하다. "엄마, 엄마에게 하고 싶은 말이 있어요. 나는 마침내 기독교를 받아들이기로 결심했어요." "아빠, 나는 그리스도인이 되었어요. 그리고 그것이 나의 삶에 좋은 영향을 끼치기 시작했어요. 지금은 모든 것이 새로워요. 빨리 이 이야기를 아빠에게 하는 것이 좋겠다고 생각했어요. 그래야 아빠도 나에게 무슨 일이 일어나는지 알 수 있을 테니까요."

2장

은혜

: 놀랍지만
거리끼게 되는 은혜

가족 전도에 대한 책을 쓰는 동안, 나는 많은 사람에게 다양한 이야기를 들었다.

조지의 형제 마크는 거의 10년 동안 마약을 사용하는 종교단체에 빠져 있었다. 그동안 그는 페요테, 엑스터시, LSD 등을 사용해 거의 심신미약 상태에 있었다. 그리고 불법을 행한 결과 마크는 지금 몇몇 주(州)에서 경찰에게 쫓기고 있다. 그래서 조지는 마크가 가명을 사용하여 이메일을 보낼 때만 소식을 들을 수 있었다.

나는 조지가 여러 차례 형제에 대해 이야기하는 것을 들었다. 그럴 때마다 그는 눈물을 흘리며 간절한 마음으로 기도 부탁을 했다. 그러면서 마약으로 심신미약 상태가 된 사람에게 어떻게 복음을 전할 수 있는지 물었다.

폴은 거의 10년 동안 형제 레오에게 아무 말도 하지 않았다. 왜냐하면 그들이 마지막으로 보았을 때 레오가 폴의 목숨을 위협했기 때문이다. 유전적인 정신병 때문이면서 뉴에이지 음악 때문이기도 했다. 그 일로 두 형제는 극도로 사이가 멀어졌다. 그러나 그 가운데 그들의 아버지는 점점 더 죽음에 가까워지고 있었다. 그는 나에게 이렇게 물었다. "우리 두 사람이 아무 말도 하지 않으면서 아버지의 관(棺)을 들고 갈 수 있을까요?"

대학교 신입생인 앨리슨은 그리스도인이 되면서 낙태에 대한 입장을 찬성에서 반대로 바꾸었다. 이것은 그리스도인 친구들에게는 자연스러운 것이었다. 그러나 그녀의 어머니는 딸이 자신을 배신했다고 여겼다. 왜냐하면 그녀의 어머니는 낙태의 권리를 옹호하는 단체의 지도자였기 때문이다. 앨리슨이 워싱턴에서 '낙태 반대'라고 적힌 플래카드를 들고 행진하는 동안, 그녀의 어머니는 다른 곳에서 '낙태의 권리를 보장하라'는 구호를 외치고 있었다. 앨리슨은 나에게 이렇게 말했다. "이번 추수감사절에 우리 집에 오셔서 엄마에게 시편 139편을 이야기해 주시지 않을래요?"

제이콥은 구원보다 사회적인 이슈에 대해 더 관심이 많은 교회에서 자랐다. 그는 대학교에 들어갈 때까지 복음을 전혀 듣지 못했다. 그러다가 대학교 1학년 가을 학기에 그리스도를 믿었다. 그리고 나니 아버지(그리고 그의 두 번째 아내)와 어머니(그리고 그녀의 네 번째 남편)와 열한 명 혹은 열두 명의 이복형제와 자매에게 복음 전하는 것을 더는 미룰 수 없었다

(제이콥은 이복형제와 자매가 정확히 몇 명인지 확신할 수 없었다).

그는 성적 정결에 대한 신약의 가르침이 매우 중요하다는 사실을 발견했다. 왜냐하면 그의 부모가 여러 차례 결혼하면서 도덕적으로 매우 방종한 사람이 되었기 때문이다. 제이콥이 새롭게 발견한 믿음은 그와 부모의 관계에 작은 변화를 일으켰지만, 그가 새롭게 발견한 도덕은 큰 틈을 만들었다. 그가 여자 친구와 동침하지 않는 것은 성적으로 방종한 그의 부모가 보기에 매우 우스꽝스러운 일이었다. 그는 괴로움과 분노가 섞인 목소리로 내게 물었다. "내가 어떻게 그들에게 다가갈 수 있을까요?"

이들은 다 내가 실제로 아는 사람들이다. 그리고 우리는 신문이나 잡지 등에서 이보다 더 드라마틱한 이야기를 많이 접할 수 있다. 그중에는 이슬람교에서 기독교로 개종해서 가족에게 살해 위협을 받거나 자녀들을 공립학교에 보내지 않고 홈스쿨로 교육했다고 친척들에게 이상한 종파에 가입한 것으로 오해를 받는 이들도 포함돼 있다.

앞서 나는 이 책에 언급된 사람들의 이름과 이야기를 일부 바꾸었다고 밝혔다. 그리고 동시에 굳이 그들의 이야기를 할 필요가 있을까 하는 생각이 들기도 했다. 덧붙이자면, 나는 신학 훈련을 받았고 목회 경험도 있지만, 심리학, 병리학, 법리학, 법 집행, 축귀(逐鬼) 등의 배경은 없다.

그런 면에서 이 책은 분명한 한계가 있다. 하지만 나는 하나님의 은혜에는 한계가 없음을 깨닫고 더 이상 방어적인 말을 늘어놓기를 중단했다. 어쩌면 오래전 사도 바울의 사촌 형제는 어느 기도 모임에서 이렇게 말했을지 모른다. "나의 사촌 형제 사울을 위해 기도해 주지 않겠습니까? 그는 누구보다 기도가 필요한 사람입니다. 그는 많은 그리스도인을 추격하여 체포했을 뿐만 아니라, 얼마 전 우리 형제 스데반에게 돌을 던지는 사람들의 옷을 맡아 주기까지 했습니다."

가족에게 복음을 전하는 과정은 우리 마음속에서부터 시작해야 한다. 가족에게 효과적으로 다가가기 위해, 우리 마음속에서 흘러나오는 은혜의 샘이 필요하다. 2장은 독자들에게 은혜의 경이(驚異)를 깨닫도록 격려하면서 그러한 과정에 참여하기를 추구한다.

나는 전혀 예기치 못한 장소인 병원에서 은혜에 대한 깨달음을 얻었다. 한 마취의(痲醉醫)가 내 핏줄에 주삿바늘을 꽂으려 할 때였다. 의사들은 환자에게 고통이 수반되는 일을 하려 할 때 종종 엉뚱한 질문을 하는데, 그것을 '언어 마취'(speech anesthesia)라고 부른다. 그들이 당신의 직업이나 자녀의 야구팀이나 정치 문제 혹은 어제 방영된 연속극 이야기를 하는 것은 주삿바늘이나 절개용 칼이 당신의 피부를 뚫고 들어갈 때 당신을 아프지 않게 하거나 덜 아프게 하려는 것이다. 그러나 나는 효과를 보지 못했다.

레오나드 박사는 나의 허리디스크 탈구로 인한 고통을 경감시키기 위해 언어 마취를 시도했다. 나는 한 달 동안 3회에 걸쳐 경막외주사(硬膜外注射) 시술을 받기로 했다. 첫 번째 주사는 월초에 맞고, 이어서 두 번의 주사는 2주가 지날 때마다 맞을 계획이었다. 나는 한 달 후 세 번의 주사를 맞고 나면 모든 고통으로부터 자유로워질 것이라고 생각했다.

레오나드 박사는 첫 번째 주사를 놓기 전에 알코올 솜으로 그 부분을 닦으면서 나의 직업을 물었다. 나는 그에게 캠퍼스 사역자라고 대답했다.

2주 후 두 번째 주사를 놓으면서 그는 내게 어느 교파에 소속되어 있는지 물었다. 세 번째 주사를 놓을 때도 레오나드 박사는 종교적인 문제에 대해 이야기했다. 아마도 그는 그러한 주제의 대화가 내가 주사를 더 쉽게 맞는 데 도움이 된다고 생각했던 것 같다. 이번에 그는 나에게 춤을 추거나 담배를 피우거나 술을 마시면 지옥에 간다고 믿는 '우스꽝스러운 광신자들'에 대해 어떻게 생각하는지 물었다. 그러면서 그는 고등학교에 다닐 때 그런 사람들로 가득 찬 교회에 출석했는데, 그때 그곳에서 가장 많이 들은 단어가 '지옥불'이라고 말했다.

"뉴먼 씨, 당신은 어떻게 생각합니까? 당신도 춤을 추거나 담배를 피우거나 술을 마시면 지옥에 간다고 생각합니까? 당신은 예수님을 어떻게 믿었습니까?"

그 순간 내 생각은 정확하게 이것이었다. '지금은 아닙니다. 지금 나는 복음을 전하기 어렵습니다. 지금 나는 예수님에 대해 말하기를 원하지 않습니다. 다만 지금 나는 예수님에게 '오, 예수여, 제발 나를 살려 주세요'라고 말하고 싶습니다.'

그러나 내가 정말로 그렇게 말한 것은 아니다. 그때 나는 우는 소리로 대충 이렇게 말했다. "물론 나는 예수님에 대해 말하는 것을 정말로 좋아합니다. 그러나 지금은 아닙니다. 지금은 그럴 만한 마음의 여유가 없으니까요."

그러자 그는 "아, 그렇죠. 아무 문제없습니다"라고 대답했다. 내가 그에게 지금 무엇에 집중해야 하는지 일깨워 주기라도 한 것처럼 말이다. 그것은 바로 나의 허리에 주사를 놓는 일이었다.

주사 놓기를 마치고 그는 다시 질문으로 돌아왔다. 그때 나는 '저 사람은 남의 신앙에 무슨 호기심이 저렇게 많을까?'라고 생각했고, 결국 그런 대화는 '언어 마취'의 효과를 내지 못했다. 어쨌든 진지한 어조로 반복하는 그의 질문에 나는 진지하게 대답할 필요가 있다고 느꼈다.

그는 "당신은 그와 같은 종교적인 규범에 대해 어떻게 생각합니까? 춤추지 말라, 담배 피우지 말라, 술 마시지 말라 등이 천국에 들어가는 방법입니까?"라고 물었다.

당신이라면 어떻게 대답하겠는가? 내가 어떻게 대답했는지는 2장 끝에서 말하겠다. 앞서 우리는 우리가 전할 메시지의 본질을 깊이 숙고할 필요가 있다. 그때 우리는 복음에 대해 마음이 가장 굳게 닫혔다고 여기는 가족에게도 희망의 끈을 놓지 않게 될 것이다. 은혜의 본질을 깊이 숙고할 때, 우리는 세 가지 사실과 맞닥뜨리게 된다. 첫째, 은혜는 효과적인 것이다. 둘째, 은혜는 거리끼게 되는 것이다. 셋째, 은혜는 놀라운 것이다.

은혜는 효과적인 것이다

사람들은 종종 (사도행전 13장에 기록된) 비시디아 안디옥 같은 유대적 배경 속 바울의 설교와 (사도행전 17장에 기록된) 아덴 같은 비유대 계통의 이방인 무리 가운데 나온 그의 메시지를 대조해 연구한다. 그런 연구는 오늘날 복음으로부터 멀리 떨어진 세계에 접근할 수 있는 통찰력을 제공해 준다. 나는 3장에서 그와 관련된 몇 가지 교훈을 살펴볼 것이다.

우리는 루스드라에서의 바울의 사역 기록을 건너뛰어서는 안 된다. 그곳에서 그는 또 다른 무리와 마주쳤다. 성경이 익숙한 회당의 유대인들이나 아덴의 세속적인 철학자들을 대할 때와 달리, 헬라 신들을 섬기는 루스드라 사람들을 대할 때는 접근 방식을 바꿀 필요가 있었다. 다시 말해 그들은 아덴 사람들같이 비종교적인 사람들도 아니고 비시디아 안디옥의 유대인들같이 종교적인 사람들도 아니었다. 그들의 종교는 성경을 바탕으로 하지 않았고, 그들은 오늘날의 많은 사람들처럼 '영적이지만 종교적이지는 않은' 사람들이었다.

　바울의 메시지는 우리의 예상을 벗어나는 방향으로 펼쳐졌다. 루스드라 사람들은 바울과 바나바의 치유 능력을 보고 "신들이 사람의 형상으로 우리 가운데 내려오셨다"(행 14:11)라고 말하면서 바울을 헤르메스로, 바나바를 제우스로 결론지었다. (복음에 대한 일부 사람의 반응이 이토록 기괴한 것은 정말로 놀랄 만한 일 아닌가? 그들은 종종 진리가 아닌, 말도 안 되는 것을 너무나 쉽게 믿는다.)

　'그들과 같은 성정을 가진 사람'에게 제사하려는 그들을 책망한 후, 바울은 다음과 같은 '좋은 소식'을 제시했다. "여러분에게 복음을 전하는 것은 이런 헛된 일을 버리고 천지와 바다와 그 가운데 만물을 지으시고 살아 계신 하나님께로 돌아오게 함이라 하나님이 지나간 세대에는 모든 민족으로 자기들의 길들을 가게 방임하셨으나 그러나 자기를 증언하지 아니하신 것이 아니니 곧 여러분에게 하늘로부터 비를 내리시며 결실기를 주시는 선한 일을 하사 음식과 기쁨으로 여러분의 마음에 만족하게 하셨느니라"(행 14:15-17).

　이 설교는 우리에게 놀랍지 않다. 회개로 부름, 하나님을 창조주로 제시하는 것, '살아 계신 하나님'과 '헛된 일'의 대조는 오늘날에도 여전히 전도의 도구로 사용된다. 그러나 오늘날 우리가 주의를 기울이고 적용할 필요가 있는 것은 바울이 하나님의 선하심에 호소한 사실이다.

　바울은 하나님께서 그분을 증언하는 증인들을 남겨두셨다고 말한다. 비, 결실기, 음식, 기쁨 등이 바로 그 증인이다. 그는 구원받지 못한 이교도들이 풍성한 결실과 배부르게 먹는 것을 통해 하나님이 선하시다는 증거를 발견할 수 있다고 말한다. (여기서 우리는 특별히 음식이 전도의 도구로 사용될 수 있음을 발견한다.) 이것은 사람들의 비참한 상태를 먼저 납득시키려는 우리의 노력과 너무나 다르다. 바울은 먼저 그들이 받은 축복을 분명하게 가리켰다.

나는 종종 사람들을 전도할 때 '비참함에 기초한 변증론'으로 시작한다. 그러나 그러한 시도는 회개와 회심을 이끌어내는 데 무수히 실패했다. 다음 대화를 보라.

> 나: 당신은 내적으로 공허하지 않습니까?
>
> 전도 대상자: 별로 그렇지 않은데요.
>
> 나: 당신은 인생에서 더 많은 것을 바라지 않습니까?
>
> 전도 대상자: 더 많은 것이라고요? 더 많은 돈? 물론 바랍니다. 더 많은 행복? 당연히 바랍니다. 더 많은 즐거움? 왜 바라지 않겠습니까?
>
> 나: 파스칼은 우리 모두 안에 하나님이 만드신 빈 공간이 있다고 말했습니다.
>
> 전도 대상자: 파스칼이 누구죠?
>
> 나: 당신은 예수님 없이 비참하지 않습니까?
>
> 전도 대상자: 글쎄요. 잘 모르겠는데요.

왜 비참함에 기초한 변증론 대신 기쁨에 기초한 변증론으로 시작하지 않는가? 왜 사람들이 삶 가운데 풍성하게 누리는 선한 것에 대해 말하지 않는가? 음식, 친구들, 아름다움 등 말이다. 그렇게 말해야 그들에게 그런 선한 것을 주시는 자를 가리킬 수 있지 않겠는가? 바울의 설교 가운데 포함된 '비' 속에서 우리는 비를 하나님의 은혜로운 공급의 표적으로 가르치는 구약의 많은 구절(시 147:8; 사 30:23)과 산상수훈의 한 구절을 떠올리게 된다. "이는 하나님이 그 해를 악인과 선인에게 비추시며 비를 의로운 자와 불의한 자에게 내려주심이라"(마 5:45).

주목하라. 나는 지금 죄, 심판, 회개와 같이 결코 양보할 수 없는 것을 '기쁨에 기초한 변증론'이라 부르는 것으로 대체해야 한다고 주장하는 것이 아니다. 결국 바울도 루스드라에서 복음을 전파할 때 헛된 일을 버리라는 부름과 함께 시작했다(행 14:15). 즉 여기서 내가 말하고자 하는 것은 하나님의 선하심도 마땅히 우리의 전도 속에 넣어야 한다는 사실이다.

예수님도 그렇게 하셨다. 우물가에서 사마리아 여자와 문화충돌에 대한 대화를 하실 때, 세심하게 '책망에 기초한 변증론'과 '기쁨에 기초한 변증론'을 섞으셨다. 그분은 긍정적인 방향을 가리키면서 이렇게 말씀하셨다. "네가 만일 하나님의 선물과 또 네게 물 좀 달라 하는 이가 누구인 줄 알았더라면 네가 그에게 구하였을 것이요 그가 생수를 네게 주었으리라 … 내가 주는 물은 그 속에서 영생하도록 솟아나는 샘물이 되리라"(요 4:10-14). 그녀의 마음이 그 매혹적인 선물을 구하도록 움직인 후에, 그분은 그녀의 부적절한 결혼과 도덕성을 주제로 대화의 방향을 바꾸셨다. 그것은 분명 그녀에게 달갑지 않은 주제였을 것이다.

우리가 예수님의 전도 모범으로부터 배워야 할 것은 전도에 한 가지 길만 있는 것이 아니라는 사실이다. 구원의 유일한 길을 제시하는 방법은 많다. 다양한 청중은 서로 다른 방법을 요구한다. 하나님의 선하심에 호소하는 것도 우리가 전도 대상자에게 접근하는 한 가지 방법이다. 이것은 특히 가족에게 복음을 전할 때 유용하다. 왜냐하면 우리가 그들과 더불어 오랫동안 다양한 방식으로 하나님의 선하심을 표현하고 공유했기 때문이다.

전통적으로 그리스도인은 이러한 교리를 '일반 은총'이라고 불렀다. 이 은혜는 모든 사람에게 유효하다. 실제로 일반 은총은 그것을 인식하는 사람들과 인식하지 못하는 사람들 모두에게 적용된다. 그리고 일반 은총은 십자가의 특별 은총과 구별된다. 왜냐하면 십자가의 특별 은총은 오직 믿음으로 그것을 인정하며 자신의 것으로 삼는 자들에게만 적용되기 때문이다. 결국 내가 말하려는 요점은 어떤 상황에서는 일반 은총으로 시작하는 것이 복음의 특별 은총을 위한 길을 열 수 있다는 것이다.

퇴역한 해군 장교인 레이는 구원받지 못한 여동생의 사치스러운 생활 태도를 비난하는 것을 중단할 때까지 여동생을 전도하기 위한 수많은 시도가 번번이 실패로 끝났다고 말했다. 그는 이렇게 말했다. "그녀의 추수 감사절 저녁 식탁은 너무나 사치스러웠습니다. 그때 나는 '도대체 얼마나 돈을 들여야 저렇게 차릴 수 있을까' 하는 생각뿐이었습니다. 그래서 조금만 아끼면 굶주림으로 죽어가는 많은 사람을 살릴 수 있다는 말로 가족 만찬을 여러 번 망쳐 놓았습니다."

마침내 그는 다른 전략을 시도했다. 여동생 집을 어떤 색으로 칠할 것인지를 묻기도 하고, 심지어 요리를 도우면서 요리의 즐거움에 대해 이야기하기도 했다. 레이와 여동생은 서로 다른 관점으로 접근했지만, 결국 하나님의 풍성하심에 대해 이야기할 수 있었다. 영적인 대화를 하는 길이 열리기 시작한 것이다.

우리는 스스로에게 복음의 특별 은총뿐만 아니라 일반 은총도 전할 필요가 있다. 우리의 교만해지기 쉬운 영혼에게 모든 것이 선물이라는 사실을 일깨워 줄 필요가 있다. 모든 호흡, 모든 발걸음, 모든 음식, 나아가 우리를 기쁘게 하는 모든 것은 하나님으로부터 온다. 바울이 고린도인에게 했던 "네게 있는 것 중에 받지 아니한 것이 무엇이냐?"(고전 4:7)라는 수사학적인 질문은 우리를 감사와 겸손으로 이끈다. 우리가 그런 마음을 가질 때, 가족을 그리스도께 인도하려는 우리의 노력은 잔소리가 아니라 정말로 좋은 소식으로 들릴 것이다.

은혜는 거리끼게 되는 것이다

지나치게 순진해지지 말자. 은혜는 모든 사람에게 은택을 가져다주는 것이지만, 반대로 우리를 쏘는 것이 될 수 있다. 우리의 공로를 추구하는 속성은 값없이 주어지는 은혜와 마찰을 일으킨다. 우리는 하나님께 어느 정도 수준의 죄 사함을 원하고, 그것은 합리적인 것처럼 보인다. 그러나 무죄하신 구주의 속죄를 바탕으로 한 총체적인 죄 사함은 어떤가? 그것은 너무 많이 과장된 것처럼 보인다.

성경에 계시된 은혜는 우리에게 충격을 가한다. 선지자의 입에서 나오든, 메시아께 나오든, 은혜의 메시지는 우리의 머리를 때릴 정도로 강한 충격이다.

에스겔은 우리에게 어떤 여자아이와 관련된 회화적(繪畫的)인 이야기를 들려준다. 그 아기는 본래 버려져 죽을 수밖에 없는 상태였으나 죽음으로부터 건짐을 받고, 돌봄과 양육을 받고, 마침내 그를 구원한 자의 아내가 된다(겔 16장을 보라). 그러나 그녀는 그토록 자신을 사랑해 준 남편의 얼굴에 침을 뱉는다. 남편의 사랑을 배반한 것이다. 에스겔의 이야기를 들어보라. "네가 네 화려함을 믿고 네 명성을 가지고 행음하되 지나가는 모든 자와 더불어 음란을 많이 행하므로 네 몸이 그들의 것이 되도다 네가 네 의복을 가지고 너를 위하여 각색으로 산당을 꾸미고 거기에서 행음하였나니 이런 일은 전무후무하니라"(겔 16:15-16).

그러나 에스겔의 이야기 중 가장 충격적인 부분은 이것이 아니다. 이스라엘의 '음행'에 대해 말씀하신 후, 하나님은 이렇게 선언하신다. "나주 여호와가 이같이 말하노라 네가 맹세를 멸시하여 언약을 배반하였은즉 내가 네 행한 대로 네게 행하리라 그러나 내가 너의 어렸을 때에 너와 세운 언약을 기억하고 너와 영원한 언약을 세우리라"(겔 16:59-60). 그러면 하나님께서 그렇게 하시는 까닭은 무엇인가? 하나님은 계속해서 이렇게 말씀하신다. "네가 네 형과 아우를 접대할 때에 네 행위를 기억하고 부끄러워할 것이라 … 내가 네게 내 언약을 세워 내가 여호와인 줄 네가 알게 하리니 이는 내가 네 모든 행한 일을 용서한 후에 네가 기억하고 놀라고 부끄러워서 다시는 입을 열지 못하게 하려 함이니라 주 여호와의 말씀이니라"(61-63절).

여기서 우리는 "놀라서"라는 말에 주목할 필요가 있다. 은혜는 거리끼게 되고 걸려 넘어지게 하는 것이다. 은혜가 더 이상 놀랍지 않을 때 그것은 어떤 변화도 일으키지 못한다.

바로 이것이 예수님이 누가복음 15장에서 잃은 양과 잃은 드라크마와 잃은 아들의 비유를 말씀하신 이유다. 잃은 양과 잃은 드라크마의 이야기는 세 번째 이야기의 복된 결말을 기대하게 한다. 잃은 양을 찾자 기쁨의 잔치가 벌어졌다. 잃은 드라크마를 찾았을 때도 마찬가지였다. 또한 잃은 아들을 찾았을 때도 크게 기뻐했다. 그때 우리는 예수님이 그 이야기를 행복하게 마무리할 거라고 기대한다. 그러나 그분은 세 번째 비유를 "어떤 사람에게 두 아들이 있는데"라는 말로 시작하셨다(눅 15:11).[13] 만일 이 비유를 단지 탕자의 이야기로만 생각한다면, 핵심을 놓치는 것이다.

우리는 예수님이 이 비유를 말씀하기 위해 가족 관계를 사용하신 것을 주목할 필요가 있다. 왕과 종의 관계나 주인과 일꾼의 관계 같은 다른 관계를 사용할 수도 있었다. 그러나 그분은 가장 강한 충격을 주기 위해 가정의 울타리 안에서 거리끼는 은혜와 자기 의의 추악함을 대조하기로 선택하셨다. 그 비유가 가르치는 교훈의 핵심은 두 아들에 대한 아버지의 사랑과 그에 대한 형의 분개이다. 가정은 마음이 머무는 곳으로 마음의 어둠이 그대로 드러나는 곳이기도 하다.

둘째 아들에 대한 아버지의 큰 사랑은 분명 감동적이지만, 그것이 이야기의 요지는 아니다. 물론 우리는 회개하며 돌아오는 아들을 향해 달려가서 제일 좋은 옷과 가락지와 신발과 살진 송아지로 아들을 영접하는 아버지의 모습에 놀란다. 그러나 예수님은 우리를 기쁘게 하기 위해서가 아니라 우리를 혼란에 빠뜨리기 위해 이 이야기를 하셨다.

이 비유에서 우리는 특별히 세 구절에 주의를 기울일 필요가 있다. 첫

---

13 이 비유에 대한 탁월한 해설을 보려면 『팀 켈러의 탕부 하나님』(두란노, 2016)을 참고하라. 그 책에서 당신은 이 비유가 하나님의 은혜와 인간의 자기 의를 선명하게 대조시키는 것을 보게 될 것이다.

번째는 둘째 아들의 "내게 돌아올 분깃을 내게 주소서"라는 말이다. 그는 돼지우리에서 뒹구는 동안 회개의 두 번째 말을 준비한다. "내가 하늘과 아버지께 죄를 지었사오니 지금부터는 아버지의 아들이라 일컬음을 감당하지 못하겠나이다 나를 품꾼의 하나로 보소서 하리라." 그러나 그는 준비한 말 중 "나를 품꾼의 하나로 보소서"라는 말을 하지 못한다. 그가 준비한 말이 곧바로 이어진 아버지의 말에 막힌 것이다. 아버지는 그의 가정에 둘째 계급이 없음을 계시한다. "이 내 아들은 죽었다가 다시 살아났으며 내가 잃었다가 다시 얻었노라"는 말에서 은혜의 선언은 절정에 이른다(눅 15:24). 이 비유의 말미에 아버지는 맏아들과 대화하며 이 말을 또다시 반복한다.

그러나 이 지점에서 우리는 맏아들처럼 "그러면 나를 위한 잔치는 어디에 있나이까?"[14]라고 묻고 싶은 충동을 느낀다. 만일 우리가 정직하다면 말이다. 투덜거리는 맏아들은 아낌없이 베푸는 아버지와 대조된다. "내가 여러 해 아버지를 섬겨 명을 어김이 없거늘 내게는 염소 새끼라도 주어 나와 내 벗으로 즐기게 하신 일이 없더니 아버지의 살림을 창녀들과 함께 삼켜 버린 이 아들이 돌아오매 이를 위하여 살진 송아지를 잡으셨나이다"(눅 15:29-30).

은혜가 우리를 큰 혼란에 빠뜨리는 이유는 자기 의가 사실 인식을 왜곡시키기 때문이다. 우리는 우리의 선함을 실제 이상으로 보며, 다른 사

---

14 Mark Buchanan의 탁월한 논문 "Where's My Party?", *Discipleship Journal* (September/October 2004)과 http://www.navpress.com/magazines/archives/article.aspx?id=10166을 참고하라.

람들의 악함은 그 이상으로 본다. 그래서 이와 같은 흐릿한 시각의 한가운데서 은혜는 전혀 이치에 맞지 않는 것이다.

맏아들은 아버지의 명을 '결코'(never) 어기지 않았다고 주장한다. (우리말 개역개정판에는 'never'가 분명하게 드러나지 않음-역주) 정말 그러한가? 아버지로서 나는 그 말을 정말로 믿기 어렵다. 그는 아버지가 자신에게 염소 새끼조차 '결코' 주신 적이 없다고 말한다. 정말 그러한가? 육신의 아버지에게 수많은 선물을 받은 아들인 나는 그 말 역시 믿기 어렵다. 심지어 맏아들은 회개하며 돌아오는 동생을 '당신의 이 아들'이라고 부르면서 형제관계를 거의 부인한다. (반면 아버지는 '네 동생'이라고 따뜻하게 부른다.)

또한 맏아들은 동생이 '창녀들'과 연합했다고 이야기를 그럴듯하게 윤색까지 한다. 그가 그런 상세한 내막을 어떻게 알 수 있겠는가? 추잡한 소문을 들었거나 어쩌면 자신의 추측을 그럴듯하게 왜곡시킨 것이었는지 모른다.

아버지는 두 아들에게 똑같이 은혜로웠다. 그것은 그들 모두 잃은 자들이기 때문이었다. 한 아들은 방탕함 가운데 잃은 아들이었고 또 다른 아들은 자기 의 가운데 잃은 아들이었다. 아버지는 한 아들에게는 달려감으로, 다른 아들에게는 잔치 자리에서 나와 그에게 다가감으로 그들 모두에게 동일한 은혜를 나타냈다. (그런데 맏아들이 어떻게 반응했는지에 대해서는 아무 말도 듣지 못한다. 이 드라마는 맏아들과 관련해서는 여전히 휘장으로 가려져 있다.)

우리는 예수님이 이 비유를 말씀하시게 된 배경을 이해할 필요가 있다. 이 비유는 "이 사람이 죄인을 영접하고 음식을 같이 먹는다"라는 바리새인들의 수군거림으로 시작되었다(눅 15:2). 이 비유의 목적은 자기 의의 독기(毒氣)를 없애는 해독제를 제공하는 것인데, 그것은 바로 은혜이다. 오직 은혜로만 그렇게 할 수 있다. '자기 의'(self-righteousness)처럼 '자기'(self)와 연결된 것은 결코 구원을 만들어 내지 못한다. 자기 의로 생긴 상처는 오직 은혜로만 치유할 수 있다. 우리는 하나님의 완전한 은혜에 걸려 넘어진 다음에야 비로소 그 은혜의 따뜻한 빛을 누릴 수 있다.

가족에게 복음을 전할 때, 자기 의로 가득 찬 형처럼 해서는 안 된다. 우리 가족이 창녀들과 더불어 재산을 탕진하며 돼지우리에서 뒹굴고 있더라도 그들의 악한 길을 정죄하면서 우리의 선한 행실을 부각시키면 안 된다. 그때 그들에게 전하는 메시지는 복음이 아니고, 그들도 충분히 지혜롭기 때문에 그런 메시지는 배척할 것이다.

은혜는 놀라운 것이다

베드로는 그의 첫 번째 서신을 시작하면서 은혜의 놀라움을 반복해서 강조한다. 또 "우리를 거듭나게 하사 산 소망이 있게 하신" 하나님의 큰 긍휼에 대해 이야기한다(벧전 1:3). 나아가 우리가 받은 복음의 유업을 "썩지 않고 더럽지 않고 쇠하지 아니하는"이라는 수식어로 묘사한다(4절). 그러면서 그는 "여러 가지 시험으로 말미암아 잠깐 근심하게 되지 않을 수 없음에도 불구하고 도리어 우리로 하여금 크게 기뻐하게" 할 정도로 이 진리가 심오하다는 사실로 인해 놀란다(6절).

　베드로의 말은 우리의 마음과 생각에 모두 영향을 끼친다. 그는 이렇게 말한다. "예수를 너희가 보지 못하였으나 사랑하는도다 이제도 보지 못하나 믿고 말할 수 없는 영광스러운 즐거움으로 기뻐하니"(8-9절). 그러면서 마침내 그는 그것이 "천사들도 살펴보기를 원하는 것"이라고 말한다(12절). 이처럼 복음은 너무나 선하고 부요해서 하나님의 보좌를 둘러싼 천사들조차 살펴보기를 원하는 것이다.

그럼에도 우리는 종종 이러한 메시지의 예봉(銳鋒)을 무디게 만들었다. 우리 자신조차 복음에 별로 열정적이지 못했다. 대부분 복음을 전하며 단순히 수긍하는 태도로 고개를 끄떡이는 정도의 반응만 끌어내는 것이 고작이다. 복음을 듣고 경이롭게 여기도록 효과적인 방법을 발견할 필요가 있다. 이것은 우리가 얼마나 나쁜지를 강조하는 것으로부터 시작된다. 오직 그때만 하나님의 은혜가 얼마나 좋은지를 인식할 수 있다.

한 젊은 교사의 실험이 그 사실을 분명하게 드러낸다. 나는 신약 학자인 D. A. 카슨에게 그 이야기를 들었다. 그는 아일랜드 지역의 한 중학교에서 학생들의 신앙생활을 지도하는 젊은 여교사를 알았다. 그 학교의 학생들은 매우 거칠었는데, 교사의 커리큘럼 속에는 창세기의 처음 몇 장을 가르치는 것이 포함되어 있었다.

1장은 제대로 진행되지 못했다. 학생들은 하나님의 창조 활동에 대한 그녀의 수준 높은 강의에 거의 집중하지 않았다. 그리고 2장 역시 에덴동산에서 아담과 하와가 벌거벗은 상태로 있었다는 이야기와 관련하여 학생들은 킥킥거리는 정도의 반응만 할 뿐이었다.

이런 상황에서 어떻게 창세기 3장의 복잡한 이야기를 제대로 풀어낼 수 있겠는가? 학생들에게 타락을 올바로 이해시키는 것보다 중요한 것은 아무것도 없었다. 학생들은 자신을 반역자로 바라보는 하나님을 알 필요가 있었다.

그녀는 대담한 실험을 선택했다. 창세기 2장을 가르친 다음 날, 작업복을 입은 그녀는 학생들에게 오늘은 수업을 하지 않고 진흙과 골판지로 세상을 만드는 실습을 할 거라고 말했다. 그리고 이렇게 말했다. "오늘은 우리의 작은 행성을 만들고, 내일은 그것을 가득 채우는 피조물을 만들 거야." 학생들은 크게 기뻐했다.

우리가 추측하는 대로 학생들은 불을 뿜는 용인 고질라와 날카로운 이빨을 가진 고블린 같은 피조물을 만들었다. 며칠 동안 그들은 그들이 만든 행성에서 그들이 만든 피조물과 함께 놀았다.

어느 날 교사는 이렇게 선언했다. "너희가 만든 피조물을 위해 어느 정도의 규칙이 필요해. 그들은 서로의 머리를 물어뜯고 있어. 그리고 서로를 물에 처박기도 해. 그러면 그들은 녹을 것이고(그들이 진흙과 골판지로 만들어진 것을 기억하라) 그 행성은 파괴되고 말 거야." 그래서 학생들은 몇 가지 규칙을 만들었다. 그 가운데 하나는 이것이다. '너희는 너희를 만든 우리에게 복종해야 한다.'

며칠 후 교사는 또 하나의 선언과 함께 수업을 시작했다. "피조물이 너희의 규칙에 복종하지 않기로 결정했어."

"뭐라고요?" 학생들이 되물었고, 교사는 이렇게 대답했다. "그들은 너희의 규칙에 복종하지 않을 거야. 그들이 내게 그렇게 말했거든. 그들은 자유의지를 가지고 있고 너희의 규칙을 좋아하지 않아. 자, 그들과 함께 계속 놀자. 그러나 이제부터는 그들이 너희 말대로 행동하지 않을 거라는 점을 명심해."

서서히 학생들은 분개하기 시작했고 이렇게 주장했다. "그렇지만 우리가 그들을 만들었잖아요!"

"그래서 어떻다는 거니?" 그녀가 물었다.

은혜

마침내 뒤에 앉은 한 학생이 일어나 울분에 찬 목소리로 소리쳤다. "그놈들의 발을 부러뜨리고 말 거예요."

그녀는 이제 그들이 창세기 3장을 공부할 준비가 되었다고 생각했다.

창조주에 대한 우리의 반역이 얼마나 나쁜 것인지를 알고 난 후에야 비로소 하나님의 구원이 얼마나 크고 좋은 것인지를 알게 되기 때문이다. 우리의 창조주가 우리의 구속자가 되기로 선택하셨다는 사실이 얼마나 놀라운 일인가!

하나님의 '공의'와 '사랑'을 모두 이해할 때, 비로소 우리는 진정으로 "놀라운 은혜"(Amazing Grace)를 합창할 수 있게 된다.

첫째로 만일 일반 은총이 모든 사람이 경험하는 것이라면, 그것을 그들에게 가르치자. 그리고 말할 때 '너'보다 '우리'를 훨씬 더 많이 사용하자. 우리는 너무나 자주 '너와 나' 구도를 사용한다. '너는 죄인이고, 나는 죄 사함을 받았다'라든지 '너는 잃은 자이고, 나는 구원받은 자이다'라는 식으로 말이다. 일반 은총은 그러한 구도를 완화시킨다. 그러므로 우리가 공통적으로 갖는 것에 대해 이야기하자. 그때 그것을 주는 자를 바라보게 될 것이다. 우리의 차이에 대해 말할 수 있는 기회는 얼마든지 있다.

새신자일 때, 나는 기존 신자들과 대화하는 시간을 많이 가졌다. 그때 나는 마치 외국어를 말하는 단체에 가입한 것 같은 느낌을 받았다. 그것은 찬미의 언어였다. 나는 단순히 그들이 하나님을 대하는 방식을 말하는 것이 아니다. ("오, 하나님을 찬미하라.") 그들이 하나님의 다양한 축복을 인정하고 감사하는 방식을 말하는 것이다. ("우리 모두 저녁 식탁에 함께 둘러앉아 있는 것이 축복 아닙니까, 우리의 건강을 지켜 주신 하나님은 선하지 않습니까, 하나님이 이토록 다양한 과일을 만드신 것이 놀랍지 않습니까?") 그들과의 대화 속에서 나는 나의 부정적인 성장 환경과 일상적으로 사용하는 냉소적인 말을 떠올렸고, 그들을 지독한 사기꾼이라 생각했다. 그러나 무엇인가 나를 그들에게 계속 이끌었고, 나는 그들이 가식(假飾)이 아니라는 사실을 발견했다. 그리고 낯설지만 아름다운 그 언어를 배우기를 열망하게 되었다.

오늘날의 세계는 계속 냉소주의로 흘러가고 있다. 오늘날 유행하는 대중가요 가사를 들어보라. "네가 신경쓰지 않아도 나는 아무 상관없어." TV 시트콤에는 냉소적인 말과 자포자기하는 표현으로 가득하다. 이러한 '농담'은 잠깐 우리를 웃게 만들 수 있다. 그러나 계속 그런 것을 접하다 보면 부정적인 사고방식 속으로 조금씩 빠져든다.

복음을 전하는 자들로서, 우리는 다른 방식으로 말할 수 있다. 특별히 우리는 사람들을 하나님께 이끌기 위해 일반 은총을 좀 더 적극적으로 사용할 필요가 있다. 그들 안에 있는 하나님의 형상은 우리의 찬미와 공명(共鳴)할 수 있다. 그때 하나님께서 주신 좋은 선물에 대한 감사의 표현이 복음으로 이행될 수 있을 것이다.

"나는 우리에게 이토록 아름다운 것을 주시는 하나님을 알아가는 법을 배우고 있습니다."

"천천히 그러나 확실하게, 나는 이 좋은 선물이 어디서 오는지 발견하고 있습니다."

"이 모든 좋은 것 뒤에 누가 있는지 생각해 본 적이 있습니까?"

어떤 사람들에게 이런 종류의 대화는 부자연스러울 수 있다. 특히 가족과의 대화에서 그렇다. 우리는 가족과 대화할 때 냉소적이고 부정적이며 아무렇게나 말하는 경향이 있다. 그러나 일단 이 새로운 언어를 배우면, 그것의 아름다움을 발견하게 될 것이다. 그러면 어느 정도 시간이 흐른 후 당신의 가족은 어리둥절한 모습으로 당신을 바라보며 당신의 새로운 언어에 관심을 기울이게 될 것이다.

어쩌면 어떤 가족에게 이것은 너무 직접적일 수 있다. 대부분 우리는 하나의 측면에서만 하나님의 선하심과 은혜에 대해 이야기한다. 그러나 에밀리 디킨슨이 그녀의 시 "빗대어 말하라"(Tell It Slant)에서 경고한 것처럼, 하나님의 빛의 직접적인 광채는 사람들의 눈을 멀게 만들 수 있다.

> 모든 진리를 말하되 빗대어 말하시오.
>
> 성공은 에둘러 말하는 데 있는 법.
>
> 우리의 미약한 즐거움에게
>
> 너무 밝은 진리는 너무 큰 놀라움이니.
>
> 번개에 놀란 아이들을
>
> 부드러운 설명으로 위로해 주는 것처럼,
>
> 진리도 점진적으로 빛을 발해야 한다오.
>
> 그렇지 않으면 모두의 눈이 멀게 될 것이라오.[15]

---

15 Emily Dickinson, "Tell It Slant", in *The Norton Anthology of Poetry* (New York: Norton), p.855.

만일 당신의 가족이 냉소주의와 부정적 사고에 오랫동안 사로잡혀 있다면, 맛있는 음식이나 멋진 영화에 대해 긍정적으로 말하는 중간 단계로 하나님의 은혜와 긍휼에 '눈이 멀지 않도록' 예방할 수 있다. 점진적인 접근은 덤프트럭 방식보다 훨씬 더 효과적이다(시간에 대해서는 6장을 참고하라).

즉 일반 은총의 교리가 우리의 전도에 영향을 끼쳐야 한다. 우리는 단지 복음의 사실뿐만 아니라 그것의 선함에 대해 말해야 한다. 전도를 다루는 많은 책과 세미나들은 메시지의 사실성에 과도한 가중치를 부여한다. 나는 그것을 경시하라는 것이 아니다. 메시지를 단순한 사실이 아니라 좋은 소식처럼 전할 필요가 있다고 말하는 것이다.

둘째로, 은혜가 거리끼게 되는 것이라면, 우리는 자랑이 아니라 놀라움으로 복음을 나누어야 한다. 어떤 그리스도인들의 전도는 이렇게 들린다. "과거에 나는 우둔했지만, 지금은 지혜롭습니다. 과거에 나는 악했지만, 지금은 씻음을 받았습니다." 이것은 존 뉴턴의 "과거에 나는 맹인이었지만, 지금은 봅니다"라는 말이 주는 느낌과는 상당히 다르다. 우리는 다른 사람들보다 더 지혜롭기 때문에 그리스도인이 된 것이 아니다. 우리는 지혜를 얻음으로 구원을 받게 된 것이 아니다. 그런데 너무나 많은 사람들이 다음과 같이 말한다. "나는 그리스도를 영접할 수 있는 좋은 지각(知覺)을 가진 것이 너무 기쁩니다." "나는 복음의 진실성을 부인할 수 없습니다. 나는 내 동생이 그토록 강퍅한 이유를 도무지 이해할 수 없습니다."

물론 거듭남과 함께 하나님께서 우리에게 새로운 마음과 새로운 눈과 새로운 생각을 주시는 변화의 과정이 시작되는 것은 분명하다. 진정 우리는 "새로운 피조물"(고후 5:17)이다. 이것은 확실한 사실이다.

아마도 C. S. 루이스의 통찰력은 성경적인 균형을 유지하는 데 도움을 줄 것이다. "그리스도인은 다른 사람들을 능가하는 큰 유익을 갖는다. 그러나 그것은 그가 그들보다 덜 타락했다거나 타락한 세상에서 그들보다 덜 악하게 살았기 때문이 아니다. 다만 자신이 타락한 세상 속 타락한 자라는 사실을 알았기 때문이다."[16]

셋째로, 은혜가 놀라운 것이라면 우리는 진리가 우리 영혼 속으로 깊이 들어와, 우리의 전도를 오염시킬 수 있는 다른 감정을 쫓아내 달라고 하나님께 구해야 한다. 특히 은혜는 열매 맺는 전도를 가로막는 두 가지 장애물인 두려움과 죄의식을 해결하는 해독제가 되어야 한다.

많은 사람들이 가족에게 복음을 전하지 못하는 이유가 두렵기 때문이라고 말했다. 그렇다고 해서 그들의 가족이 특별히 악하거나 못된 것이 아니었다. 다만 막연한 두려움이 그들을 주님에 대해 말하지 못하도록 차단하고 있었던 것이다. 가족이 어떻게 생각할지 두려워하는 마음은 우상이 될 수도 있다.

하지만 억지로 용기를 내려고 시도하지 말라. 많은 사람들이 그렇게 시도하지만 거의 성공하지 못한다. 그렇게 하는 대신 은혜 안에 잠겨라. 당신이 하나님 앞에 서게 된 것이 십자가에서 이미 이루어진 일 덕분이라는 사실을 기억하라. 당신이 구원을 만들거나 벌어들인 것이 아니다.

---

16 C. S. Lewis, *The World's Last Night and Other Essays* (New York: Harcourt Brace Jovanovich, 1960), p.77.

두려움의 우상을 포함하여 당신의 모든 죄를 위한 속전(贖錢)이 지불되었다.

십자가에 못 박힌 당신의 죄의 목록을 보라(골 2:14을 참고하라). 그 목록에 적혀 있는 '당신에 대한 다른 사람들의 의견이나 평가 따위를 두려워하는 마음'을 보라. 하나님께 당신을 두려움으로부터 눈물로 옮겨 달라고 간구하라. 그것은 바로 당신의 가족에 대한 긍휼의 눈물이다.

이러한 복음의 은혜를 좀 더 효과적으로, 좀 더 지속적으로, 좀 더 지혜롭게 전하지 못해서 느낄 수 있는 모든 죄의식에 적용하라. 나는 심지어 가족이 믿음으로 나오는 것을 본 사람들조차 여전히 죄의식을 느끼는 것을 보고 무척 놀랐다.

알리는 무슬림이었던 어머니가 88세 때에 믿음으로 나온 이야기를 해 주었다. 하지만 안타깝게도 그는 전도를 배척한 다른 친척으로 인해 여전히 죄의식을 느끼고 있었다. 무슬림 출신들로 이루어진 작은 공동체의 목사인 알리는 한 동부 해안도시의 무슬림 공동체에서 많은 사람이 회심하고 기독교로 개종하는 것을 보았다. 당시 대학생이었던 알리도 회심하여 신학대학을 다녔다. 그리고 그는 매우 저항이 심한 선교지에서 사역했다. 그의 형제들은 그를 조롱했으며, 그의 아버지는 그와 의절했다. 그러나 그의 어머니는 예수님을 구주로 영접하기까지 40년 이상 그의 말에 귀를 기울였다.

알리는 그의 아버지와 어머니의 장례식에서 자신이 설교한 것과 거기에 참석한 사람들이 그의 무슬림 친척들에게 사랑으로 다가간 것과 몇몇 친척이 그들의 사랑에 놀란 것 등에 대해 이야기했다.

나는 알리에게 무슬림 친척에게 복음을 전하기 원하는 사람들에게 어떤 조언을 해 주겠냐고 물었다. 그러자 그는 어깨를 으쓱하며 이렇게 말했다. "나는 아는 게 없어요. 내 노력은 너무 불완전했어요. 나는 별로 한 게 없어요."

이런 종류의 죄의식은 하나님으로부터 온 것이 아니다. 그것은 회개를 이루는 "하나님의 뜻대로 하는 근심"(고후 7:10)이 아니다. 도리어 그런 형태의 죄의식은 "형제들을 참소하는 자"(계 12:10)로부터 온다. 그러므로 우리는 그러한 죄의식에 대해 다음과 같은 복음을 선언함으로 대응해야 한다. "그러므로 이제 그리스도 예수 안에 있는 자에게는 결코 정죄함이 없나니"(롬 8:1). 그러한 죄의식은 자신의 친척을 구원으로 이끄는 주된 동인(動因)이 자신이라고 생각하는 교만으로부터 올 수도 있다. 예수님은 그런 종류의 우상숭배를 없애기 위해 죽으셨다.

복음은 우리를 두려움에서 눈물로 옮길 수 있는 것처럼, 우리를 죄의식에서 눈물로 옮길 수 있다. 그러나 그 눈물은 죄의식이 아니라 슬픔으로부터 솟아오르는 눈물이다. 슬픔은 죄의식이나 두려움보다 훨씬 더 건강하며 생산적인 감정이다. 사랑하는 가족이나 친척이 하나님으로부터 분리되어 있는 사실을 생각하며 슬퍼하는 것은 정당하고 옳은 일이다. 그런 슬픔은 우리가 잃은 자를 위해 무릎을 꿇고 기도하도록 이끌고 은혜의 말을 할 수 있도록 우리의 입술을 부드럽게 만든다. 그러므로 당신의 두려움과 죄의식을 슬픔과 긍휼함으로 바꾸어 달라고 하나님께 간구하라. 은혜는 그러한 거룩한 변화를 일으킬 수 있다.

아마도 이어지는 이야기는 은혜의 놀라운 측면과 거리끼게 되는 측면을 더 깊이 깨달을 수 있도록 도울 것이다.

2월 어느 추운 겨울 밤, 거의 자정이 다 된 시간에 막내아들 존에게 전화가 왔다. 그리고 수화기를 통해 전달된 말은 우리 집에 지진과 같은 소동을 일으켰다. "아빠, 저를 데리러 와주세요. 마리화나를 피우다가 경찰에게 붙잡혔어요." 그때 나는 거실 소파에서 자고 있었는데 그 말에 벌떡 일어났다. "너 누구야?" 나는 누군가 전화를 잘못 걸었기를 바라면서 더듬거리며 말했다. 그는 대답했다. "아빠, 존이에요. 너무 죄송해요."

그 후 경찰, 변호사, 상담사와의 면담이 포함된 길고 고통스러운 여정이 시작되었다. 그리고 결국 존은 10대 문제아들을 위한 기숙학교로 가게 되었다.

우리는 존이 습관적으로 마약을 했던 이유를 알지 못했다. 그가 마리화나를 가끔 장난 삼아 만지작거리는 것으로부터 매일 피우는 것으로 발전하는 데는 그리 오랜 시간이 걸리지 않았다. 그는 단순히 환각 효과를 얻으려는 것뿐 아니라 마약에 대한 의존성 때문에 매일 다섯 차례 이상 마리화나를 피웠다. (그렇다. 많은 사람들이 주장하는 것과 달리 누구나 쉽게 마리화나에 의존하게 될 수 있고 그것은 뇌를 심각하게 손상시킬 수 있다. 특히 청소년기에는 더욱 그렇다. 이 일을 계기로 나는 몇 달 동안 마약에 대해 연구했다.)[17]

---

17 이와 관련하여 나에게 도움을 준 책을 소개하고 싶다. Timmen L. Cermak, *Marijuana: What's a Parent to Believe?* (Center City, MN: Hazelden, 2003). 이 책은 'Informed Parent series'의 일부이다. 나는 그 시리즈에 속한 다른 책을 읽지는 않았지만, 그 책들 모두 과학적으로 정확한 정보와 부모를 위한 따뜻한 통찰력이 가득할 거라고 확신한다. John Vawter의 『당신은 혼자가 아니다*You're Not Alone*』 역시 큰 도움을 준다(www.notalone.org를 참

존이 들어간 학교는 단순히 10대 문제아뿐 아니라 가족 전체를 도울 목적으로 만들어진 프로그램의 일부였다. 아내와 나는 아들과의 관계를 다시 세울 수 있도록 돕는 다양한 가정교육 워크숍에 참여했고, 많은 도움을 받았다.

200명 이상의 부모가 참여한 첫 번째 모임에서, 나는 나 자신이 판단적인 사고로 가득 차 있음을 발견했다. 속으로 나는 이렇게 중얼거렸다. "이 사람들은 끔찍한 사람들이야. 그들은 잔혹한 부모인 게 틀림없어. 그들의 자녀가 모두 마약 중독자들이잖아."

휴식 시간에 우리는 한 싱글 맘의 이야기를 들었다. 그녀의 아들은 자신이 속한 폭력배 조직으로부터 떠나려 시도했고, 그녀는 아들이 목숨을 잃을까 봐 무척 두려워했다. 왜냐하면 앞서 조직을 떠난 사람들이 곧바로 살해되었기 때문이었다. 그녀가 두려워하는 표정으로 담배 한 모금을 빨았을 때, 나는 그녀의 손가락에 있는 반지를 주목했다. 거기에는 사탄 숭배를 상징하는 별표가 새겨져 있었다. 게다가 그녀의 머리는 오렌지색으로 염색되어 있었고, 그녀의 귀에는 수정 귀걸이가 달려 있었으며, 그녀의 입술은 검정색 립스틱이 칠해져 있었다. 세미나 동안 그녀는 자신이 사탄 숭배자며, 자신의 종교가 마약과 조직 폭력배에 연루된 아들에 대한 스트레스를 다루는 데 매우 큰 도움이 된다고 말했다.

그녀의 이야기를 듣는 동안, 내 마음속에는 두 가지 생각이 떠올랐다. 첫 번째는 빈정거리는 투로 이렇게 말하는 것이었다. '그것 봐, 당신의 아

〜

고하라).

들이 그토록 망가진 것은 조금도 놀랄 일이 아니야. 사탄 숭배자인 당신이 무엇을 기대할 수 있겠어?' 두 번째는 비교적 부드러웠지만 똑같이 분명했다. '랜디, 그런데 너는 여기서 무엇을 하고 있는 거야?'

고통스러운 순간이었다. 세미나 내내 나는 계속 판단하고 있었던 것이다. 나는 당황했고 도망치고 싶었다.

매일 밤 우리는 방에 돌아가 그날 우리가 경험하고 배운 것을 평가하면서 그 내용을 일지에 적어야 했다. 나는 그 사탄 숭배자와의 만남을 적었다. 그때 일지는 다음과 같은 말로 시작된다.

"랜디, 자기 의에 사로잡힌 멍청이 같은 놈!"

나는 그녀가 이상한 종교를 선택한 이유를 이해하고자 노력했다. 그리고 그날의 일지에 이렇게 적었다.

"사탄 숭배 속에 도대체 무엇이 있기에 그것이 이성적이며 지적인 여자를 매혹시킬 수 있단 말인가? 그것에 대해 깊이 생각해 볼 필요가 있어. 사탄 숭배는 일종의 힘, 일종의 통제력을 제공해. 그것은 혼돈으로 가득 찬 세상 속에서 안정함을 느끼도록 도와줘. 또 거기에는 어떤 종류의 확실한 호소력이 있는 것이 틀림없어. 왜냐하면 자기를 다른 사람들보다 더 낫다고 느끼도록 만들기 때문이야. 그것은 우월감을 느끼게 해. 지금 내가 그것을 지나치게 관대하게 보고 있는 것일까? 아니야, 그렇지 않아. 나는 지금 그것이 좋다고 말하는 게 아니야. 다만 그것이 나름대로 논리를 가지고 있다고 말하는 것뿐이야. 나는 그것이 좋다고는 전혀 생각하지 않아. 실제로 그것은 너무나 나빠. 나는 그녀에게 복음이 필요하다고 생각해. 그녀의 사탄 숭배는 우상 숭배야. 그것은 하나님 대신 사탄을 숭배하는 거야. 그것은 죄야. 하나님의 아들의 죽음 외에는 그 어떤 것도 그녀의 죗값을 치를 수 없을 정도로 그것은 나쁜 것이야."

이 지점에서 도리어 나는 지혜롭다고 느꼈고 계속해서 이렇게 적었다.

"그러면 나의 판단주의(judgmentalism) 속에는 나와 같은 이성적이며 지적인 그리스도인을 매혹시킬 수 있는 것이 있을까? 나는 이것에 대해서도 깊이 생각해 볼 필요가 있어. 판단주의는 일종의 힘, 일종의 통제력을 제공해. 그것은 혼돈으로 가득 찬 세상 속에서 안정감을 느끼도록 도와줘. 거기에도 어떤 종류의 확실한 호소력이 있는 것이 틀림없어. 왜냐하면 나를 다른 사람들보다 더 낫다고 느끼도록 만들기 때문이야. 우월감을 느끼게 하는 거지. 지금 내가 그것을 지나치게 관대하게 보는 것일까? 아니야, 그렇지 않아. 나는 지금 그것이 좋다고 말하는 것이 아니야. 다만 그것이 나름대로 논리를 가지고 있다고 말하는 것뿐이야. 나는 그것이 좋다고는 전혀 생각하지 않아. 실제로 그것은 너무나 나빠. 나는 나에게 복음이 필요하다고 생각해. 나의 판단주의는 우상 숭배야. 그것은 하나님 대신 나 자신을 숭배하는 거야. 그것은 죄야. 하나님의 아들의 죽음 외에는 그 어떤 것도 나의 죗값을 치를 수 없을 정도로 그것은 나쁜 것이야."

여기서 나는 잠시 펜을 내려놓았다. 나의 죄도 그녀의 죄와 동일한 해결책이 필요하다는 사실을 깨닫는 순간 변화의 역사가 일어나기 시작했다. 나는 계속해서 적었다. "나의 죄는 십자가가 필요할 정도로 너무나 나쁜 것이야. 바로 이것이 나의 죄의 정확한 실상이야."

다음 날 오전에 나는 그 사탄 숭배자 옆에 앉았다. 나는 그녀를 보는 것이 정말로 기뻤다. 나는 그녀에게 세미나가 도움이 되는지 물었고 그녀는 그렇다고 대답했다. 나도 세미나가 큰 도움이 되었다고 말했다. 그리고 우리는 우리의 아들에 대해 이야기했다. 우리가 그들을 얼마나 걱정하고 있는지, 그들이 지금 얼마나 좋아졌는지, 우리가 그들을 다시 보기를 얼마나 바라는지 등에 대해서 말이다. 그 후로 나는 여러 차례 그녀와 그녀의 아들을 위해 기도했다. 그 세미나에서 은혜가 나를 각성시켰다. 나는 그때 깨달은 것을 결코 잊지 않기를 바란다.

이제 마취의가 했던 질문에 대한 내 대답을 말할 때가 된 것 같다. 춤을 추거나 담배를 피우거나 술을 마시는 사람들은 지옥에 간다는 것에 대해 어떻게 생각하느냐는 그 질문 말이다.

나는 이렇게 대답했다.

"네, 나는 우리가 규범을 좋아하는 것은 그것을 통해 누가 안에 있고 누가 밖에 있는지 알 수 있기 때문이라고 생각합니다. 또한 우리가 그것을 지키지 않는 사람들보다 더 우월하다고 느끼게 해 주기 때문입니다. 우리가 이런저런 규범을 만드는 것은 그것을 통해 스스로 선하다고 느끼고 다른 사람들은 악하다고 느끼기 때문이라고 생각합니다."

나는 그가 집중하는 것을 느끼면서 계속해서 말했다.

"그러나 우리가 진짜로 사함을 받을 필요가 있는 것은 단순히 춤을 추거나 담배를 피우거나 술을 마시는 것보다 훨씬 더 나쁜 것입니다. 우리는 분노, 미움, 악독한 마음, 자기 의 등에 대해 사함을 받을 필요가 있습니다." 내 말에 그의 얼굴은 큰 충격을 받은 것처럼 보였다.

나는 이어서 말했다. "그렇습니다. 만일 내가 하나님과 더불어 어떤 관계를 갖고자 한다면, 나는 나의 추악한 태도와 행동에 대해 사함을 받을 필요가 있습니다. 바로 이것이 내가 진정으로 기독교를 좋아하는 이유입니다. 왜냐하면 기독교는 바로 그 사함을 제공하기 때문입니다."

레오나드 박사는 나에게 감사를 표하면서 내가 그에게 깨달음을 주었다고 말했다. 이후 나는 그를 위해 계속 기도한다.

은혜는 놀라운 것이면서 동시에 거리끼게 되는 것이 아닌가? 또 그것은 거룩하고 의로우신 하나님이 우리 같은 사람들을 사하시는, 절대적으로 놀라운 것이 아닌가? 그것은 당신의 교만과 오만과 자기 의를 철저하게 깨뜨리는 것이 아닌가? 그런 종류의 소식은 정말로 좋은 소식이 아닌가? 그것은 가족에게 그리스도께서 그들을 위해 죽으신 것에 대해 말할 때 당신의 말투와 태도를 변화시키지 않는가? 놀라운 것이면서 동시에 거리끼게 되는 하나님의 은혜가 당신을 덮을 때, 비로소 당신은 가족을 위해 올바로 기도할 수 있게 될 것이다.

단계적 실천

1. 당신의 마음의 눈을 밝히사 그분의 부르심의 소망이 무엇인지 알게 해달라고 기도하라(엡 1:18-19). 그리고 하나님의 은혜에 압도되게 해 달라고 간구하라. 또 가족과 대화하는 데 당신의 어투와 단어가 변하게 해 달라고 간구하라.

2. 당신의 가족의 삶 가운데 참된 은혜에 압도된 다른 그리스도인들과의 만남이 있기를 기도하라.

3. 다음과 같은 복음의 간결한 선언을 암송하고 마음속으로 반복하라. "나의 죄는 오직 하나님의 아들의 죽음만 그 값을 치를 수 있을 정도로 너무나 나쁜 것이야. 바로 이것이 나의 죄의 정확한 실상이야."

4. 축소해서 말하라. 당신의 가족을 복음으로 향하게 하는, 더 짧고 불완전한 선언을 시도해 보라. 특히, 당신의 가족과 처음으로 복음에 관해 이야기할 때는 과한 것이 모자란 것만 못하다.

5. 아름다운 풍경, 맛있는 음식, (기독교 문학 이외의) 감동적인 문학 등과 같은 일반 은총의 증거들을 가리켜 보라. 그리고 그들이 당신의 '빗댄 언어'에 어떻게 반응하는지 보라.

3장

진리

: 자유롭게 하지만
가기 힘든 길

워싱턴 D.C.의 지하철 어디에도 '잡담 금지'라고 쓴 알림판은 없다. 그러나 이 불문율 같은 명령은 거의 모든 사람의 마음속에 있다. 그러므로 지하철을 타는 동안 사람들은 거의 잡담을 하지 않는다. 매일 지하철을 타고 통근하는 사람들은 묵묵히 앉아서 워싱턴 포스트나 신간 소설이나 사업상 필요한 서류 따위를 읽는다.

그래서 어느 날 아침 어떤 남자가 지하철 안에서 "여러분, 잠깐만 주목해 주시겠습니까?"라고 말했을 때, 나와 다른 승객은 모두 깜짝 놀랐다. 그리고 내 옆에 앉아 있던 여자는 내가 결코 잊을 수 없는 방식으로 반응했다. 그녀는 "안 돼! 하지 마!"라고 소리를 질렀다.

모든 사람은 "잠깐만 주목해 주시겠습니까?"라고 말하는 남자와 "안 돼!"라고 소리 지르는 여자를 번갈아가며 쳐다보았다. 그는 주머니에 손을 넣어 책 한 권을 꺼냈다(나는 그가 폭탄을 꺼내는 줄 알았다). 그리고 찬송가를 부르기 시작했다. "복된 믿음이여, 예수님은 나의 주님이시라네, 나는 하늘의 영광을 미리 맛본다네."

모든 사람이 안도의 한숨을 내쉬었다. 하지만 내 옆에 앉은 여자는 그 남자에게 계속 멈추라고 소리를 질렀다. 그것은 지금까지 내가 들은 것 중 가장 이상한 이중창이었다.

"하나님이 사신 구원의 상속자…"

"닥쳐! 그만둬!"

"성령으로 거듭나고 그의 피로 씻었네."

"누구든 제발 저 남자의 입에 양말을 쑤셔 넣어 줘요."

전도자의 (심지어 유명한 찬송가 작시자인 파니 크로스비조차 감동받을) 찬송가가 4절 끝부분에 도달했을 때, 지하철은 다음 역에 도착했다. 지하철 문이 열리자, 그는 모든 사람에게 "행복한 하루가 되세요"라고 말하면서 밖으로 나갔다. 내 옆에 앉은 그 여자는 분을 삭이며 말했다. "오늘도 또 저 재수 없는 놈을 만나다니."

지하철 승객들을 둘러보니 거의 모든 사람이 감동적인 찬송가를 부른 전도자보다 멈추라고 소리를 지른 여자의 말에 더 공감하고 있었다. 그들에게는 전도자의 아름다운 멜로디보다 그녀의 날카로운 고함소리가 덜 괴로웠던 것이다.

우리는 이러한 전도 방법의 찬반양론에 대해 토론할 수 있지만, 그것은 다른 사람의 몫으로 남겨두자. 이 이야기를 통해 내가 말하고자 하는 요점은 사람들의 반응에 초점을 맞추어 보자는 것이다. 지하철에서 최소한 한 사람은 그런 방식의 전도를 매우 불쾌하게 생각했다. 나는 그녀 한 사람만 그렇게 생각한 것은 아닐 거라고 추측한다. 대부분의 사람들이 '서로의 방식을 존중'하던 데서 '그런 건 혼자만 알고 있으세요'로 태도를 바꾸었다.

분명히 많은 가정이 그럴 것이다. 가정은 결속의 띠로 가장 단단하게 매인 곳이면서 동시에 가장 약한 곳이기도 하다. 어떻게 우리가 적대적인 환경에서 진리를 선포할 수 있겠는가? 그곳이 애플파이의 냄새로 가득 차 있더라도 어려울 것이다.

전도를 험난한 전쟁터로 만드는 요인은 사람들이 느끼는 전도에 대한 적대감 외에도 최소 두 가지가 있다. 그것은 배타주의와 진리에 대한 피로감이다. 오늘날 다원주의 시대에 배타주의는 우리가 결코 범해서는 안 되는 치명적인 죄다. 또 진리에 대한 피로감은 더 이상 우리를 믿지 않게 한다. 야구 선수들이 스테로이드를 사용하지 않는다고 말할 때, 우리는 그들을 믿지 않는다. 정치인들이 하늘을 우러러 한 점 부끄러움이 없다고 말할 때도 우리는 그들을 믿지 않는다. 또 영화배우들이 너무나 행복한 결혼생활을 하고 있다고 말할 때, 우리는 그들을 믿지 않는다. 그들이 카메라 앞에 서서 "제가 잠깐 눈이 멀었던 것 같습니다"라고 말하는 것은 단지 시간문제일 뿐이다.

이러한 상대주의와 회의주의 분위기 속에서, 그리스도인들은 감히 예수님이 길이요 진리요 생명이심을 믿고 그렇게 선포한다. 복음의 본질을 생각할 때, 우리는 21세기의 전도를 위해 스스로 무장하지 않을 수 없다. 우리는 사도 바울이 아덴에서 복음을 전파한 방식으로부터 많은 것을 배울 수 있다. 왜냐하면 그때 아덴의 청중과 당신의 가족 사이에 공통점이 많기 때문이다.

사도행전 17장은 바울의 마음속에서 일어나는 일에 대한 누가의 설명과 함께 시작된다. 그는 아덴에 우상이 가득한 것을 보고 격분했다. 바로 이 부분을 놓쳐서는 안 된다. 우리도 우상을 직시할 필요가 있다. 다른 사람들의 삶 속에 있는 우상뿐만 아니라 우리 마음속에 있는 우상까지 포함해서 말이다. 그때 우리는 우월감 대신 긍휼함으로 우리의 메시지를 전파할 수 있게 된다.

누가는 우리에게 바울이 아덴 사람들에게 한 말을 들려준다.[18]

"아덴 사람들아 너희를 보니 범사에 종교심이 많도다 내가 두루 다니며 너희가 위하는 것들을 보다가 알지 못하는 신에게라고 새긴 단도 보았으니 그런즉 너희가 알지 못하고 위하는 그것을 내가 너희에게 알게 하리라 우주와 그 가운데 있는 만물을 지으신 하나님께서는 천지의 주재시니 손으로 지은 전에 계시지 아니하시고 또 무엇이 부족한 것처럼 사람의 손으로 섬김을 받으시는 것이 아니니 이는 만민에게 생명과 호흡과 만물을 친히 주시는 이심이라 인류의 모든 족속을 한 혈통으로 만드사 온 땅에 살게 하시고 그들의 연대를 정하시며 거

---

18 여기서 나는 이 중요한 구절을 철저히 주석하지 않을 것이다. 나의 목표는 단지 몇 가지 강조점을 확인하는 것뿐이다. 이 구절에 대해 충분한 주석을 원한다면 다음과 같은 책을 참고하라.
D. A. Carson, "Athens Revisited" in *Telling the Truth*, ed. D. A. Carson (Grand Rapids, MI: Zondervan, 2002) John R. W. Stott, *The Message of Acts: The Spirit, the Church, and the World* (Downers Grove, IL: InterVarsity Press, 1990). Ajith Fernando, *Acts, The NIV Application Commentary* (Grand Rapids, MI: Zondervan, 1998).

주의 경계를 한정하셨으니 이는 사람으로 혹 하나님을 더듬어 찾아 발견하게 하려 하심이로되 그는 우리 각 사람에게서 멀리 계시지 아니하도다 우리가 그를 힘입어 살며 기동하며 존재하느니라 너희 시인 중 어떤 사람들의 말과 같이 우리가 그의 소생이라 하니 이와 같이 하나님의 소생이 되었은즉 하나님을 금이나 은이나 돌에다 사람의 기술과 고안으로 새긴 것들과 같이 여길 것이 아니니라 알지 못하던 시대에는 하나님이 간과하셨거니와 이제는 어디든지 사람에게 다 명하사 회개하라 하셨으니 이는 정하신 사람으로 하여금 천하를 공의로 심판할 날을 작정하시고 이에 그를 죽은 자 가운데서 다시 살리신 것으로 모든 사람에게 믿을 만한 증거를 주셨음이니라"(행 17:22-31).

이 본문에서 우리는 최소한 다섯 가지 결론을 이끌어 낼 수 있다.

복음의 진리는 실체를 가지고 있다

여러 가지 측면에서 오늘날의 세상은 예루살렘보다 아덴과 더 비슷하다. 유대적 배경에서 복음을 전파할 때, 바울은 성경을 인용하며 성경적인 추론 과정을 사용했다. 예를 들어 그는 다음과 같은 방식으로 말했다. "예수에 관한 이 메시지는 너희가 이미 알고 사랑하는 성경으로부터 나온 것이니라."

　그러나 아덴에서 바울은 공통적인 화제를 위해 성경이 아닌 다른 곳을 바라보았다. 그는 그들이 아는 시인들의 시를 인용하고, 그들이 세운 우상을 주목하며, 그들의 추론 방법을 사용했다. 아지스 페르난도는 이렇게 말한다. "소크라테스의 도시에서 복음을 전할 때, 바울은 소크라테스의 방법을 사용했다."[19]

---

19 Fernando, *Acts*, p.474 『NIV적용주석-사도행전』(솔로몬, 2011).

3장

바울은 새로운 길을 개척했다. 그것은 그들이 지금까지 생각해 온 것과 모순되는 길이었다. 아덴 사람들은 "가장 새로운 것을 말하고 듣는 것 외에는 달리 시간을 쓰지 않"았다(행 17:21). 다시 말해 그들은 탐구하는 것을 즐기기는 했지만, 무엇을 발견할 수 있을지에 대해서는 의심했다. 그런 그들에게 바울은 자신의 메시지가 실체를 가지고 있고 그것을 탐구하는 것을 통해 무엇인가를 발견할 수 있다고 말했다. 아덴 사람들에게 이것은 모순처럼 들렸다.

바울은 무엇인가를 알 수 있다고 주장했다. "너희가 알지 못하고 위하는 그것을 내가 너희에게 알게 하리라"(23절). 대부분의 주석가는 누가가 바울의 긴 설교를 짤막하게 요약해서 기록했다고 믿는다. 누가가 사도행전 17장에 기록한 것을 읽는 것은 3분이면 충분하다. 그러나 당시 아덴 사람들의 행태를 감안한다면 아마도 바울은 30분 이상 이야기했을 것이다. 나는 바울이 이 부분을 좀 더 부연해서 설명했을 것이라고 생각한다. 아마도 그는 아덴 사람들에게 실체를 가진 진리가 존재하는 개연성을 납득시켜야 했을 것이다.

이것은 우리도 마찬가지이다. 메시지의 핵심에 도달하기에 앞서 바울과 같은 행동을 할 필요가 있다. ('기어를 바꾸기 전에 먼저 클러치를 밟는' 방식에 대한 자세한 설명은 6장에 나온다.) 때로는 몇 가지 질문을 던지는 것이 상대의 마음과 생각의 문을 여는 데 도움이 될 수 있다. 다음은 우리가 시도해 볼 만한 몇 가지 예시다.

"나는 진리를 탐구하는 것이 중요하다는 것에 동의합니다. 당신은 진리를 발견하는 것이 가능하다고 생각합니까?"

"당신은 탐구에 대해 많이 이야기합니다. 그러면 당신은 무엇인가 발견하게 될 것도 기대합니까?"

"만일 하나님이 계시다면, 우리가 그분을 발견할 수 있도록 만드시지 않았을까요?"

이렇듯 '알지 못하는 신'에게 예배할 필요가 없음을 역설한 후에 비로소 바울은 실체적인 대안을 제시하는 자리로 나아간다. 그는 창조로부터 부활로 나아가는 세계관을 선포한다. 성경이 하나님에 대해 말씀하는 것을 이미 알고 믿으리라 전제하지 않는다. 그는 하나님에 대한 가장 기본, 첫걸음부터 시작한다. 그리고 인간의 본질에 대한 통찰로 나아갔다가, 마침내 예수님에 대해 이야기한다. 우리는 바울의 이러한 방식과 생각의 흐름을 배울 필요가 있다.

오늘날 우리는 과거와 다른 방식으로 복음을 전할 필요가 있다. 우리는 많은 사람들이 성경의 메시지를 이미 알고 있으니 단지 그것을 변증하기만 하면 된다고 생각하기 쉽다. 그러나 바울은 아덴에서 그렇게 하지 않았다.

예를 들어 이렇게 말한 것이다. "내가 이야기하는 하나님이 어떤 종류의 하나님인지 말해 주겠소." "사람들은 '신'이라는 단어를 다양한 의미로 사용하오. 그러면 내가 그 단어를 어떤 의미로 사용하는지 말해 보겠소." 그러면서 그는 하나님에 대한 몇 가지 진리를 열거한다. 그 모든 것은 에피쿠로스 철학자와 스토아 철학자들의 관점과 달랐다.

바울이 선포한 하나님은 다음과 같다.

- 알 수 있는 하나님(행 17:23, 27).

- 만물을 창조하신 하나님(24절).

- 만물을 다스리시는 하나님(24-25절).

- 우리를 창조하신 하나님(25절).

- 우리를 필요로 하지 않으시는 하나님(25절).

- 우리의 삶과 생명 유지와 의미와 목적의 궁극적인 근원이신 하나
  님(27-28절).

- 사람들의 연대와 거주의 경계를 정하시는 하나님(26절).

- 금이나 은이나 돌로 만든 우상과 다른 하나님(29절).

당신은 하나님에 대한 이러한 관점이 옛 철학자들을 위협한 것처럼 당신의 가족과 친척에게도 동일하게 그렇게 할 수 있는 것을 아는가? 그러나 그것이 전부가 아니다. 또한 하나님은 이런 분이다.

- 모든 사람에게 회개하라고 명령하시는 하나님(3절).

- 세상을 심판하실 하나님(31절).

- 예수님의 부활과 함께 천하를 공의로 심판할 날을 작정하신 하나님
  (31절).

C. S. 루이스는 이 진리가 초래하는 불편함을 간파했다. 그는 이렇게 썼다. "비인격적인 하나님은 좋다. 우리 머릿속에 있는 진, 선, 미를 주관하는 하나님은 더 좋다. 우리를 통해 파동 치는 무형의 생명력, 우리가 계

발할 수 있는 광대한 힘은 가장 좋다. 그러나 왕이기도 하고 남편이 되기도 하며 우리를 쫓는 사냥꾼이 되기도 하는, 살아 계신 하나님은 완전히 다른 문제다."[20]

존 스토트는 바울의 아덴 설교를 주석하면서 신학적인 통찰과 함께 실체가 있는 복음을 선포해야 할 필요성을 역설한다. "이 모든 것은 복음의 일부이다. 또는 최소한 복음의 필수불가결한 배경이다. 그것이 없다면 복음은 효과적으로 전파될 수 없다. 오늘날 많은 사람들이 복음을 배척하는 것은 그것을 거짓이 아니라 사소한 것으로 인식하기 때문이다. 사람들은 그들의 모든 경험을 합리적으로 설명해 주는 하나의 통합된 세계관을 기대하고 있다. 바울로부터 우리는 하나님에 대한 교리 없이 예수의 복음을 전파할 수 없으며, 창조 없이 십자가를 전파할 수 없으며, 심판 없이 구원을 전파할 수 없다는 사실을 배운다. 오늘날의 세계는 성경의 더 크고 충분한 복음이 필요하다. 나중에 바울이 에베소에서 '하나님의 뜻'이라 불렀던 그런 종류의 복음 말이다(행 20:27)."[21]

---

20 C. S. Lewis, *Miracles* (San Francisco: HarperCollins, 2001), 94. 『기적』(홍성사, 2008).
21 Stott, *Message of Acts*, 290. 『사도행전』(IVP, 2019).

복음의 진리는 선을 긋는다

앞서 나는 바울이 말하는 진리가 그의 말을 듣고 있던 아덴의 청중이 생각하는 진리와 달랐다는 사실을 이야기했다. 그가 부활에 대해 이야기할 때 그들이 그를 '조롱'했던 이유는 바로 이것 때문이었다. 복음은 항상 사람들을 나누며 항상 전하는 사람과 듣는 사람 모두에게 불편함을 가져다준다. 물론 공통의 기초를 발견하는 데 도움을 준다. 그러나 핵심에 이르면 결국 우리와 그리스도 밖에 있는 가족이나 친척의 길은 서로 갈라진다. 이것은 새로운 것이 아니다. 사람들은 우리의 배타적인 복음에 대해 항상 날을 세웠다. 바로 이것이 사람들이 예수를 산 낭떠러지까지 끌고 가서 밀어내려 한 이유였다(눅 4:29). 또 스데반을 돌로 쳐 죽인 것도(행 7:58), 사람들이 여러 번 바울을 죽이려고 했던 것도(행 14:19, 21:31) 바로 이것 때문이었다. 그리고 당신의 가족 모임이 긴장으로 가득한 이유도 바로 이것 때문일 수 있다.

우리는 전도에서 타협하고자 하는 유혹을 인식하고 그것에 저항할 필요가 있다. 우리 모두는 뒤에서 강하게 잡아당기는 힘을 느끼면서 동시에 메시지의 편안한 부분만 전하고자 하는 유혹을 받는다(하나님은 당신은 사랑하십니다, 나도 당신을 사랑합니다, 서로 웃고 즐깁시다 등).

마이클은 그의 여동생 루이제에게 복음을 전할 때마다 슬픔을 느꼈다. 그들은 종교적인 문제 외 다른 면에서는 좋은 관계를 맺고 있었다. 좋아하는 영화, 노래, 아이돌 그룹 등 공통의 관심사가 많아 함께 있으면 대화도 잘 통하고 웃을 일이 많았다. 그래서 마이클은 그들의 대화에 복음을 끼워 넣을 수 있는 다양한 방법을 발견했으며, 루이제는 그것을 항상 흥미로워했다. 그녀는 진정으로 호기심을 느꼈지만 결코 믿는 데까지는 나아가지 않았다.

그래서 마이클은 항상 그 안에 아픔을 가지고 있었다. 그 아픔은 어쩔 수 없는 것이지만 그로 인해 약해지면 안 된다. 만일 다른 사람을 잃어버리는 슬픔이 당신을 타협하도록 만든다면, 어쩌면 당신에게 편안함이 우상이 된 것인지도 모른다. 편안함과 전도는 대부분 함께 가지 못한다.

타협하고자 하는 유혹 속에는 신학적인 문제가 있다. 만일 당신의 삼촌이 다른 수단이나 종교를 통해 하나님을 발견한다면, 당신은 의아하게 생각할 것이다. 그가 매우 올곧고 도덕적인 사람이라면 더욱 그럴 것이다. 그러나 예수님과 신약 저자들의 배타적인 주장을 타협하려는 시도는 오랫동안 견지해 온 교회의 입장을 결코 뒤집지 못한다. "다른 이로써는 구원을 받을 수 없나니 천하 사람 중에 구원을 받을 만한 다른 이름을 우

리에게 주신 일이 없음이라 하였더라"(행 4:12).[22]

복음의 배타성의 문제와 씨름하는 우리에게 다음과 같은 두 가지 질문은 큰 도움이 된다. 첫째, 부활은 필연적으로 배타주의로 귀결되는가? 둘째, 다원주의는 필연적으로 상대주의로 귀결되는가? 첫 번째 질문에 대한 대답은 '그렇다'이다. 그러나 두 번째 질문에 대한 대답은 '아니다'이다. 이 부분에 대해 좀 더 설명해 보겠다.

우리는 바울이 부활에 대해 이야기한 후에 청중이 반응한 것을 주목해야 한다. (어떤 사람들은 믿었고, 어떤 사람들은 조롱했고, 어떤 사람들은 좀 더 듣기 원했다.) 그 이유는 무엇인가? 예수의 부활이 그분을 다른 모든 종교 창시자와 분리시키고 그분의 구원 방법을 다른 모든 구원 방법과 구별시키기 때문이다. 오직 예수만이 죽음을 정복하셨다. 그러므로 오직 예수 안에서만 그 피할 수 없는 운명을 정복할 수 있다. 또 예수의 부활은 그분의 죽음의 대속적 성격을 확증했다. 그것은 단순히 정치적인 순교에 불과한 것이 아니라 거룩하신 하나님의 진노를 만족시켰다. 부활 없는 십자가는 무의미하며 믿음보다 동정심을 불러일으키는 것에 불과하다.

그리고 부활은 공로에 기초한 의의 무력함을 보여준다. 바울은 이렇게

---

22 이 주제는 철저히 검토해볼 만한 가치가 있는 주제이다. 특별히 당신이 어려운 질문들에 신학적으로 깊이 있는 대답을 하기 원한다면 더욱 그렇다. 이 주제에 대한 좀 더 충분한 검토를 위해서는 다음과 같은 자료를 참고하라. Robertson McQuilken, *"The Narrow Way" in Perspectives on the World Christian Movement: A Reader* (Pasadena, CA: William Carey Library, 2009), p.156 – 161. Harold A. Netland, "One Lord and Savior for All? Jesus Christ and Religious Diversity", *The Gospel Coalition*, December 17, 2009. http://thegospelcoalition.org/resources/a/httpthegospelcoalition .orgpublicationsccione_lord_and_savior_for_all/

추론한다. "만일 의롭게 되는 것이 율법으로 말미암으면 그리스도께서 헛되이 죽으셨느니라"(갈 2:21). 다시 말해서 당신의 곧고 도덕적인 삼촌이 순전하고 경건한 교회출석자로서 (혹은 경건한 불교도나 경건한 무슬림 또는 경건한 유대인으로서) 천국에 갈 수 있다면, 그리스도의 죽음은 불필요하다는 것이다.

만일 당신이 부활에 대해 간명(簡明)하게 말할 수 없다면, 당신은 무엇보다 먼저 이 부분을 해결할 필요가 있다. 그렇게 해야만 비로소 당신의 전도가 모호한 철학으로부터 구체적인 역사(歷史)의 영역으로 옮겨질 것이다.[23]

다음과 같은 예수님의 배타적인 주장을 이해하려면 일종의 추론과정이 필요하다. "나로 말미암지 않고는 아버지께로 올 자가 없느니라"(요 14:6). 그러나 많은 그리스도인은 그렇게 하기를 꺼린다. 유명한 사회학자 로버트 위드나우는 이렇게 말했다. "사람들에게 왜 구원받기 위해 꼭 예수를 믿어야 한다고 생각하는지를 물었다고 하자. 이런 질문에 대한 그리스도인들의 가장 전형적인 반응은 성경을 가리키는 것이다. 그들은 성경이 왜 그렇게 말하는지 설명하는 대신 단순히 성경이 모든 것의 원천이라고 단언해 버린다. 마치 그 이상을 말하는 것은 성경의 절대적이고 명백한 사실을 훼손하기라도 하는 것처럼 말이다."[24]

그러나 예수님은 요한복음 14장의 비슷한 상황에서 자신의 주장을 뒷

---

23 See William Lane Craig, *A Reasonable Faith* (Wheaton, IL: Crossway, 2008), p.333.

24 Robert Withnow, *America and the Challenges of Religious Diversity* (Princeton, NJ: Princeton University Press, 2007), p.177.

받침하기 위해 논리와 이성에 호소하셨다. 바울도 어떻게 이성이 천국에 이르는 유일한 길이 있다는 결론을 이끌어 내는지 보이려고 로마서 1-4장에서 긴 논증을 펼친다.

우리는 다음과 같은 반지성적(反知性的)인 문구에 의지하지 않으면서 복음의 일관적인 논리를 분명히 전할 수 있는 방법을 찾아야 한다. "성경이 그렇게 말합니다, 나는 그것을 믿습니다, 성경이 그것을 분명하게 보여줍니다."

예를 들어 우리는 다음과 같은 방법을 사용할 수 있다.

"내 말이 편협하게 들릴 수도 있습니다. 그런데 당신은 왜 예수님이 '내가 곧 길이요 진리요 생명이다'라고 주장하셨는지 의아하게 생각해 본 적이 없습니까?" (이것은 논증의 무게 중심을 당신으로부터 예수님으로 옮긴다.)

"그렇습니다. 이 말은 배타적으로 들립니다. 그러나 우리의 삶 가운데는 실제로 배타적인 해답이 필요한 경우가 많습니다. 나는 오직 병을 고칠 수 있는 약만 처방하는 배타적인 의사가 필요합니다. 당신도 그렇지 않습니까?"

"좋습니다. 이 논증은 잠시 중단하지요. 그 대신 그것이 나에게 이치에 맞게 들리는 이유를 말씀드리고 싶습니다. 나에게 의심을 통해 얻을 수 있는 유익이 무엇인지 말해 줄 수 있습니까?"

'다원주의는 필연적으로 상대주의로 귀결되는가?'라는 두 번째 질문에 대해서는 오늘날 우리가 더 많은 주의를 기울일 필요가 있다. 이민법 개정, 점점 더 쉬워지는 여행, 인터넷의 세계화 등으로 우리의 세계는 다문화 사회로 발전했으며, 이것은 다른 종교들에 대한 깊은 숙고를 요구한다. 힌두교도들, 불교도들, 이슬람교도들이 멀리 떨어진 곳에서 살 때 그들을 '잃은 자들'로 생각하는 것은 별 문제가 되지 않는다. 그러나 지금 그들은 우리 옆집에 살고, 우리의 언어로 블로그에 글을 게시하며, 우리가 사는 지역에 그들의 예배 처소를 세우고 있다. 이런 상황에서 우리는 우리의 '유일한 길'에 대해 깊이 생각해 볼 필요가 있다.

오늘날 대부분의 사람은 모든 길이 하나님께 통한다고 더욱 확신 있게 말한다. 그러나 우리는 이러한 주장 뒤에 있는 전제(前提)에 도전할 필요가 있다. 우리는 현대인의 오만한 눈으로 과거 사람들을 내려다보는 태도를 경계해야 한다. 당신의 시누이는 이렇게 말할 수 있다. "나는 그리스도인들이 제국주의적인 시각으로 자신들의 문화가 유일하게 옳다고 생각하는 것을 알아요. 그러나 이제 우리는 그런 종류의 오만을 넘어서야만 해요." 여기서 우리는 그녀의 말 속에 내포되어 있는, 또 다른 종류의 오만을 주목하며 아래와 같은 질문들로 되물을 수 있다.

"그렇지만 다른 사람들을 틀렸다고 말하는 그리스도인들을 틀렸다고 말하는 것 역시 오만이 아닐까?"

"그렇지만 아빠, 아빠는 어떻게 그렇게 말할 수 있어요? 모든 종교는 같다는 아빠의 관점은 사실 아주 새롭고 역사적으로도 매우 드문 것이에요. 대부분의 역사 속 사람들은 자신들의 종교가 유일한 길이라고 믿었어요. 아빠의 포스트 계몽주의적 관점(post-Enlightenment view)이야말로 실제로 매우 편협한 관점이 아닐까요?"

"수잔, 들어봐. 너는 계속해서 너의 불교도 친구들이 매우 포용적이라고 말하고 있어. 그렇지만 너는 달라이 라마가 다른 종교에 대해 어떻게 말했는지 아니? 그는 다른 종교가 모두 틀렸다고 생각해. 오직 불교만이 구원을 가져다준다는 거야."[25]

어쨌든 이 주제는 접근하기 어려운 내용이다. 당신의 가족은 나의 가족과 마찬가지로 '관용'의 시대에 살고 있고, 따라서 그들은 당신의 논리에 감정적으로 저항할 것이다. 그럼에도 이 다원주의 시대에 꼭 필요한 작업이다. 오늘날 많은 사람이 구주에 대한 필요성을 보기 전에 먼저 그들의 '열린 마음'의 표면 아래 있는 그들 자신의 교만을 볼 필요가 있다.

마티의 형 켄은 이스라엘로 졸업여행을 갔다가 돌아온 후 자신의 신앙을 버렸다. 그는 여행하면서 많은 종교를 보았고, 모든 정통 유대교도와 경건한 이슬람교도들이 모두 잘못된 것일 수 없다는 결론을 내렸다. 그래서 그는 신학대학원에 진학하고자 했던 계획을 인류학을 전공하는 쪽으로 바꾸었다. 마티와 켄의 대화를 들어보라.

켄: 우리가 지금까지 들어온 이야기는 다른 종교에 속한 사람들을 복

---

25 다른 종교에 피난처를 제공해 주는 능력이 있느냐는 질문을 받았을 때, 달라이 라마는 이렇게 대답했다. "실재를 깨닫는 마음이 실재 속에 있는 모든 오염을 멸절시키는 해탈'에는 오직 불교도만 도달할 수 있다. 이런 종류의 모크샤 혹은 니르바나는 불경에서만 설명되며, 오직 불교 수행을 통해서만 도달할 수 있다." 달라이라마 14세 "'Religious Harmony' and Extracts from The Bodhgaya Interviews", in *Christianity through Non-Christian Eyes*, ed. Paul J. Griffiths (Maryknoll, NY: Orbis Books, 1990), p.169. Quoted in Keith Yandell and Harold Netland, *Buddhism: A Christian Exploration and Appraisal* (Downers Grove, IL: InterVarsity Press, 2009), p.109.

음화해야 한다는 것이었어. 그러나 너는 내가 예루살렘에서 본 것을 알 수 없을 거야.

마티: 거기서 무엇을 보았는데?

켄: 통곡의 벽에서 하나님께 부르짖는 유대인과 알아크사 사원에서 기도하는 무슬림을 보았어. 그런 그들을 단순히 잃어버린 자라고 말할 수 없어.

마티: 왜 그렇게 말할 수 없다는 건데? 지금 형은 기도하는 모든 사람이 진리를 믿는다고 말하는 거야?

켄: 그들이 얼마나 진심 어린 마음으로 기도했는지 너는 결코 알지 못할 거야.

마티: 형은 어떻게 그들의 마음속에서 일어나는 일을 알아? 그들이 큰 소리로 기도하는 것을 보고 알 수 있어?

켄: 너 예루살렘에 가 본 적 있어?

마티: 아니, 가 본 적 없어. 그렇지만 많은 그리스도인이 예루살렘에 갔고, 그곳에서 형이 본 것과 똑같은 것을 보았어. 그렇지만 그들은 형과 똑같은 결론을 내리지 않았어. 실제로 예루살렘에 사는 그리스도인을 생각해 봐. 그들은 그들의 유대인과 무슬림 이웃에게 다가가 복음을 전하려 애쓰고 있다고.

켄: 이봐 마티, 나는 지금까지 그리스도의 지상명령을 믿었어. 하지만 복음화해야만 하는 사람들의 얼굴을 직접 보니 그들을 복음화할 수 없어.

마티: 지금 형은 형의 생각이 성경의 가르침보다 더 옳다고 말하는

거야? 성경은 우리가 불신자들에게 복음을 전해야 한다고 가르치고 있잖아?

켄: 음….

마티: 형의 경험을 예수님의 권위보다 더 높이는 게 가능해?

켄: 정말로 그게 큰 부담이기는 해.

마티: 그래. 하지만 그건 정말로 깊이 숙고해 볼 만한 가치가 있어. 그렇지 않아? 예루살렘이나 메카, 베이징에 갔다가 종교에 심취한 사람들을 보고 의아하게 생각한 사람은 예전에도 많았어.

켄: 그렇겠지. 하지만 그건 너무나 압도적인 경험이었어.

마티: 나는 그곳에서의 경험에 동의할 수 있어. 하지만 그것이 예수님과 바울의 가르침과 지금까지 수많은 그리스도인이 믿은 것을 버릴 만한 이유는 되지 못해.

어쩌면 당신도 마티와 비슷한 상황에 부딪힌 적이 있을지 모른다. 비교적 부드럽게, 또는 더 첨예하게 부딪혔을 수도 있다. 그것은 당신의 가족의 기질, 문화 규범, 관계에 따라 다르다. 그러나 '다원주의는 필연적으로 상대주의로 귀결된다'는 개념에 대해 우리는 반론을 제기할 필요가 있다. 그렇지 않으면 당신의 배타적인 복음은 당신의 가족의 마음속에 편협하며 비관용적인 개념으로 남게 될 것이다.

복음의 진리는 삶의 모든 영역에 빛을 비춘다

존 스토트는 사람들이 그들의 모든 경험을 설명해 주는 하나의 통합된 세계관을 찾고 있다고 단언한다. 만일 그의 단언이 사실이라면, 우리는 그들에게 어떻게 복음이 삶의 모든 영역에 빛을 비추는지 보여주어야 한다. 우리의 메시지는 단순히 천국에 들어가는 것뿐 아니라 훨씬 더 많은 것을 약속한다.

많은 사람들은 성경의 세계관을 '창조와 타락과 구속과 완성'이라는 총 4막으로 구성된 드라마로 바라본다. 그러나 종종 그리스도인은 단지 두 번째 장과 세 번째 장만 포함된 불완전한 복음을 제시한다. 그 복음은 이렇게 단순하게 들린다. "당신은 죄를 범했다. 예수께서 당신의 죄를 위해 죽으셨다. 그러니 이렇게 기도하라. 그러면 당신은 지옥에 가지 않을 것이다."

어떤 측면에서 이것은 사실이다. 그러나 다른 측면에서 이것은 '얕게'

혹은 존 스토트의 표현처럼 '경박하게' 들린다. 많은 사람들이 이런 종류의 복음을 배척하는 것은 복음이 그들의 삶의 많은 부분과 연결되지 않기 때문이다.

이것은 단순한 실용주의가 아니다. 사람들의 삶의 경험과 복음은 이미 신학적으로 연결되어 있으며, 우리는 그것을 강조할 필요가 있다. 우리가 종종 지나치는 그들의 삶의 영역은 우리가 전하는 메시지의 창조 및 완성과 깊이 연결된다.

비그리스도인들은 그들의 삶과 크고 아름다우며 경외감을 불러일으키는 세상을 이해하기를 열망한다. 그것은 인격적인 하나님이 그들을 창조하셨기 때문이다. 하나님은 그들을 그분의 지문이 가득 찍힌 세상에 두셨다. 또 그들은 고통과 궁극적인 공의의 실현으로부터 안전하기를 열망한다. 그것은 이 세상이 완성을 향해 달려가고 있으며, 하나님이 그들의 마음 가운데 영원을 사모하는 마음을 주셨기 때문이다. "하나님이 모든 것을 지으시되 때를 따라 아름답게 하셨고 또 사람들에게는 영원을 사모하는 마음을 주셨느니라"(전 3:11).

그래서 바울은 아덴의 시인의 말을 인용했다. 단지 아덴 사람들이 잘 아는 시인이기 때문에 거론한 것이 아니었다. 그렇다면 우리도 우리 시대의 시인들(혹은 대중가요 작사자들과 영화 시나리오 작가들)의 작품을 인용하면서, 그들이 어떻게 복음을 가리키는지 보여줄 필요가 있다.

그러면 바울이 인용한 시구(詩句)들을 살펴보자. 사도행전 17장 28절에서 그는 "우리가 그를 힘입어 살며 기동하며 존재하느니라"와 "우리는 그의 소생이라"는 시구를 인용한다. 이러한 시구를 인용하여 바울은 복음이 단순히 천국에 들어가는 방법이 아니라 삶의 광범위한 주제와 연결된다는 것을 보여준다.

복음은 '살며, 기동하며, 존재하는' 모든 것과 연결된다. 복음은 우리가 왜 여기에 있는지, 우리가 어떻게 삶을 이해해야 하는지, 우리가 어디로 가는지 등의 질문과 연결되며 그 질문에 대답해 준다. 특별히 우리는 이미 천국과 지옥에 대한 우리의 호언장담을 들은 가족에게 복음적인 세계관에 기초한 다양한 주제에 대해 말해 줄 필요가 있다. 이러한 방법을 '옆문으로 들어가기' 혹은 '우회적으로 공격하기'라고 부른다. 정면 공격이 실패할 때 복음이 어떻게 삶의 모든 영역과 연결되는지를 보여주면서 우회 공격을 하는 것이다. 그리고 그것을 통해 마침내 우리는 성공에 도달할 수 있다.

수십 년 동안 랄프는 동생 에드에게 복음을 전하고자 애썼지만 아무런 열매도 거두지 못했다. 실제로 에드는 복음에 아무런 관심도 없었고, 그러한 자신의 태도를 형 랄프에게 분명하게 보여줬다. 그러던 어느 날 랄프는 오랫동안 동생과 함께 차를 타고 가면서 다른 방법을 생각해 냈다. (많은 사람들이 나에게 차 안에서 대화하는 것이 가장 좋다고 말했다. 차 안에서는 두 사람이 마주 보는 것이 아니라 앞을 보기 때문이다. 아마 간접적인 시선 접촉이 위협감을 덜 느끼게 만들기 때문인 것 같다.)

방금 에드는 랄프에게 자신의 결혼생활에서 일어나는 다툼에 대해 말했다. 사실상 그는 아내와 상당 기간 별거하고 있는 상태였다. 그들은 서로 다시 합칠 수 없을지도 모른다고 생각했다. 그런데 이어서 랄프도 자신의 결혼생활에 어려움이 많다고 말하면서 에드에게 충격을 주었다. 에드는 형 부부가 완벽한 모습이라서 그들에게는 어떤 문제도 없을 것이라고 생각했기 때문이다.

랄프는 에드에게 이렇게 말했다. "너도 알다시피 우리의 결혼생활은 좋을 때 정말로 한없이 좋았어. 세상에서 우리보다 더 좋은 결혼생활은 절대로 없을 거라고 생각했을 정도니까. 우리는 마치 서로를 위해 창조된 것 같았어. 그러나 우리 사이가 나쁠 때는 세상에서 가장 고통스러웠어. 우리는 서로 원수를 대하는 것처럼 대했어. 그리고 그 기간에 우리를 지켜 준 것은 우리가 배운 서로를 용서하는 법이었어."

몇 마디를 서로 주고받은 후, 랄프는 이렇게 덧붙였다. "나는 그때 우리의 믿음이 정말로 큰 도움이 되었다고 생각해. 하나님이 우리를 어떻게 용서하셨는지 알기에 우리는 서로 용서할 수 있었어. 그것이 없었다면 우리는 이미 오래전에 깨졌을 거야."

랄프는 자신의 허물과 약점과 하나님의 용서에 대해 말하면서 동생에게 더 효과적으로 복음을 전할 수 있었다고 말했다. 그리고 이렇게 덧붙였다. "나는 잘못된 부부관계로 인해 동생을 정죄하지 않았습니다. 도리어 나의 허물을 고백함으로써 그와 나를 동일시했습니다. 그렇게 함으로써 나는 그가 아직 발견하지 못한 것을 제시할 수 있었습니다."

이렇듯 복음이 삶의 모든 영역을 비춘다는 사실을 보여주는 것은 지금까지 우리의 메시지를 배척해온 가족이나 친척들의 마음의 문을 여는 열쇠가 될 수 있다.

넬슨도 그러한 사실을 확실하게 발견했다. 그에게 드루라는 조카가 있었다. 조카에게 넬슨은 매우 존경하는 삼촌이었다. 그것은 넬슨이 예리한

지성의 소유자로서 유명 대학의 교수였기 때문이다. 드루는 삼촌의 예리한 통찰력을 존경했기 때문에 종종 그에게 학문적인 주제와 오늘날 세상에서 벌어지는 다양한 사건에 대해 물었다. 심지어 데이트를 위한 조언도 삼촌에게 구했다.

어느 날 그는 절망적인 어투로 삼촌에게 말했다. "삼촌, 나는 한 여자와의 관계에 머물 수 없는 것 같아요. 어떤 여자와 6개월 정도 만나면, 그녀에 대해 관심이 없어져요. 처음에는 도전하고 정복하다가 그러고 나면 다른 여자를 보기 시작해요."

드루는 30대 초반으로 이제 한곳에 정착하기를 원했지만 자신의 연애패턴을 생각하며 크게 낙망하고 있었다.

"네가 여러 여자와 잠자리를 했다고 말하는 것 같구나." 넬슨이 예리하게 지적했다.

드루는 약간 충격을 받은 듯 보이다가 어느 정도 시간이 지난 후 그렇다고 대답했다. 실제로 그는 자신이 데이트한 여러 여자와 잠자리를 했던 것이다.

넬슨은 조카에게 이렇게 조언했다. "여자와 잠자리를 하지 않으려고 노력해 보면 어떻겠니? 그리고 나서 네 마음이 어떻게 움직이는지 보면 좋을 것 같아." 이렇게 하여 두 사람 사이에 섹스의 본질에 대한 긴 토론이 시작되었다. 특히 그들은 섹스가 연인 관계에 두 가지 상반된 결과를 가져올 수 있다는 점에 대해 이야기했다. 넬슨의 조언은 대략 다음과 같다.

평생에 걸친 부부 관계 속에서 섹스는 신비한 방법으로 남편과 아내를 하나 되게 하는 일종의 접착제 역할을 한다. 그것은 친밀감과 신뢰를 증진시킨다. 반면 결혼하지 않은 이들에게 섹스는 정반대의 역할을 한다. 그것은 두 사람을 하나로 연합시키는 대신 도리어 그들을 나누고 파편화시키며 쪼갠다.

넬슨은 조카에게 무작정 섹스부터 하지 말고 삶의 모든 영역을 함께 나눌 수 있는 여자를 발견할 때까지 기다려 보라고 솔직하게 말했다.

사실 드루 같은 사람이 결혼할 때까지 금욕을 선택하는 것은 쉬운 일이 아니다. 그러나 드루는 실제로 그렇게 선택했고 넬슨이 말한 것처럼 그에게도 친밀함과 신뢰의 관계가 생겼다. 그는 삶의 모든 영역을 함께 나눌 수 있는 한 여자를 발견했고 그녀와 결혼했다. 그는 삼촌에게 그런 놀라운 아이디어를 도대체 어디서 얻었는지 물었다. 그러자 그들의 대화 주제는 데이트와 섹스에서 성경과 복음으로 달라졌다. 그는 만일 성경과 삼촌이 섹스의 문제에서 옳다면 하나님의 문제에서도 옳을 것이라고 추론했다. 드루가 읽은 첫 번째 성경은 솔로몬의 아가였고, 두 번째 성경은 요한복음이었다. 그리고 두 번째 성경을 읽은 후, 드루는 그리스도인이 되었다.

우리는 복음이 어떻게 삶의 모든 영역과 관련이 있는지 나타낼 필요가 있다. 따라서 사전에 어느 정도 준비를 해야 한다. "우주와 그 가운데 있는 만물을 지으신 하나님"(행 17:24)이기에 만물이 분명 그분과 그분의 구원을 가리킬 것이다. 이와 관련하여 C. S. 루이스는 이렇게 말한다. "내가 해가 뜨는 것을 믿는 것처럼 기독교를 믿는 것은, 단지 내가 그것을 보기 때문이 아니라 내가 그것을 통해 다른 모든 것을 보기 때문이다."[26]

26 C. S. Lewis, *The Weight of Glory and Other Essays* (New York: HarperCollins, 1949), p.140.
『영광의 무게』(홍성사, 2008).

복음의 진리는 반응을 촉발한다

바울의 말을 듣고 아덴의 청중 가운데 어떤 사람들은 조롱했고, 어떤 사람들은 더 듣기 원했으며, 어떤 사람들은 믿었다. 복음의 진리는 항상 이런 방식으로 역사(役事)한다. 그것은 죄를 지적하는 것으로부터 시작해서 (당신은 죄인이며 거듭날 필요가 있습니다.) 십자가에 기초한 해결책을 제시하는 것으로 진행되기 때문에(당신이 구원을 위해 할 수 있는 일은 아무것도 없습니다.) 사람들을 양극화시키는 경향이 있다. 우리는 이것을 예상하고 있어야 한다. 왜냐하면 우리의 사랑하는 가족이 복음에 대해 강하게 반응하는 것이 너무나 고통스러울 수 있기 때문이다.

우리의 형제나 부모님이 우리의 메시지를 좋은 소식으로 받아들이면 당연히 기쁠 것이다. 우리는 그들에게 사영리 팸플릿의 마지막 페이지에 있는 짤막한 기도를 통해 믿음을 고백하고 구원에 이르는 방법을 제시한다. 그들을 그리스도께서 십자가 위에서 행하신 일을 믿는 믿음으로 인도

한다. 만일 그들이 지금까지 그들의 목마름을 만족시키기 위해 다른 것을 믿어 왔다면, 이제는 복음의 진리가 "물을 가두지 못할 터진 웅덩이"에서 오는 갈증을 풀어 줄 것이다(렘 2:13).

그러나 우리는 복음의 진리가 본질적으로 그것을 듣는 사람들의 마음을 강퍅하게 만든다는 사실을 인식해야 한다. 이것은 우리의 직관을 반하는 듯 보이지만, 우리는 이러한 사실을 특별히 고려할 필요가 있다.

예수님이 유대인들 앞에서 "나는 내 아버지에게서 본 것을 말하고 너희는 너희 아비에게서 들은 것을 행하느니라"(요 8:38)고 말씀하셨을 때, 그들은 스스로를 아브라함의 혈통으로 내세웠다. 또한 "우리 아버지는 아브라함이라"는 말로 자신들이 이미 하나님과 올바른 관계를 맺고 있다고 주장했다.

그러자 예수님은 "죄를 범하는 자마다 죄의 종이라"(34절)고 선언하시면서 "아들이 너희를 자유롭게 하면 너희가 참으로 자유로우리라"(36절)고 말씀하셨다. 그럼에도 그들은 구주의 필요성을 부인했다. 그때 예수님은 '내 제자들'(31절)과 '마귀로부터 난 자들'(44절)을 날카롭게 대조시키시는데, 그것이 "내가 진리를 말하므로 너희가 나를 믿지 않기"(45절) 때문이라고 말씀하신다.

이 구절에서 우리는 예수님께서 '내가 진리를 말함에도 불구하고(although)'라고 말씀하시지 않고 '내가 진리를 말하기 때문에(because)'라고 말씀하신 것을 주목해야 한다.

주석가 D. A. 카슨은 이렇게 설명한다. "하나님의 자녀는 진리를 사랑하며 예수를 믿을 것이다. 반면 마귀의 자녀들은 진리를 받아들이지 않을 것인데, 이유는 정확하게 그것이 진리이기 때문이다."[27]

어떤 사람들에게 복음의 진리는 큰 희생을 요구한다. 그들은 지금까지 사랑했던 죄를 떠나보내야 한다. 또 어떤 사람들에게 복음의 진리는 큰 변화를 요구한다. 하지만 지금까지 완강하게 걸어 온 길을 바꾸는 것은 그들에게 불가능하거나 굴욕적으로 느껴진다. 또 어떤 사람들에게 복음의 진리는 도저히 따를 수 없을 정도로 너무나 선한 것으로 보일 수 있다. 죄의 어둠과 그 결과가 그들을 움츠리게 만들며, 그들은 결국 실망하게 될 거라며 뒤로 물러난다. 만일 당신이 전한 복음이 그들을 실망에 빠지게 한다면, 그것은 그들에게 너무 강한 타격이 될 것이다. 그래서 그들은 미지의 삶으로 모험을 떠나기보다 차라리 익숙한 쓰레기 더미에서 계속 뒹굴기를 원한다.

존 스타인벡은 그의 소설『에덴의 동쪽』에 등장하는 케이트라는 캐릭터를 통해 이런 방식으로 악의 쓰레기 더미 속에서 괴로워하는 한 인물을 묘사한다. 아담과 결혼한 케이트는 얼마 후 아담의 동생 찰스와 동침하고 쌍둥이 아들을 임신한다. 아담은 케이트가 낳은 쌍둥이 아들이 자신의 소생이 아니라는 것을 추호도 의심하지 않는다. 얼마 후 케이트는 아담을 죽이려 시도하지만 실패한다. 그리고 그녀는 그를 떠나 창녀의 삶을 살다가 마침내 사창가에서 포주가 된다. 그녀의 삶은 범죄와 돈, 마약과 살인에 사로잡힌다.

---

27 D. A. Carson, *The Gospel according to John* (Grand Rapids, MI.: Eerdmans, 1991), p.353 – 354.

케이트의 시동생이자 그녀의 쌍둥이 아들의 생부(生父)인 찰스는 그의 형 아담과 형수의 별거 및 그녀의 추악한 삶을 알지 못한 채 그들에게 상당한 돈을 남기고 죽는다. 아담은 모든 돈을 자기 혼자 독차지할 수 있었지만, 그렇게 하지 않고 케이트의 몫을 그녀에게 전달하기로 선택한다.

케이트는 아담을 비웃으며 그의 진짜 동기를 의심했고 그녀의 반응에 그는 이렇게 말했다.

> "나는 당신의 몫을 당신에게 주기 원하오. 찰스는 당신에게도 돈을 주기 원했소. 당신의 몫은 내 것이 아니오.
> "나는 비밀을 찾아낼 것이오. 나는 반드시 비밀을 찾아낼 것이오."
> "나는 당신이 이해할 수 없을 거라고 생각하오. 그러나 나는 크게 개의치 않겠소. 내가 이해하지 못하는 일도 많으니까. 나는 당신이 어떻게 나에게 총을 겨누고 두 아들을 버릴 수 있었는지 이해하지 못하오. 또 당신이든 누구든 사람이 어떻게 이렇게 살 수 있는지 이해하지 못하오." 그는 집을 가리키기 위해 손을 흔들었다.

또 케이트가 악의적으로 쏟아내는 말을 묵묵히 들은 후, 아담은 천천히 말을 이어갔다.

> "나는 당신을 이해하지 못한다고 말했소. 그런데 지금 생각해 보니 당신도 많은 것을 이해하지 못하는 것 같소. 당신은 사람들 안에 있는 추악함을 알고 있소. 그렇소. 그것은 틀리지 않소. 그러나 당신은 그

외에 다른 것은 알지 못하오. 당신은 내가 당신에게 찰스의 유언장을 가지고 온 것을 믿지 않소. 그것은 내가 당신의 돈을 원하지 않기 때문이오. 당신은 내가 당신을 사랑한 것을 믿지 않소. 이곳에서 많은 남자들이 추악함과 함께 당신을 찾아오오. 그러나 당신은 그들 안에 선함과 아름다움이 있을 수 있음을 믿지 않소. 당신은 오직 한 면만 볼 뿐이오. 당신은 그들 안에 오로지 추악함만 있을 뿐이라 생각하고 그렇게 확신하고 있소."[28]

증오와 분노의 깊이로 케이트에 필적할 만한 사람은 아무도 없을 것이다. 복음의 진리는 어떤 사람도 치유할 수 있지만 반대로 어떤 사람을 극적으로 강퍅하게 만들 수 있다. 그러나 이러한 사실로 인해 낙망하지 말라. 왜냐하면 그러한 이유로 당신은 복음을 전하는 동안 더욱 뜨겁게 기도하게 될 것이기 때문이다. 또 그 사실을 알 때, 당신은 상대의 극단적인 반응에 대해 은혜와 사랑으로 대처할 수 있는 준비를 하게 될 것이다.

---

28 John Steinbeck, *East of Eden* (New York: Penguin, 1952), p.384 – 385. 『에덴의 동쪽』.

복음의 진리는 놓치기 쉽다

워싱턴 D.C.로 이사한 직후, 아내와 나는 케네디 센터에서 공연하는 연극을 보기 위해 중심가로 갔다. 우리는 66번 도로를 타고 동쪽으로 차를 몰아 시어도어 루스벨트 다리로 갔다. 그리고 거기서 포토맥 강을 내려다보는 아름다운 건물을 보았다.

나는 "저기에 있군!"이라고 소리쳤다. 건물의 아름다움 때문이기도 했고, 한편으로는 거기에 가기 아주 쉽겠다는 생각 때문이었다. 케네디 센터 쪽으로 좌회전을 하면서 나는 예상보다 훨씬 빨리 도착했다고 생각했고 남은 시간 동안 천천히 그 건물의 내부를 둘러보려 했다. 그러나 그 순간 갑자기 길이 오른쪽으로 꺾이면서, 케네디 센터는 우리의 시야에서 사라져버리고 말았다.

워싱턴 D.C.에서 운전하기 위해서는 상당한 방향 감각과 운이 필요하다. 그러나 그날 밤 나에게는 두 가지가 모두 없었다. 나는 그 건물을 다시 보게 될 것을 기대하면서 계속 차를 몰았다. 15분 후 그 건물이 다시 오른쪽에 나타났다. 그러나 그 순간 도로가 갑자기 왼쪽으로 꺾이더니, 느닷없이 우리 앞에 알링턴 국립묘지가 나타났다. 우리는 세 번이나 포토맥 강을 건너고 나서야 주차장으로 들어가는 길을 발견했고 연극이 시작되기 직전에야 비로소 자리에 앉을 수 있었다.

자리에 앉고 나서 나는 아내의 귀에 속삭였다. "케네디 센터는 정말로 놓치기 쉬워." 나는 지금도 그곳에 갈 때 매 순간 도로 표지판들과 랜드마크에 주의를 기울인다. 케네디 센터는 너무나 놓치기 쉽기 때문에 제대로 도착할 때까지 주의를 집중한다.

마찬가지로 복음도 놓치기가 매우 쉽다는 사실을 발견했다. 그러므로 우리는 세세한 부분까지 주의를 집중할 필요가 있다. 작은 잘못이 우리를 다른 메시지나 결론으로 이끌 수 있기 때문이다.

신약의 많은 구절이 우리에게 참된 교훈에 전념하고, 스스로의 믿음을 시험하며, 말을 신중하게 하라고 경고한다. 바울은 갈라디아 교회에 편지하면서 "다른 복음을 따르는"(갈 1:6) 것으로 인해 그들을 책망한다. 그는 그들을 "어리석은 자들"(3:1)이라 부르면서, 그들이 진리를 놓치고 "저주받을"(1:9) 자들이 전파한 다른 복음을 받아들인 것에 대해 놀란다.

심지어 바울은 자신조차 복음을 놓치는 것으로부터 면제되지 않는다고 생각한다. 디도서에서 바울은 복음의 메시지를 세 군데서 반복적으로 언급하면서 그것이 얼마나 풍성하고 부요한지와 그것을 깊이 묵상하는 것이 얼마나 가치 있는 일인지를 말한다(딛 1:1-3, 2:11-14, 3:3-8). 마치 바울은 디도에게 이렇게 말하는 것처럼 보인다. "네 말을 신중하게 선택하라. 왜냐하면 진리와 거짓 사이의 차이는 결코 작은 문제가 아니기 때문이다."

불신자들도 복음을 놓치기 쉽다. 그들은 복음을 우주에 있는 막연한 사랑의 힘이나 성공을 가져다주는 긍정적인 마음과 관련된 유익한 메시지로 들을 수 있다. 그들은 풍성한 삶 대신 빈약한 삶을 사는 것이 최악의 문제라고 생각하며 우리가 전하는 복음을 이 땅에서 더 나은 삶을 살게 해주는 것이라고 해석할 수 있다. 오늘날 서점에 진열되어 있는 많은 베스트셀러들이 이러한 왜곡을 강화한다.

예수님는 산상수훈을 마무리하면서 "나더러 주여 주여 하는 자마다 다 천국에 들어갈 것이 아니요"(마 7:21)라고 단호히 경고하셨다. 다시 말해 스스로 복음을 찾았다고 생각하는 사람들 가운데 실제로 복음을 놓친 사람들이 많다는 것이다.

아덴 사람들에게 복음을 전파할 때, 바울은 청중에 대한 적실(適實)함과 복음에 대한 신실함 사이에서 아슬아슬한 균형을 유지했다. 그는 자신의 메시지에 청중이 매력적이라고 생각할 만한 것을 포함시켰다(하나님이 우리의 삶과 의미의 근원이라는 것, 그분이 우리가 알 수 있는 인격적인 하나님이라는 것, 그분이 바로 우리가 찾고 있는 자라는 것 등). 그러나 동시에 그는 청중이 달가워하지 않는 부분도 포함시켰다(그 하나님이 세상을 심판하신다는 것, 그분이 죄에 대한 회개를 요구하신다는 것 등).

종종 우리는 사랑하는 가족이 우리가 전하는 복음을 받아들이기를 간절히 바라는 마음에, 매력적인 부분을 지나치게 과장하는 반면 달갑지 않은 부분은 지나치게 축소하거나 총체적으로 빠뜨린다. 오늘날 우리 사회는 관용과 긍정적인 자존감을 지향하는 경향이 있다. 그래서 사람들은 대부분 하나님이 그들을 사랑하신다는 부분만 듣고 이렇게 생각한다. '물론 하나님은 나를 사랑하시지. 그렇지 않을 이유가 뭐가 있겠어?' 이런 분위기 속에서 우리는 심판이나 회개 같은 개념을 낯설게 여기면서, 거의 언급하지 않거나 최소한만 언급한다. 이런 메시지는 처음에는 좋게 들릴 수 있지만, 결국 사람들을 진짜 복음으로부터 떨어뜨릴 수 있다.

전도를 위한 팁

첫째, 전도하기 전에 먼저 우리는 상대의 마음 밭을 평탄하게 하는 작업을 해야 한다. 많은 사람들이 지적으로나 도덕적으로 자신을 상대보다 우월하게 느끼면서 영적 대화에 접근한다. 그들은 모든 그리스도인을 숙맥('저 사람은 왜 저렇게 말도 안 되는 것을 믿을까?')이나 고집불통('저 사람은 도대체 왜 자신의 종교가 유일한 길이라고 생각할까?')으로 생각한다.

우리는 이러한 마음 밭을 평탄하게 할 필요가 있다. 즉 논쟁의 두 당사자(전도자와 전도 대상자) 모두 타당한 측면이 있으며 각각 믿음으로 자신들의 종교를 바라본다는 사실을 알아야 한다.

아레오바고에서 설교한 바울은 그들의 마음 밭을 평탄하게 하는 작업을 하고 있었다. "아덴 사람들아 너희를 보니 범사에 종교심이 많도다"(행 17:22). 에피쿠로스 철학자들과 스토아 철학자들의 특성을 생각할 때, 이 말은 틀림없이 그들에게 우스꽝스럽게 들렸을 것이다. 그들은 스스로를 종교심이 많은 사람으로 생각하지 않았다. 그들은 신앙과 미신이 아니라 이성과 관찰을 통해 진리를 결정했다. 그러나 바울은 그들도 어떤 부분에서는 그와 마찬가지로 믿음에 기초한 관점이나 종교적인 관점으로부터 출발한다는 사실을 일깨워 주고자 했다.

오늘날 우리도 이러한 방식을 사용할 필요가 있다. 이 시대의 사람들에게 우리는 그들의 무신론, 불가지론, 자연주의 같은 것이 실험실에서 증명할 수 없는 기초 위에 근거한다는 사실을 보여줄 필요가 있다. 우리는 그들이 신앙적인 입장을 정직하게 드러내어 그들과 우리의 신앙적인 입장을 서로 비교해 볼 수 있기를 바란다.

팀 켈러는 『팀 켈러, 하나님을 말하다』(두란노, 2017)라는 책에서 이 부분을 잘 설명한다. 서론에서 그는 그리스도인과 비그리스도인에게 모두 그들의 의심을 받아들이라고 촉구한다. 신자들과 관련하여 그는 이렇게 말한다. "그 과정은 의심하는 자들을 존중하고 이해하도록 이끌어 줄 것이다." 또 회의주의자들과 관련해서는 이렇게 말한다. "회의주의자들은 그들의 이성 안에 감추어진 일종의 믿음을 바라보는 것을 배워야 한다. 모든 의심은 실제로 일종의 대안적인 믿음이다."[29]

이것은 복음을 전하는 데 어렵지만 꼭 필요한 준비 작업이다. 이 작업은 다음과 같이 진행될 수 있다.

---

29 Timothy Keller, *The Reason for God* (New York: Dutton, 2008), p.16-17. 『팀 켈러, 하나님을 말하다』(두란노, 2017).

당신: 나는 너와 종교적인 믿음에 대해 이야기하고 싶어.

여동생: 나에게 종교적인 믿음 따위는 없는데. 나는 오빠처럼 종교적인 사람이 아니야. 나는 이성적이며 과학적으로 증명할 수 있는 것만 받아들일 뿐이야.

당신: 그래? 그런데 그것이 매우 종교적인 말처럼 들리는데.

여동생: 무슨 소리야?

당신: 어째서 너는 진리를 결정하는 데 종교보다 과학과 이성이 더 우월하다고 생각해?

여동생: 그거야, 당연히 그러니까 그렇지.

당신: 너는 그것을 과학적으로 증명할 수 있어?

여동생: 도대체 무엇을 과학적으로 증명하라는 말이야?

당신: 과학적인 믿음이 종교적인 믿음보다 더 우월하다는 것 말이야.

여동생: 물론 나는 그것을 과학적으로 증명할 수 없어. 그렇지만 그것은 명백한 사실이야. 그렇지 않아?

당신: 나는 그렇게 생각하지 않아. 다른 많은 사람들도 마찬가지이고. 실제로 과학을 믿기 위해서는 상당한 믿음이 필요해.

여동생: 지금 오빠는 나를 비판하는 거야?

당신: 아니야. 전혀 그렇지 않아. 나는 우리가 공통적으로 가지고 있는 것이 네가 생각하는 것보다 훨씬 더 많다고 생각해. 너는 과학을 믿고, 나는 종교를 믿고 있어. 그러니까 나는 우리의 두 믿음을 서로 비교해 보자는 거야.

여동생: 나는 그런 식으로는 한 번도 생각해 본 적이 없어. 좋아, 어디

둘째, 우리에게 실체적인 빛을 비추며 결단을 촉구하는 복음은 말을 요구한다. 행동만으로는 충분하지 않다. 당신이 선하게 행동하더라도, 당신의 가족과 친척은 당신이 그렇게 행동하는 이유를 이해하지 못한다. 그러므로 당신의 행동은 말로 연결되어야 한다.

이것은 명백한 사실 같지만 말의 가치를 평가절하하는 오늘날의 문화에서 주의해야 할 부분이다. 어떤 그리스도인은 빈정거리는 어투로 이렇게 말한다. "항상 행동으로 복음을 전파하라. 그리고 말은 꼭 필요할 때만 하라." 이 말은 아시시 프란시스에게 나왔다고 하지만 사실 그는 한 번도 그렇게 말한 적이 없다.[30] 실제로 프란시스는 매우 담대하게 말을 사용했다. 그와 동시대에 살았던 첼라노의 토머스는 "그의 말은 마치 심장을 꿰뚫는 불과 같았다"라고 말했다. 또 한 교회사가는 이렇게 기록했다. "프란시스는 거리든 시장이든 사람들이 모여 있는 곳이면 어디서든 복음을 전했다. 그는 마치 사람들이 오랫동안 은혜의 복음을 듣지 못한 것처럼 그렇게 복음을 전했다."[31]

우리는 '꼭 필요할 때만 말하라'는 말은 단호하게 거부하고 항상 말을

---

30 프란시스가 말한 것 중 이와 가장 비슷한 말은 그의 책 *Rule of 1221* 17장에 있는 말이다. 거기서 그는 탁발 수사들에게 합당한 허락을 받기 전까지 복음을 전하지 말라고 하면서 이렇게 덧붙인다. "그러므로 모든 형제들이여, 우리는 우리의 모범으로 복음을 전해야 한다." St. Francis of Assisi, *Writings and Early Biographies*, ed. Marion A. Habig (Chicago: Franciscan Herald Press, 1973), p.44.
31 Lewis A. Drummond, *The Canvas Cathedral* (Nashville: Thomas Nelson, 2003), p.214 – 215.

사용해야 한다. 말의 '문제'를 논하며 언뜻 경건한 것처럼 들리는, 횡설수설하는 충고로 인해 입을 닫지 말라. 진실로 우리는 우리의 말을 경건한 행동으로 뒷받침해야 한다. 비행기의 두 날개가 비행을 가능하게 하는 것처럼, 말과 그것을 뒷받침하는 행동이 전도의 열매를 맺게 한다.

셋째, 세 번째 팁은 두 번째 팁에서 자연스럽게 흘러나온다. 즉 우리의 확신은 우리의 능력이 아니라 우리가 전하는 복음의 자증적(自證的)인 권위에 있다는 것이다. 우리가 담대할 수 있는 것은 복음의 메시지가 진리이기 때문이다. 우리가 '두렵고 떨림'으로 복음을 전하더라도, 우리는 그것이 사람들의 삶을 변화시키는 진리임을 확신할 수 있다(고전 2:3).

넷째, 우리는 복음을 전달하는 도구를 신중하게 선택해야 한다. 책, 팸플릿, 인터넷 웹사이트, 예화, 도표 등을 사용하기 전에 그것을 신중하게 검토해야 한다. 단순히 실용주의적인 성공보다 신학적인 정확성이 더 중요하다. 어떤 책이 잘 팔린다고 그 책이 진리를 담고 있는 것은 아니다.[32] 어떤 사람이 '신학적인 사상(思想) 경찰'에 대해 경고하더라도, 우리는 그보다 더 큰 위험을 고려해야 한다. 예수께서 배교에 대해 말씀하신 것을 생각할 때, 신학적인 정확성은 아무리 강조해도 지나치지 않다(마 24:11).

어떤 '복음주의적인' 책이 구두 계시의 가능성을 의심한다고 하자. 만일 우리가 전도를 위해 어떤 사람에게 그 책을 준다면, 그것은 스스로 자기 발등을 찍는 꼴이 될 것이다. 그 책에 긍정적인 내용이 담겨 있더라도,

---

32 책의 신학적인 정확성을 분별하는 데 도움이 되는 웹사이트 두 곳을 추천하고자 한다. '9Marks'(www.9marks.org)와 'Discerning Reader'(www.discerningreader.com)이다.

결국 그 행동은 성경의 하나님을 가리키면서 성경의 권위를 훼손하는 것이 된다.

또 어떤 팸플릿이나 인터넷 웹사이트가 우리의 죄를 '깨짐'으로 묘사한다고 하자. 만일 우리가 전도를 위해 그런 팸플릿이나 웹사이트를 사용한다면, 우리는 그들에게 진리를 제대로 설명하지 못하는 꼴이 된다. 물론 죄는 분명 '깨짐'을 야기한다. 그러나 대부분의 사람은 죄를 자신이 행한 것이라기보다 자신에게 행해진 것으로 이해할 것이다. 그러면서 그들은 자신이 깨짐을 당한 피해자라고 생각한다. 하지만 성경은 죄를 반역과 우상 숭배로 묘사한다. 결국 우리는 죄의 본질을 희석시키지 않으면서 그 의미를 올바로 표현할 수 있는 방법을 찾아야 한다.[33]

복음의 진리는 실체를 가지고 있기 때문에, 우리는 그것에 대해 깊이 생각해야 한다. 복음은 경계를 긋기 때문에, 우리는 그 안에 담대하게 서야 한다. 또 우리는 삶의 모든 영역에 빛을 비추는 복음의 충만함을 드러내야 한다. 그리고 복음은 그릇된 길로 가기 쉽기 때문에, 우리는 그것을 올바르게 전하는 방법에 대해 신중하게 생각해야 한다.

---

33 『팀 켈러, 하나님을 말하다』를 참고하라. 특히 우상 숭배에 대해 논의하는 부분을 보라.

단계적 실천

1. 신학적인 사고(思考)를 향상시켜 주는 책들을 읽으면서 복음에 대한 이해를 심화시켜라. 제임스 I. 패커의 『성경과 신학을 아는 지식』(아가페 문화사, 2018)이 좋은 출발점이 될 것이다. 좀 더 깊은 연구를 위해서는 존 파이퍼의 『하나님의 기쁨』(두란노, 2013)이 좋다.

2. 몇 가지 전도 팸플릿을 읽어보고, 그중 편하게 사용할 수 있는 것 한 가지를 선택하라. 그리고 그 과정에서는 신학적인 정확성이 최고의 우선 순위가 되어야 한다. 하나님 중심적이 아니라 인간 중심적인 것은 경계하라. 어법, 그래픽, 분위기 모두 중요하다. 내가 좋아하는 것은 『삶의 두 길 *Two Ways to Live*』이다. http://www.matthiasmedia.com.au/2wtl을 참고하라.

3. 복음과 쉽게 연결될 수 있는 다른 주제로 대화를 시작하라. 이때 낙태나 동성애와 같이 논쟁의 여지가 많은 주제는 피하라. 예를 들어 인생의 목표, 최고의 우선순위, 희망의 원천 등은 좋은 대화를 이어가는 데 홀

릉한 주제다.

　4. 특히 상대가 비 신앙의 관점을 가졌다고 주장할 때, 먼저 그의 마음
밭을 평탄하게 하라. 모든 세계관이 어느 정도 믿음의 요소를 가지고 있
다는 사실을 보여주고자 노력하라. 이것은 쉽지 않은 작업이지만, 노력할
만한 가치가 충분하다.

4장

사랑

: 항상 열망하지만
잘 전달되지 않는 사랑

아내의 남동생인 브루스는 10년 이상 여자와 데이트를 하지 않았다. 이런 상황에서는 일반적으로 브루스가 동성애자가 아닌지 의심하며, 최소한 사람은 우리에게 브루스가 틀림없이 동성애자일 것이라고 말할 것이다. 그러나 때때로 가족 관계는 사람을 맹인으로 만든다.

우리가 그에게 단도직입적으로 동성애자인지를 물었을 때, 그는 웃으면서 이렇게 대답했다. "이제 누나와 매형이 알 때가 된 것 같군. 나는 가족에게는 알리지 않으려고 했어. 그러나 묻는다면 거짓말하지는 않을 거야. 그래, 사실이야."

나와 아내는 어려운 딜레마에 직면했다. 오늘날 우리 문화가 이런 상황에서 하라고 세뇌시킨 말을 앵무새처럼 되뇔 것인가? "상관없어, 동성애자가 무슨 문제야? 우리는 많은 동성애자를 알고 있고 네 성적 취향이 우리와 다르다는 이유로 너를 배척하는, 편협한 사람들이 아니야." 아니면 '가증한 것'에 대한 성경 구절들을 인용하면서, 그에게 하나님의 나라를 유업으로 받지 못할 것이라고 말할 것인가?[34]

우리는 동성애가 죄라는 성경의 가르침을 충분히 확신했지만 대화의 문이 닫히지 않게 하려고 은혜와 진리의 줄 위에서 줄타기를 시도하며 이렇게 말했다. "사실대로 말해 줘서 정말 고마워. 우리 사이에 어떤 장벽도 없었으면 좋겠어. 우리는 진정으로 너를 사랑하고 있어. 그리고 어떤 것도 너와 우리의 관계를 가로막지 못해. 그러나 우리는 동성애는 좋지 않다고 생각해. 그래서 너와 다른 방식의 삶에 대해 이야기하고 싶어."

그는 눈알을 굴리며 '언젠가' 그것을 이야기할 날이 있을 것이라고 대답했다. 그 후로 그와의 만남(전화와 이메일까지 포함하여)이 여러 차례 있었지만, 항상 갑작스럽게 마무리되었다. 그리고 다음 해부터 그는 우리에게 어떤 말도 하지 않았다. 그가 그의 삶의 방식에 대한 우리의 생각을 알기 때문이었다.

동성애는 가족을 사랑하는 우리의 능력에 도전하는 것 중 하나이다. 어떻게 그리스도인 아내가 구원받지 못한 남편을 사랑하겠는가? 어떻게 그리스도인 부모가 마약에 중독된 아들을 사랑하겠는가? 어떻게 대학교

---

34 우리는 이 주제에 대해 훨씬 더 많은 관심을 기울일 필요가 있다. 나는 『전도, 예수님처럼 질문하라』에서 동성애자 친구에게 복음을 전하는 방법에 대해 간략하게 다루었다. 이 주제에 대해 좀 더 충분한 정보를 얻으려면 'Exodus International'(www.exodusinternational. org)와 'National Association for Research & Therapy of Homosexuality'(www.narth.com)을 참고하라. 특별히 Joe Dallas의 *Desires in Conflict* (Eugene, OR: Harvest House, 2003)는 동성애를 원하지 않는 그리스도인에게 큰 도움이 될 것이다. 또 동성애에 대한 성경 구절을 철저하게 연구하기 위해서는 Robert Gagnon의 *The Bible and Homosexual Practice: Texts and Hermeneutics* (Nashville: Abingdon Press, 2002)를 참고하라. 국제엑소더스협회 (Exodus International)도 동성애자 가족을 사랑하는 방법에 대한 책을 가지고 있다.

2학년 된 아들이 곧 이혼하게 될 부모를 사랑하겠는가? 어떻게 그리스도인 여동생이 몰몬교로 개종한 오빠를 사랑하겠는가?

4장은 그러한 도전의 두 가지 측면, '우리는 사랑을 어떻게 이해하는가?'와 '우리는 그것을 어떻게 표현하는가?'의 문제를 다룬다. 두 가지는 서로 불가분리적으로 연결되어 있다.

사랑은 무엇인가?

우리는 인간의 본질에 대해 깊이 생각하는 것부터 시작해야 한다. 이것은 요한복음 3장 16절을 인용하는 것으로 풀 수 있는 단순한 문제가 아니다. 사랑에 대한 성경의 가르침은 다양한 측면과 느낌을 가지고 있다. 그러므로 우리는 성경과 충분히 씨름하고 난 후에야 비로소 그것을 오늘날 수많은 어려움 가운데 있는 다양한 가정의 상황에 적용할 수 있다.

요한일서 4장 7-12절은 이러한 과정을 위한 좋은 출발점이 된다.

사랑하는 자들아 우리가 서로 사랑하자 사랑은 하나님께 속한 것이니 사랑하는 자마다 하나님으로부터 나서 하나님을 알고 사랑하지 아니하는 자는 하나님을 알지 못하나니 이는 하나님은 사랑이심이라 하나님의 사랑이 우리에게 이렇게 나타난 바 되었으니 하나님이 자기의 독생자를 세상에 보내심은 그로 말미암아 우리를 살리려 하심

이라 사랑은 여기 있으니 우리가 하나님을 사랑한 것이 아니요 하나
님이 우리를 사랑하사 우리 죄를 속하기 위하여 화목 제물로 그 아들
을 보내셨음이라 사랑하는 자들아 하나님이 이같이 우리를 사랑하셨
은즉 우리도 서로 사랑하는 것이 마땅하도다 어느 때나 하나님을 본
사람이 없으되 만일 우리가 서로 사랑하면 하나님이 우리 안에 거하
시고 그의 사랑이 우리 안에 온전히 이루어지느니라.

여기서 요한은 사랑의 이유와 근원을 제시하고 사랑에 대해 다면적으
로 묘사한다. 매우 간략하며 시적(詩的)인 이 구절을 시간을 들여 유심히
살핀다면, 우리는 여기서 진리의 금광을 발견할 수 있다.

사랑의 이유

이것이 요한이 서신에서 사랑에 대해 언급하는 첫 번째 구절은 아니지
만, 가장 강력한 말씀인 것은 분명하다. 여기서 우리는 '서로 사랑하라'는
말이 세 번 나오고 그것을 자아를 초월한 방식으로 확장시키라는 말씀
이 전체적으로 퍼져 있는 것을 발견한다. 요한은 '서로 사랑하라'는 첫 번
째 명령 후에, 그렇게 해야 하는 이유를 설명한다(개역개정판에는 "서로 사
랑하자"라고 되어 있음-역주). 그것은 사랑이 하나님께 속한 것이고, 우리가
하나님으로부터 났으며 하나님을 알기 때문이다. 모든 것이 '하나님은 사
랑이라'는 심오한 선언으로 뒷받침된다.

그가 말하지 않은 것을 고려할 때, 우리는 요한의 논리가 얼마나 과격
한지 이해할 수 있다. 그는 사람들이 사랑을 받을 만한 자격이 있기 때문

이라든지, 그들에게 사랑이 필요하기 때문이라든지, 다른 사람들을 사랑하는 것이 우리 자신에게 유익이 되기 때문이라는 등의 이유로 서로 사랑하라고 훈계하지 않는다. 혹 그러한 이유들 속에 일정 부분 진리의 요소가 있더라도 말이다.

그 대신 그는 하나님이 먼저 우리를 사랑하셨기 때문에, 그의 본질이 사랑이기 때문에, 지금 우리가 그 사랑을 반영하는 복음으로 재창조되었기 때문에 서로 사랑하라고 말한다. 우리가 사랑하는 것은 그리스도 안에서의 우리의 새로운 정체성과 합치되기 위함이며, 지금 우리 안에 거하시는 하나님의 본질을 나타내기 위함이다.

사랑에 대한 더 복잡한 이유가 끝부분에 나온다. 우리는 서로 사랑함으로 우리를 둘러싸고 있는 세상에 하나님의 사랑을 실제적으로 드러낸다. 그러나 그것이 전부가 아니다. 한 걸음 더 나아가 단순히 하나님의 사랑이 아니라 하나님 그분을 드러낸다. "아무도 본 적이 없는"(12절) 하나님 그분 말이다.

사랑의 효과는 우리 내부로도 향한다. 우리가 다른 사람들을 사랑할 때, 하나님의 사랑이 "우리 안에 온전히 이루어"진다. 하워드 마셜은 "우리가 다른 사람들을 사랑할 때, 우리에 대한 하나님의 사랑은 충분한 효과에 도달한 것이다"라고 말하면서 이렇게 덧붙였다. "이런 일이 일어날 때 우리는 마음속에 있는 하나님의 사랑을 풍성하게 경험함과 동시에 하나님이 함께 계심을 알게 된다."[35]

---

35 I. Howard Marshall, *The Epistles of John* (Grand Rapids, MI: Eerdmans, 1978), p.217.

여기서 요한이 말하는 것은 감정의 극적인 혼합이나 의지에 대한 금욕주의자적 헌신 그 이상이다. 복음적인 사랑은 그러한 것과 비교할 수 없다. 이 사랑은 사랑하는 자와 사랑받는 자를 모두 변화시킨다. 가장 위대한 사랑 가운데 하나, 즉 죄인들을 위한 하나님의 사랑을 나타내며 성취한다.

사랑의 근원

요한은 우리가 다른 사람들을 사랑하는 근원으로서 하나님의 사랑을 이야기한다. 우리 안에 계신 하나님의 임재와 우리를 향한 하나님의 사랑을 지각할 때, 우리는 우리 주위에 있는 가장 사랑스럽지 않은 사람들까지 사랑할 수 있게 된다. 여기에는 물론 가족이 포함된다.

'첫 번째 결혼기념일'이란 제목의 설교에서, 팀 켈러는 결혼 안에 나타나는 성경적인 사랑의 본질에 대해 이야기한다. 그는 청중에게 이렇게 격려한다. "결혼생활에서 가장 중요한 것은 배우자를 바라보며 속으로 계속 이렇게 되뇌는 것입니다. '당신은 나에게 잘못을 저질렀소. 그러나 나의 위대한 배필이신 예수님은 내가 그분께 잘못을 저질러도 계속 용서해 주시고, 계속 덮어 주시고, 계속 사랑해 주셨소. 그분이 나를 그토록 사랑하셨으니, 나도 그와 같은 사랑을 당신에게 줄 수 있소.'"[36]

---

36 Tim Keller, "The First Wedding Day", sermon given at Redeemer Presbyterian Church, January 4, 2009, sermon RS 310-1/4/09, www.redeemer.com.

사랑에 대한 다면적인 묘사

요한은 '사랑'이라는 용어를 정의하면서 그것을 사전적인 정의보다 훨씬 더 실제적으로 묘사한다. 복음적 사랑은 대중가요와 로맨스 영화가 묘사하는 사랑과는 근본적으로 다르다. 요한에 따르면 우리는 먼저 우리에 대한 하나님의 사랑을 이해한 후에야 비로소 사랑을 이해하고 그것을 다른 사람들에게 나누어 줄 수 있게 된다. 그러한 사랑은 주도권을 가지고, 기꺼이 희생하며, 진노를 무마한다.

첫째, 하나님은 주도권을 갖고 우리에게 사랑을 펼치셨다. 요한은, 사랑은 하나님께 속한 것이며(요일 4:7), 하나님은 독생자를 세상에 보내신 것으로 우리에게 그 사랑을 나타내셨다고 기록했다(9절). 그리고 이것을 다시 한 번 확증하기 위해, 그는 "우리가 하나님을 사랑한 것이 아니요"(10절)라고 말한다. 다시 말해 하나님은 우리가 사랑할 때까지 기다리지 않으셨다. 다른 성경 구절들도 우리가 주도권을 갖지 않는다고 분명히 증거한다(엡 2:1). 우리가 구원받지 못한 가족이나 친척에게 사랑을 나타내는 전제조건으로, 먼저 그들이 사랑하기를 기대하는 것은 복음과 분명히 반대되는 태도이다.

둘째, 복음적 사랑은 스스로를 내어준다. 거기에는 희생이 따른다. 우리에 대한 하나님의 사랑은 아들을 희생제물로 내어주는 것으로 나타났다(요일 4:10). 만일 우리가 9절 이후 나오는 말씀을 읽지 않고 하나님의 사랑을 '하나님은 충분히 최선을 다하셨다'는 진부한 표현으로 인식한다면, 그것은 복음을 왜곡시키는 것이다. (안타깝게도 나는 이 말이 자동차 뒷면에 스티커로 붙여 있는 것을 많이 보았다.)

셋째, 하나님의 사랑은 특유의 다양한 측면을 갖는다. 요한은 하나님이 "우리 죄를 속하기 위하여 화목제물(propitiation)로 그 아들을 보내셨음이라"(10절)고 말한다. 현대의 역본(譯本)들은 화목제물보다 더 나은 의미를 전달하는 단어를 찾고자 씨름했다. NIV는 '속죄의 희생제물'(an atoning sacrifice)이라는 용어를 선택했다. 레온 모리스는 그의 책 『속죄*The Atonement*』에서 화목제물(propitiation)을 다루면서 이렇게 썼다.

> 나는 본 장이 일반적인 독자에게 너무 무거운 주제가 되지 않기를 소망한다(나는 이러한 소망이 좌절될까 봐 걱정스럽다). 문제는 아무도 화목제물을 단순명료하게 설명할 수 없는 것 같다는 점이다. 대부분의 사람은 그 용어를 이해하기 어렵다. 따라서 화목제물의 의미가 크게 중요하지 않아 보일 수 있으며, 그 결과 그 의미를 밝히는 노력을 게을리할 수 있다. 그러나 이 개념은 성경적인 종교 체계에서 매우 중요하다.[37]

모리스는 화목제물(propitiation)을 '진노를 돌이킴'으로 정의하면서, 그것을 '잘못을 고침'을 의미하는 속죄(expiation)와 구별한다.[38] 나는 이것을 단순한 의미론적 논쟁으로 여기지 않기 바란다. 이러한 구별은 우리가 복

---

[37] Leon Morris, *The Atonement: Its Meaning and Significance* (Downers Grove, IL: InterVarsity Press, 1983), p.151. 이것은 대부분의 사람이 읽기 쉽지 않은 책이지만, 시간과 노력을 투자할 만한 가치가 있다. 모리스는 십자가와 연결된 많은 단어들을 면밀히 조사함으로써 우리의 이해를 넓히고 복음에 대해 더 깊은 감사와 경외심을 갖게 한다.
[38] 같은 책.

음을 전하는 방식에서 큰 차이를 만든다.

우리는 어떤 사람의 진노, 특히 하나님의 진노를 생각할 때 지나치게 과민반응을 한다. 그것을 비이성적이거나 죄악된 것 혹은 통제되지 않는 바람직하지 않은 것으로 여긴다. 우리는 몰지각한 의식(儀式)이나 희생제물로 달래 줄 필요가 있는 기괴한 이교 신들의 이미지를 연상한다. 만일 요한이 의도한 것이 정말로 그런 개념이었다면, 우리는 마땅히 그것을 부인해야 한다.

그러나 신약의 저자들은 좋은 의미로 '화목제물'(propitiation)이라는 단어를 선택했다. 그것은 당시 널리 통용되는 용어였다. 진노는 단지 이교 예배나 감정적인 불안정성과만 연결된 것이 아니었다. 어떤 악은 진노의 대상이 될 만했고 신약의 저자들은 그것을 인정했다. 악을 처벌하지 않는 하나님은 예배의 대상이 될 자격이 없었다. 악을 처벌하는 하나님, 동시에 그 형벌을 스스로 떠맡는 하나님은 영원히 찬미를 받으셔야 했다.

구약과 신약에서 하나님의 진노는 사랑과 거룩함이라는 그분의 본질적인 속성으로부터 자연스럽게 흘러나온다. 하나님은 사랑이시며, 그분의 사랑은 모든 사랑 가운데 가장 거룩하다. 그러므로 그분은 죄를 미워하셔야만 한다. 그분이 진정으로 사람들을 사랑하신다면, 사랑하는 자들에게 해를 끼치는 것을 미워하시는 것은 지극히 자연스러운 논리이다.

내 아들이 마약의 올가미에 사로잡혔음을 알았다고 하자. 그러면 틀림없이 나는 수많은 마약이 횡행하는 오늘날의 풍조를 미워할 것이다. 그리고 아들에 대해 느끼는 진노보다 훨씬 더 큰 사랑으로 그가 마약으로부터 자유로워지도록 그를 위해 간절히 기도할 것이다. (정반대의 경우를 상상해 보라. 만일 내가 아들이 마약의 올가미에 사로잡혀 있는데도 전혀 상관하지 않는다면, 도대체 나는 어떤 아버지이겠는가?)

하나님의 거룩하심은 죄에 대해 진노를 쏟으시는 거룩하심이며, 하나님의 사랑은 그러한 진노를 담당할 자를 보내시는 사랑이다. 우리는 두 가지 사실을 모두 충분히 이해할 필요가 있다. 그렇지 않으면 복음은 단순한 감상주의나 당찮은 말이 되고 말 것이다. 그러므로 우리는 오늘날 사회에서 '화목제물'(propitiation)이라는 말을 더 이상 사용하지 않지만, 그것에 대해 확실하게 이해해야 한다.

존 스토트는 이렇게 설명한다. "하나님은 그분의 사랑을 받을 자격이 없을 뿐만 아니라 실제로 그분의 진노 아래 있는 죄인들을 사랑하신다. 그분이 우리를 사랑하시고 우리를 구원하기 위해 아들을 보내신 것은 우리가 사랑스러운 자들이기 때문이 아니라 그분이 우리를 사랑하시기 때문이다. 그러므로 십자가에 나타난 하나님의 측량할 수 없는 사랑을 본 사람들은 결코 하나님 없는 자기중심적인 삶으로 돌아갈 수 없다."[39]

복음적 사랑은 주도권을 취한다. 그것은 희생하며 화해시킨다. 이러한 종류의 사랑을 전달하고 나타내는 것은 가족이나 친척에게 복음을 전할 때 우리가 직면하는 가장 큰 도전일 수 있다.

39 John R. W. Stott, *The Letters of John: An Introduction and Commentary, Tyndale New Testament Commentaries* (Downers Grove, IL: InterVarsity Press, 1964), p.165 – 166.

사랑은 무엇이 아닌가

복음적 사랑이 앞으로 설명할 세 가지 모조품과 어떻게 다른지 살펴보면서 그 의미를 더 잘 이해하기 바란다.

감상적인 아가페

첫째, 복음적 사랑은 '감상적인 아가페'가 아니다. 그것은 "하나님은 모든 사람을 무조건적으로 사랑하신다"라는 막연한 우주적인 사랑이 아니다. 이 말은 성경이 하나님의 사랑에 대해 여러 가지 관점에서 이야기하는 것을 생각하지 못하게 한다. 때로 사랑은 삼위일체 안에서 표현되는 어떤 것이다. "아버지께서 아들을 사랑하사"(요 3:35). 때로 그것은 모든 사람을 위한 섭리적 사랑이다. "하나님이 그 해를 악인과 선인에게 비추시며 비를 의로운 자와 불의한 자에게 내려주심이라"(마 5:45). 때로 하나님의 사랑은 모든 세상이 하나님께 나아와 그분을 알기 바라는 열망으로 표현된다. "하나님이여 민족들이 주를 찬송하게 하시며 모든 민족들이 주를 찬송하게 하소서"(시 67:3, 5). 바로 이것이 요한복음 3장 16절에 나온 하나님의 사랑 뒤에 숨어 있는 생각이다. 이 세 가지 중 어느 것도 영원한 의미에서 구원을 주지는 못한다.

그러나 하나님의 택하시는 사랑은 다르다. 그것은 오직 일부 사람들에게만 적용된다. "내가 야곱을 사랑하였고 에서는 미워하였으며"(말 1:2-3). 최종적으로 하나님이 구원하시는 사랑은 오직 그리스도의 피로 말미암아 구속된 사람들을 위한 것이다. "하나님이 우리를 사랑하사 우리 죄를 속하기 위하여 화목 제물로 그 아들을 보내셨음이라"(요일 4:10).[40]

우리는 이러한 구분을 명확히 해야 한다. 그렇지 않으면 가족이나 친구들을 그리스도께 인도하고자 아무리 노력해도 별다른 열매를 맺지 못할 것이다.

최근에 나는 복음을 《라이언 일병 구하기》라는 영화의 마지막 장면과 비교한 설교를 들었다. 존 밀러 대위와 그의 소대는 제임스 라이언 일병의 목숨을 구하기 위해 출동한다. 그리고 몇 명의 병사가 죽게 되는 노력과 희생을 통해 라이언 일병은 구출된다. 밀러 대위는 마지막 숨을 내쉬면서 라이언 일병의 귀에 대고 이렇게 속삭인다. "이것을 얻게"(earn this).

그때 설교자는 복음을 어떤 사람이 얻는 일종의 구원과 비교했던 것이다. 나는 그가 복음을 올바르게 설명하기를 기대했지만 그는 핵심을 벗어

---

40 이 주제에 대한 좀 더 충분한 논의를 위해서는 다음 책을 참고하라. D. A. Carson, *The Difficult Doctrine of the Love of God* (Wheaton, IL: Crossway, 2000).

났고 이렇게 말했다.

"예수님은 밀러 대위와 같지 않습니다. 그분은 '이것을 얻으라'(Earn this)고 말씀하시지 않았습니다. 왜냐하면 우리는 스스로 구원을 얻을 수 없기 때문입니다. 아무도 그렇게 할 수 없습니다. 구원은 모두 은혜로 값없이 받는 것입니다. 우리가 하나님께 사랑을 받는 것은 우리 스스로 그것을 얻었기 때문이 아니라 하나님이 은혜로우시기 때문입니다. 하나님의 사랑은 무조건적인 사랑입니다."

여기서 문제를 포착할 수 있는가? 문제는 그 설교자가 말한 것이 아니라 말하지 않은 것에 있다. 그의 '은혜'의 메시지는 너무나 모호했다. 그 안에 십자가가 없었다. 또 거기에 속량될 필요가 있는 하나님의 진노도 없었다. 그가 말한 것과는 달리, 하나님이 구원하시는 사랑은 결코 무조건적이지 않다. 그것은 한 가지 큰 조건, 즉 십자가 위에서만 주어진다.

만일 그가 이렇게 말했다면, 메시지는 극적으로 달라졌을 것이다. "예수님은 밀러 대위와 같지 않습니다. 예수님은 '이것을 얻으라'고 말씀하시지 않고 이렇게 말씀하셨습니다. '내가 그것을 얻었노라! 너희는 너희의 구원을 얻을 수 없느니라. 왜냐하면 너희의 죄가 너무나 악하기 때문이라. 그러나 너희는 너희의 구원을 얻을 필요가 없느니라. 왜냐하면 너희를 대신해서 내가 그것을 얻었기 때문이니라. 이제 그것을 내가 너희에게 값없이 주노라. 왜냐하면 내가 그것을 위해 큰 값(내 목숨의 값)을 치렀기 때문이니라.'"

우리의 가족과 친구들 중 많은 사람이 이미 하나님이 그들을 사랑하시는 것을 믿고 있다. 그러면서 그들은 자신이 구원을 받는 데 별 문제가 없다고 생각한다. 그래서 예수 그리스도를 믿으라는 우리의 초청을 강한 충격으로 느끼지 않는다. 그러므로 우리는 복음적 사랑과 감상주의적 아가페를 분명하게 구별할 필요가 있다.

반창고 붙이기

둘째, 복음적 사랑은 단순히 상처에 반창고를 붙이는 것이 아니다. 그렇게 하는 것은 임시방편의 처방일 뿐이다. 죄 사함은 회심 위에서 주어지며, 마귀의 올무로부터 해방되는 것은 단순히 한 번 껴안아 주는 것 이상을 의미한다.

많은 사람들은 예수님이 세리와 창녀들을 영접하시고 그들과 격의 없이 어울리신 것을 제시하면서, 바로 이것이 오늘날 우리가 해야 할 일이라고 말한다. 그리고 자신만만한 어조로 이렇게 덧붙인다. "오늘날 우리가 그렇게 한다면, 사람들은 교회로부터 도망치는 대신 교회 안으로 물밀 듯이 몰려올 것이다." 이러한 교회 비판론자들은 자기 의가 사람들을 교회에서 쫓아냈다고 비판하는데, 여기에는 물론 어느 정도 타당한 근거가 있다. 그러나 창녀들에 대한 그들의 낭만적인 관념은 우리가 직면하는 악의 수준과 우리가 드러내야 하는 깊은 사랑을 올바로 이해하는 데 실패하게 한다.

그들은 창녀들과 에이즈 환자들과 마약 중독자들을 기꺼이 껴안고 받아들여야 한다며, 그들이 빠져 있는 죄의 깊음은 아랑곳하지 않는다. 그리고 우리가 그렇게 한다면 그들이 이렇게 응답할 것이라고 말한다. "정말 그런 교회가 있다면, 기꺼이 그 교회에 등록할 거예요."

정말 그런가? 우리가 그들에게 하나님이 그들을 사랑하신다고 말하면, 그들은 한두 번 교회에 나올지 모른다. 그러나 우리가 그들에게 구주가 필요하다고 말한 후에도 그들이 계속해서 교회에 나올 것인가? 우리가 그들에게 회개하고 더 이상 죄를 짓지 말라고 말한 후에도 그들이 계속 교회 안으로 물밀듯이 몰려올 것인가?(요 5:14).

예수님이 값없이 물고기와 떡을 주셨을 때, 많은 사람들이 그에게 몰려왔다. 그러나 그분은 그것이 단지 "떡을 먹고 배부른 까닭"임을 아셨다(요 6:26). 반면 제자가 되는 것이 어떤 의미인지를 들었을 때, 그들은 "그를 떠나가고 다시 그와 함께 다니지 않았다"(66절). 창녀들이 다른 부류의 죄인보다 더 잘 응답할 것이라는 생각은 터무니없는 것이다. 어떤 사람들은 가슴을 치며 머물고 어떤 사람들은 조롱하며 떠난다.

얼마 전에 나는 창녀들에게 다가가고자 했던 어떤 교회의 목사와 대화한 적이 있다. 그는 나에게 이렇게 말했다. "처음에는 모든 것이 잘 진행되는 것처럼 보였습니다. 우리 교회 성도들은 그들이 속한 특별한 교회에 대해 큰 자부심을 가졌습니다. 우리는 매춘부들과 함께 거리를 행진했고, 그들을 식사에 초대했습니다. 그들에게 사랑을 베풀기만 하면 그들이 교회에 나올 것이라고 확신했습니다."

그는 계속해서 말을 이어갔다. "그러나 그것이 지나치게 순진한 생각이라고 깨닫는 데는 두 달이 채 걸리지 않았습니다. 창녀들에게 다가가고자 했던 시도는 오히려 교회에 나쁜 영향을 끼쳤습니다. 마약과 범죄와 성매매의 덫이 사람들의 마음을 혼란스럽게 한 것입니다."

나는 이런 종류의 사역을 준비하는 그리스도인들을 낙담시키고자 이런 이야기를 하는 것이 아니다. 사실 더 많은 그리스도인이 이런 종류의 사역에 헌신할 필요가 있다. 그러나 여기에는 분명한 소명이 필요하다. 그래야만 조만간 필연적으로 다가올 곤경 가운데서도 포기하지 않을 수 있다. 이러한 사역은 악한 자의 불화살에 대항할 수 있는 인내력과 참을성과 강인함을 요구한다. 그것은 단순히 사람들을 껴안으며 "예수님은 당신을 사랑하십니다"라고 말하는 것 이상을 요구한다.

이 책을 읽는 독자들의 가족이나 친척 중에는 거리에서 창녀로 살거나 창녀 못지않게 복음으로부터 멀리 떨어져 사는 사람이 있을 것이다. 우리는 사랑으로 그들에게 다가갈 필요가 있다. 그러나 그 사랑은 단순히 상처에 반창고를 붙이는 것보다 훨씬 더 깊은 사랑이어야 한다. 사랑은 "당신이 어떤 사람이든 하나님은 당신을 사랑하십니다. 그와 같이 나도 당신을 사랑합니다"라고 표현할 수 있다. 그러나 때로는 "당신 안에 죄의 독이 있습니다. 나와 함께 그 독을 빼러 갑시다"라고도 해야 한다.

금욕주의

셋째, 복음적 사랑은 기독교적 금욕주의가 아니다. 많은 그리스도인은 사랑하는 가족이나 친척이 믿음으로 돌아설 때 '주님을 의지하는' 평온함과 침착함을 나타내는 것이 올바른 반응이라고 생각한다. 그러나 그러한 태도는 예루살렘을 위해 눈물을 흘리셨던 예수님과 다르다(마 23:37). 또 이스라엘 백성이 메시아를 배척했을 때 마음에 "큰 근심과 그치지 않는 고통"이 있었던 바울의 태도와 다르다(롬 9:1-4). 금욕주의는 자신의 평안과 고통의 회피를 우상화한다. 따라서 금욕주의자들은 어떤 사람이 하나님으로부터 끊어지는 것으로 인해 슬퍼하며 탄식하기를 꺼린다.

나는 도로시가 출석하는 교회에서 전도훈련 세미나를 인도했다. 세미나가 끝났을 때, 그녀는 눈물을 흘리며 나에게 다가왔다. 그리고 어떻게 하면 고통을 느끼지 않을 수 있는지를 물었다. 그녀에게 아들이 하나 있는데 그는 대학교에 다니는 동안 그리스도를 떠났으며 20대 후반인 지금 여자 친구와 함께 살고 있었다. 그는 교회에 나오지 않고, 부모에 대해서도 냉랭한 마음인 것 같았다. 도로시는 이렇게 물었다. "어떻게 해야 내가 나쁜 감정을 느끼지 않고 그를 위해 기도할 수 있습니까?"

나는 그녀에게 왜 그렇게 되기 원하냐고 물었다. 왜 그녀는 아들에 대해 침착하고 평온한 감정을 느끼기를 원하는가? 어떤 고통도 느끼지 않고 어떤 사람을 사랑하는 것이 가능한 일인가? 그녀에게 나는 하나님의 응답을 원하지 않는 기도는 중단하라고 말했다. 어머니가 하나님과 상관없이 살고 싶어 하는 아들을 위해 우는 것을 멈추는 것은 얼마나 비극적인 일인가!

프레드도 나에게 다가와 말했다. 그는 딸의 방황에 대해 이젠 괜찮다며 이렇게 말했다. "나는 더 이상 그 문제 때문에 괴로워하지 않을 것입니다. 이제 내 딸은 다 컸고 그녀 자신의 삶을 살아야 합니다. 이제 모든 두려움과 눈물이 다 지나가서 기쁩니다. 마음도 평안하고 잠도 잘 잡니다."

도로시와 프레드의 이야기는 기독교 신앙이 마치 금욕주의처럼 작동하는 유일한 사례가 아니다. 주변에서 어떤 일이 일어나든 상관없이 찬미의 노래를 부를 수 있는 일종의 무감각한 행복도 마찬가지다. 물론 나는 우리가 어떤 상황에서도 찬미의 노래를 부를 수 있다고 믿는다. 그러나 그러한 노래는 종종 뺨 위로 흐르는 눈물, 목구멍 속에서 일어나는 울컥함, 가슴의 미어짐과 함께 부를 수 있다. 그러나 도로시와 프레드는 하나님의 영광보다 평안을 위한 열망을 더 우선시했다. 하지만 절망적인 몸부림과 냉정하고 침착한 태도 사이에는 믿음과 연민의 균형이 있다.

우리는 하나님께 고통을 제거해 달라고 간구하기보다 우리의 사랑이 깊어지게 해 달라고 간구해야 한다. 그리고 우리의 고통 가운데 일부가 우리의 이기적인 태도로부터 나온 것임을 고백해야 한다. 실제로 우리는 다른 사람들의 구원을 바라기보다 자신의 행복을 갈망한다. 고통 없는 삶을 열망하는 것으로부터 자유로워질 때, 비로소 우리는 기도와 대화의 초점을 실제로 상대방에게 도움이 되는 방식으로 맞출 수 있게 된다.

전도를 위한 팁

사랑을 표현하라

가족이나 친척을 사랑하는 것은 하나의 도전이다. 그러나 사랑을 실제로 표현하는 것은 또 다른 문제이다. 가정은 마땅히 사랑을 기대하는 곳인데 종종 이상한 긴장을 창조한다. "나는 자녀를 사랑하지 않습니다"라고 말하는 부모를 한 번도 본 적이 없다. 그러나 이제 막 성인의 단계에 들어선 대학생이 부모가 '정말로' 자신을 사랑하는지 의문을 갖는 것은 수없이 보았다. 나는 그들의 괴로워하는 얼굴이 떠오를 때마다 정말로 마음이 아프다.

복음적 사랑은 본질적으로 주도권을 취한다. 하나님은 아들을 보내심으로 우리를 사랑하셨다. 우리도 먼저 사랑함으로 그렇게 해야 한다. 부모는 구체적으로 자녀들이 실제로 사랑받고 있다고 느낄 수 있는 방법을 찾을 필요가 있다.

나는 아들 존이 기숙학교에서 마약 중독의 문제를 극복하고 집으로 돌아왔을 때 이 도전에 직면했다. 그가 떠나 있던 14개월 동안 나는 스스로 많은 질문을 했다. 그것은 그동안 나의 행동이 그가 사랑받고 있다고 느끼게 했는지, 혹은 정죄받고 있다고 느끼게 했는지에 대한 질문이었다. 나의 말을 주의 깊게 들어보라. 나는 그의 잘못된 선택의 책임이 나에게 있다고 여기지 않는다. 단지 아버지의 본질적인 사명(나의 자녀를 노엽게 하지 않으면서 주의 교양과 훈계로 양육하는 사명)에 대한 책임을 받아들이려 할 뿐이다(엡 6:4; 골 3:21).

나는 말과 표정과 태도 등 다양한 방법으로 존을 나로부터(그리고 하나님으로부터) 밀어냈음을 인정하지 않을 수 없었다. 이제 새로운 방법을 시험할 때가 되었다. 언젠가 존은 나에게 우리 가정의 규칙이 얼마나 싫은지 이야기했다. '엄마와 아빠가 허락하지 않으면 이러저러한 영화를 보아서는 안 된다, TV 보는 시간을 제한한다, 인터넷 사용 시간을 제한한다.'

존이 분노를 표현했을 때, 내 머리에 두 가지 생각이 떠올랐다. 첫 번째 생각은 다음과 같다. '그렇지만 네가 나의 집에서 살기 원한다면, 내가 정한 규칙을 지켜야만 해.' 두 번째 생각은 훨씬 더 길었다. 순간적으로 마음속에 내가 그러한 규칙을 만든 이유를 정당화하기 위한 수많은 변명거리가 떠오른 것이다. 구체적으로 지금 문화가 거의 쓰레기통 수준이라는 것, 자녀가 그런 쓰레기통 속으로 들어가는 것을 막아야 하는 아버지의 책임 등이었다. 그러나 그때 하나님은 긍휼 가운데 나의 입을 막으셨다.

대신 나는 이렇게 말했다. "그렇구나. 그 규칙들이 너에게 아무런 유익을 주지 못했구나."

순간 존은 움찔하는 것처럼 보였다. 나 역시 그랬던 것 같다.

나는 계속해서 말했다. "그렇지만 나는 너와 나에게 유익을 끼칠 수 있는 것을 진정으로 찾고 싶었단다. 왜냐하면 나는 너를 정말 사랑하고 우리의 관계가 더 좋아지기를 바라기 때문이다." 이 순간 완전히 새로운 관계가 시작되었다.

만일 당신이 존에게 언제 부모와의 관계가 새로워지기 시작했는지 묻는다면, 그는 나와 아내가 더 이상 성경 구절을 인용하며 설교하지 않은 때부터라고 대답할 것이다. 때로 우리는 말하지 않는 것을 통해서도 사랑을 전달한다.

존이 집에 돌아왔을 때, 나는 그와 함께 《사인필드》(Seinfeld: 미국 NBC에서 1989년부터 1998년까지 방영한 시트콤)를 시청했다. 전에는 그 프로그램을 볼 때마다 이런저런 비판을 했다. '너무 조잡하다, 너무 시시하다, 핵심이 없다' 등으로 말이다. 본래 그것은 별 내용이 없는 프로그램이었다. 그러나 그 순간 나는 장황한 설교 없이 그냥 존과 함께 그 프로그램을 보는 것이 최선이라는 생각이 떠올랐다. 어쨌든 그 프로그램은 단순하기는 하지만 재미는 있었다. 나에게는 존과 함께 웃으면서 TV를 보는 것이 일종의 사랑을 표현하는 방법이었다. 그날 존은 지금까지 한 번도 느껴보지 못한 사랑을 느꼈을 것이다.

또한 우리는 《반지의 제왕》을 3부까지 모두 보았다. 존은 그 영화를 무척 좋아했다. 그는 영화 자체뿐만 아니라 감독과 배우에 대해서도 큰 관심을 가지고 있었다. 과거에 나는 독서의 유익과 영화의 부정적인 영향을 주제로 장황한 설교를 하면서 그에게 책을 읽으라고 재촉했다. 그러면 존은 나에게 '죽은 말에게 채찍질을 하는 은사'가 있다고 말했다. 그것은 맞는 말이었다.

물론 존과 내가 공유할 수 있는 것에는 한계가 있다. 많은 영화와 TV 프로그램들은 별로 유익한 것이 없고 도리어 해를 끼친다. (그래서 나는 죽은 말에게 채찍질 하는 것을 멈출 수 없다.) 그러나 지혜와 은혜의 한계 안에서, 우리는 공통의 관심사를 훨씬 더 넓게, 우리가 일반적으로 허용하는 범위 이상으로 추구할 수 있다.

사회학자 크리스천 스미스는 그의 유명한 책 『미국 복음주의*American Evangelicalism*』에서 오직 논리적인 주장만 우리의 모든 싸움을 승리로 이끄는 것은 아니라고 말한다. 그리고 이렇게 말한다. "대부분의 사람이 조직화된 종교로부터 느끼는 거리감은 본질적으로 그것이 가르치는 내용을 받아들이기 어렵다는 것과 무관하다. 오히려 조직화된 종교와의 거리감은 깨진 관계와 강한 관계적 결속의 부재에서 오는 것으로 보인다."[41]

이것을 이해하는 것은 우리에게 큰 도움이 된다. 우리가 사람들을 사랑해야 하는 것은 그들이 하나님의 형상을 따라 창조되었기 때문이다. 그런 이유로 사람들을 사랑해야지, 그들을 복음화하기 위해 그들에게 사랑을 보여줘서는 안 된다. 그러면 공통으로 즐길 수 있는 것, 특별한 은사, 개인의 미묘한 특징, 경험을 발견할 수 있을 것이다. 다시 말하지만 단순히 복음을 전하기 위한 방편으로 그들을 사랑해서는 안 된다. 그들은 멀

---

[41] Christian Smith, *American Evangelicalism: Embattled and Thriving* (Chicago: University of Chicago Press, 1998), 172.

리서도 그러한 가짜 사랑의 냄새를 맡을 것이다. 그러므로 우리는 하나님께 그들을 사랑할 수 있게 해 달라고 간구해야 한다. 이것이 끝이다. 여기에 덧붙일 것은 아무것도 없다. 만일 우리가 복음을 전하기 위해 어떤 사람을 사랑한다면, 그는 우리에게 사랑을 받는다고 느끼지 못할 것이다. 왜냐하면 그는 실제로 사랑받고 있는 것이 아니기 때문이다.

많은 부모가 나에게 이렇게 말했다. "내 아들이 어떻게 그리스도로부터 떠난 것인지 도무지 이해할 수 없습니다. 그는 경건 서적을 많이 읽었고, 기독교 학교에 다녔고, 성경 구절도 많이 암송했습니다. 그런데 이제 나는 그가 무슨 말을 하는지 이해할 수 없고, 그에게 다가갈 수도 없습니다. 그의 잘못된 생각을 일깨워 줄 수 있는 책을 추천해 줄 수 있나요?"

아마도 그들의 자녀에게 필요한 것은 책이 아니라 포옹일 것이다. 우리는 공감 어린 관계 속에서 내용이 풍부한 메시지를 전할 필요가 있다. 이제 우리의 자녀나 형제나 부모나 사촌의 눈을 보며 이렇게 말해야 한다. "내가 예수님에 대한 이야기를 하는 것은 그것이 정말로 너에게 도움이 된다고 생각하기 때문이야. 나는 지금 너에게 내가 진리라고 믿는 것을 납득시키려고 애쓰는 것이 아니야. 다만 네 삶을 바꾸어 줄 수 있다고 생각하는 것을 알려 주려는 거야. 나는 진심으로 너를 사랑해. 그래서 이것이 너에게 정말로 최선이길 원해."

사랑을 펼쳐라

우리를 위한 하나님의 사랑은 희생적이다. 그러므로 다른 사람들을 위한 우리의 사랑도 항상 무엇인가 주기를 요구할 것이다. 여기에는 성인이 된 자녀들도 포함된다. 그들은 부모가 실제적으로 느낄 수 있는 사랑을 표현할 수 있는 방법을 찾아야 한다.

대학교 3학년 때, 나는 CCC의 크리스마스 집회에서 '부모에게 복음을 전하는 방법'을 주제로 한 세미나에 참석했다. 나는 강사가 부모님을 예수님께 인도하는 비밀 공식을 전해 주리라 기대했다. 세미나실은 불신 부모를 가진 학생 200여 명으로 꽉 찼다.

강사는 우리에게 퀴즈를 낼 테니 종이 한 장씩 준비하라며, 답을 적은 후 그 종이를 제출하라고 했다. 그러나 다행히 그 종이에 이름을 적지 말라고 말했다.

"문제 1: 지난 한 달 동안 당신은 몇 번이나 부모님에게 전화를 했습니까?"(돈을 보내 달라는 것과 같이 무엇인가를 요청하는 전화 말고, 단지 삶을 나누고 이야기하기 위한 전화) 질문 이후 신음소리가 세미나실을 가득 채웠다.

"문제 2: 지난 학기에 당신은 몇 번이나 부모님에게 사랑한다고 말했습니까?" 신음소리가 더 커졌다.

"문제 3: 지난 1년 동안 당신은 몇 번이나 부모님에게 편지를 썼습니까?"(그때는 아직 이메일과 문자 메시지가 없을 때였다.)

"문제 4: 말 외에 부모님께 사랑을 표현할 수 있는 세 가지 방법을 적어 보십시오." 그는 세미나실을 둘러보면서 모든 학생의 황망한 표정을 보았다. 심지어 나는 뒤에 앉은 학생이 "다른 세 가지 방법?"이라고 중얼거리는 것을 들었다. 강사는 부모님께 사랑을 표현할 수 있는 아이디어들을 일깨워 주고, 나아가 실마리를 제시하고자 노력했다(예를 들어 순종, 존경, 집안일 같은 것). 또다시 신음소리가 세미나실을 채웠다.

강사가 이러한 퀴즈를 통해 말하려는 요점은 분명했다. 성인이 된 자녀들은 대부분 자신이 부모를 사랑하는 것을 부모가 당연히 알고 있다고 생각한다. 그러나 거기에는 분명히 무엇인가 빠져 있다. 특별히 대학교에 들어와 그리스도를 발견하고 부모도 자신과 동일한 신앙을 갖기 원하는 자녀들은 좀 더 구체적이고 적극적으로 사랑을 표현해야 한다.

사랑의 보답을 기대하지 말라

하나님의 사랑은 속죄의 희생을 전제한 대속적인 사랑이다. 그러므로 우리의 사랑 속에는 사람들이 죄인이라는 전제가 있어야 한다. 우리는 가족이나 친척에게 보답을 요구해서는 안 된다. 그들이 항상 우리를 최고의 관심사로 여길 것이라고 생각해서는 안 된다. 또 어떤 상황에서는 어느 정도 경계를 긋고 그 경계선을 지킬 필요가 있다.

칼라는 자신의 가정에서 일어난 하나님의 구속 역사에 대해 이야기해 주었다. 그러나 그녀의 어조(語調)는 매우 조심스러웠다. 그녀가 여섯 살 때 아버지는 그녀와 여동생과 어머니를 두고 떠났다. 그녀는 몇 년 동안 아버지를 보지 못했다. 어머니는 두 딸과 함께 몇몇 남자의 집에 들어가 살다가 나왔다.

그러다가 아버지가 다시 나타났다. 그리고 그는 딸들과 함께 기괴한 주말 외출을 했다. 그들은 술집, 스트립쇼 극장, 카지노 같은 곳에 갔다. 아직 어린 청소년이었는데도 칼라는 아버지와 함께 포르노 영화를 보았다. 그녀는 이러한 기억을 별다른 감정의 동요 없이 (이따금 나오는 이상한 웃음은 예외하고) 자세히 이야기했다.

그 후 칼라는 대학교에 들어가 복음을 듣고 극적인 방식으로 응답했다. 4년 동안 그녀는 캠퍼스 공동체에서 사랑과 수용과 치유를 발견했다. 그리고 10년이 지난 지금 그녀는 한 교회에서 교육부장으로 봉사하며, 학대 환경 속에 있는 여성들을 제자화하는 데 초점을 맞추고 있다.

오랜 불화의 시간이 지난 후, 칼라와 그녀의 아버지의 인생은 새롭게 반전되었다. 그는 두 딸에게 자신이 지은 많은 죄에 대해 용서를 구하며 하나님의 도우심을 바라보았다.

그녀는 나에게 이렇게 말했다. "아버지가 죄인임을 기억하는 것은 나에게 큰 도움이 됩니다. 마찬가지로 내가 죄인임을 기억하는 것도 나에게 큰 도움이 됩니다. 나는 순진하지 않기에 경계선을 긋습니다. 나는 아버지를 중립적인 장소에서 만납니다. 나는 그의 거처에 머물지 않고, 그 역시 나의 거처에 머물지 않습니다. 나는 그와 함께 있는 시간을 제한합니다. 그와 관련된 고통이 아직 많이 남아 있기 때문입니다. 나는 하나님께 아버지의 삶 속으로 다른 그리스도인을 보내 달라고 기도합니다. 그러면서 내가 발견한 것과 똑같은 그리스도의 사랑을 아버지도 발견할 수 있게 해 달라고 구합니다. 나는 내가 그에게 다가갈 수 있는 유일한 그리스도인이 아니라는 사실을 인식하고 있습니다."

또 다른 학대에 스스로를 노출시키지 않으면서 아버지에게 공경을 나타내는 칼라가 건강한 균형을 발견했다고 생각한다. 이렇듯 자신을 부당한 학대에 노출시키지 않으면서 '부모님을 공경할 수 있는 방법'이 있다.

사랑

그러나 이러한 주제를 상세히 다루는 것은 나의 몫이 아니며, 나는 그렇게 할 만한 자격을 갖추지도 못했다.

한편 학대를 경험하고 여전히 그 마음에 쓰라림과 분개를 품고 있는 그리스도인이 있다. 어떤 의미에서 그들은 여전히 그들을 학대한 자에게 예속되어 있는 것이다. 그들은 삶의 가장 어두운 부분에 복음의 치유의 능력을 적용할 필요가 있다. 다른 한편으로 어떤 그리스도인은 '아버지와 어머니를 공경하는 것'이 자신이 또 다른 학대에 노출되는 것이라고 생각한다. 그러나 두 가지 모두 건강하지 못한 생각이다.[42]

'나의 아버지가 죄인임을 기억하는 것이 큰 도움이 되었다'는 칼라의 통찰 속에는 지혜가 담겨 있다. 만일 복음적 사랑이 구속을 전제하는 것이라면, 우리는 우리를 포함하여 인간이 죄인이라는 사실을 기억할 필요가 있다. 우리가 아무 자격 없는 사람들에게 구속의 사랑을 펼칠 수 있는 것은, 우리 중 아무도 하나님의 구원과 사랑을 받을 자격이 없기 때문이다. 그런 이유로 제자훈련 과정 속에는 사랑받을 자격이 없는 사람들을 사랑하는 법을 포함시킬 필요가 있다.

이것은 특히 그리스도를 아는 자와 알지 못하는 자가 결혼한 경우에 특히 필요하다.[43] 나는 이러한 주제를 다룬 다양한 책과 논문에서 다음과

---

42 학대를 극복하는 데 도움이 되는 자료를 구하려면 '기독교 상담 교육 재단'(The Christian Counseling and Education Foundation)을 찾아라. 그들의 웹사이트 주소는 www.ccef.org 이다.
43 이 주제를 다룬 책은 매우 많다. 그러므로 우리는 가장 도움이 될 뿐만 아니라 성경적인 교훈과 합치되는 책을 선택할 필요가 있다. 이를 위해 나는 다음과 같은 책을 추천하고 싶다. Lee and Leslie Strobel *Surviving a Spiritual Mismatch in Marriage* (Grand Rapids, MI: Zondervan, 2002). 또 'Family Life Today'이라는 단체도 많은 도움을 줄 것이다.

같은 몇 가지 통찰을 얻었다.

- 배우자를 다 이룬 자로 바라보지 말라. 하나님 외에 어느 누구도 다 이룬 자가 아니다. 당신의 아내가 위대한 아내라도, 그녀는 보잘것 없는 구주에 불과하다. 또 당신의 남편이 사랑이 많은 남편이라도, 그는 당신의 신(god)이 될 수 없다.

- 당신 내부에 있는 사랑의 저장고인 복음을 바라보고, 그러한 초자 연적인 사랑을 당신의 배우자에게 펼쳐라. 베드로는 아내들에게 "남편에게 순종하라"고 명령하면서 계속 그렇게 해야 하는 이유를 제시한다. "이는 혹 말씀을 순종하지 않는 자라도 말로 말미암지 않 고 그 아내의 행실로 말미암아 구원을 받게 하려 함이니 너희의 두 려워하며 정결한 행실을 봄이라"(벤전 3:1-2).

- 당신의 말보다 행동이 더 영향력이 크다는 사실을 기억하라. 그러 나 말과 행동 다 필요하다.

- 당신의 희망은 배우자의 회심이 아니라 하나님 안에 있는 것이어야 한다.

- 스스로를 기독교 신앙의 완전한 모범으로 제시하지 말라. 그것이 아닌 그리스도의 완전한 모범을 가리켜라.

- 믿지 않는 배우자와 공통점이 있는 삶의 영역부터 시작해서 성경이 그러한 삶의 영역을 변화시키는 방법을 발견하라.

---

www.familylife.com을 참고하라.

- 특히 배우자를 위해 기도하는 일에 더 힘써라.
- 영적인 삶을 게을리하지 말라. 특별히 교회 사역에 부지런히 참여
  하라.

한 가지를 주의 깊게 구별해야 한다. 사람들은 다양한 방법으로 '맞지 않는' 결혼을 한다. 어떤 경우 두 명의 비그리스도인이 결혼했다가 나중에 한 사람이 그리스도인이 된다. 다른 경우 그리스도인이 비그리스도인과 결혼한다. 그것이 "믿지 않는 자와 멍에를 함께 메지 말라"(고후 6:14)는 하나님의 명령에 불순종하는 것임을 충분히 알면서도 말이다. 이렇게 다양한 시나리오는 서로 다른 접근 방법을 요구한다.

두 경우 모두 앞서 열거한 조언이 도움이 될 것이다. 그러나 두 번째 경우, 그리스도인은 먼저 자신의 불순종에 대해 회개할 필요가 있다. 과거의 불순종의 죄를 고백한 후에야 비로소 복음의 온전함으로 믿지 않는 배우자에게 다가갈 수 있다. 이 말은 가혹하게 들릴 수 있지만 중요한 사실이다. 안타깝게도 너무나 많은 가정이 바로 이 지점에 매여 있다. 십자가는 이러한 죄에도 사함을 제공한다.

돈은 아내에게 10년 이상 복음을 전했는데도 별다른 열매를 맺지 못했다. 분명 그는 그녀를 사랑했지만 동시에 그녀와 결혼한 동기의 일부가 두려움이었음을 인정했다. 30대 후반이 되었을 때, 그는 배우자를 찾아야겠다고 생각했고 그때 자신에게 사랑을 고백한 여자와 결혼했다. 그러나 그녀는 기독교 신앙에 대해서는 아무런 관심이 없었다. 그는 결국 그녀가 그리스도께 돌아올 것이라고 생각했지만 12년이 지나도 그녀는 조

금도 바뀌지 않았다. 그녀의 마음이 바뀐 것은 돈이 하나님께 불순종을 인정하며 죄로 고백하고 십자가의 공로로 사함을 경험한 후였다. 그 후 비로소 돈은 깨끗한 양심으로 아내에게 복음을 전할 수 있었다.

그는 아내와 더불어 그의 내적인 과정을 다 나누지는 않았다. 그녀와 결혼한 것 속에 하나님에 대한 불순종이 포함되어 있다는 말을 한 적이 없었다. 그러나 이제 그 죄를 십자가 아래로 가져갔고 이후 그는 그리스도와의 관계를 더 큰 자유와 즐거움으로 추구할 수 있게 되었다. 그리고 그녀도 그 사실을 알게 되었으며, 오랫동안 그가 그녀와 공유하고자 애썼던 믿음을 그때야 비로소 매력적으로 느끼게 되었다. 최근에 그녀는 그와 함께 예수님을 구주와 주님으로 높이는 예배에 동참했다.

비그리스도인과 결혼하는 (혹은 연애하는) 동기는 다양하다. 그러나 그것은 모두 잘못이다. 앞서 나온 돈과 같이 어떤 사람들에게 그것은 하나님의 공급이나 선하심에 대한 믿음의 결여를 의미한다. 또 어떤 사람들에게는 정욕의 결과이며 심지어 어떤 그리스도인들은 가정 교육이나 교회 교육에 대한 반항으로 일종의 스릴을 느낀다. 또한 그것은 그들이 실제로 그리스도와의 관계를 중요하게 생각하지 않음을 보여주는 증표이다. 하나님께 순종하는 것보다 어떤 사람과의 관계를 더 중요하게 생각하는 것은 일종의 우상 숭배이다. 즉 불신자와 결혼하는 것은 그 사람의 삶의 중심이 그리스도가 아님을 드러내는 증표가 되기도 한다.

지금 언급한 내용은 참으로 하기 어려운 이야기로, 나는 엄청 머뭇거리며 이 말을 전하고 있다. 그러나 분명한 것은 문제의 근원에 도달할 때까지, 당신의 영적 성장은 발육 부진의 상태에 머물러 있을 것이다. 그리고 그때 당신의 배우자가 구원을 발견할 가능성은 아주 적다.

받은 사랑을 나눠 주어라

설령 우리가 감상적인 아가페와 반창고 붙이기와 금욕주의적인 사랑을 피하고자 노력하더라도, 때로는 어쩔 수 없이 어려운 대화를 해야만 하는 경우가 있다. 우리의 가족이나 친척을 사랑하는 것이 항상 화목한 대화로 귀결되는 것은 아니다. 우리는 "모든 사람과 더불어 화목하게"(롬 12:18) 살면서 "사랑 안에서 참된 것을 말하는" 것과 균형을 맞추어야 한다(엡 4:15).

유대인 가정의 유일한 신자였던 레이첼은 나이 많은 할아버지 루로 인해 좌절 속에서 자랐다. 그녀가 종교적인 주제를 꺼내려고 할 때마다, 할아버지 루는 그녀의 말을 끊었다. 그는 "종교에 대해 이야기하는 건 딱 질색이야!"라고 고함을 지르며 대화를 차단했다.

그녀는 나에게 어떻게 이러한 상황을 돌파할 수 있는지를 물었다. 나는 항상 그렇게 말씀하시는 이유가 무엇인지 할아버지에게 여쭈어 보라고 제안했다. 그녀에게는 격려와 분명한 해법이 필요했다.

"할아버지에게 당신을 사랑하며 존중하는지 물어보세요. 그는 분명 그렇다고 대답할 거예요. 그러면 다시 그에게 어째서 당신이 하려는 대화의 주제를 못 꺼내게 하는지 물어보세요."

"할아버지는 항상 스스로 저보다 나이가 많기 때문이라고 말씀하세요."

"그래요? 나이가 많은 사람이 항상 대화의 주제를 선택해야 한다고

요?" 나는 그리스도인이 방어적인 위치를 받아들이기 거부하고 온유하게 비그리스도인을 방어적인 위치에 서도록 만드는 접근 방법을 제시하고자 애썼다. 그리고 계속 말했다. "강하게 말해 보세요. 그것이 당신의 신앙에 대한 할아버지의 비관용적인 태도를 일깨워 주는 데 도움이 될 수 있을 거예요."

레이첼은 대답했다. "내가 그렇게 할 수 있을지 모르겠어요."

"분명 당신은 그렇게 할 수 있어요. 할아버지에게 이렇게 말해 보세요. '사람들은 서로 사랑할 때 주기도 하고 받기도 합니다. 참된 사랑의 관계는 서로 희생하는 것을 의미합니다. 지금까지 나는 할아버지와 하나님에 대해 이야기하고 싶은 마음을 억눌러 왔습니다. 할아버지가 항상 나의 말을 막았기 때문입니다. 이것은 공정하지 못합니다. 만일 할아버지가 진정으로 나를 사랑한다면, 할아버지도 어느 정도 희생을 해야만 합니다.'"

나는 민족이나 인종과 관련된 특별한 상황에서, 이런 직면이 다른 방식의 접근보다 훨씬 더 효과적일 수 있다고 생각한다. 그러나 당신은 이런 종류의 사랑을 표현하기 위해 문화적으로 적합한 방법을 찾아야 한다. 온유하며 부드러운 어조로 하는 강한 말은 사람들이 귀를 열고 듣게 하는 데 도움이 될 수 있다. 실제로 어떤 경우 그것은 사람들이 귀를 열고 듣게 만드는 유일한 방법이 될 수도 있다.

사랑 안에서 인내하라

나의 처남 브루스는 우리와 어느 정도 거리를 유지하려 했다. 그렇지만 우리는 그를 위해 기도하기를 멈추지 않고, 계속 그에게 다가가려고 노력했다. 한 번은 그에게 편지와 함께『당신은 동성연애자가 될 필요가 없다You Don't Have to Be Gay』라는 책을 보낸 적이 있다.[44] 그러나 그는 답장을 보내지 않았다.

그로부터 6개월 후, 나는 어떤 잡지에 기고된 에이즈에 관한 글을 읽고 정말로 몸서리를 쳤다. 그래서 브루스에게 또다시 편지를 보냈다. 나는 그 편지에 걱정하는 마음과 함께 조 달라스의『서로 싸우는 욕망들 Desires in Conflict』이라는 책을 동봉했다. 이번에는 그가 답장을 보냈다. 이제 동성연애자의 삶에 스릴이 없고 오히려 그 삶이 실망만 된다고 했다. 비로소 그는 다른 쪽의 이야기를 들을 준비가 되어 있었다.

우리는 그에 대한 우리의 사랑과 그가 잘되기를 바라는 우리의 진심과 어떤 상황 속에서도 변함없는 우리의 지지를 계속 확인시켜 주었다. 그리고 다른 그리스도인들에게 정죄가 가져다주는 결과가 얼마나 끔찍한지 많이 들었기에, 우리는 자기 의의 도덕주의 대신 은혜를 나타내고자 노력했다. 대부분 하나님으로부터 떠났다가 다시 돌아오는 것에 대해 이야기했다. 하나님과의 관계를 회복하는 것이 그의 성적 취향을 바꾸는 것보다 더 우선으로 보였기 때문이다.

다시 교회에 나오고자 하는 몇 번의 고통스러운 시도 후(여기서 나는 좋은 의도를 가진 그리스도인이 그에게 했던 어리석은 말을 언급하지 않겠다), 그는 자신에게 다가오는 성도들의 공동체를 발견했다. 함께 하나님의 긍휼을 입은 동료로서, 그들은 성경에 나오는 죄의 목록에 기꺼이 자신의 이

---

44 Jeff Conrad, *You Don't Have to Be Gay* (Seattle: Pacific, 1987).

4장

188

름을 쓸 수 있는 사람들이었다. "불의한 자가 하나님의 나라를 유업으로 받지 못할 줄을 알지 못하느냐 미혹을 받지 말라 음행하는 자나 우상 숭배하는 자나 간음하는 자나 탐색하는 자나 남색하는 자나 도적이나 탐욕을 부리는 자나 술 취하는 자나 모욕하는 자나 속여 빼앗는 자들은 하나님의 나라를 유업으로 받지 못하리라"(고전 6:9-10). 설령 그들 가운데 동성연애자가 없더라도, 그들은 음행하는 자 혹은 우상숭배하는 자 혹은 간음하는 자 혹은 탐색하는 자 혹은 도적 혹은 탐욕을 부리는 자 혹은 술 취하는 자 혹은 모욕하는 자 혹은 속여 빼앗는 자라는 꼬리표가 어울리는 자들이었다.

마침내 브루스는 건강하며 비성적(非性的)인 방식으로 남자들과 연결되기 시작했다. 그것을 그는 "나는 여자들과의 관계를 생각하는 것보다 먼저 남자들과 얽힌 줄을 풀어야만 했다"라고 묘사한다. 그러한 과정은 수년이 걸렸다. 그리고 그 과정에는 지지 그룹, 개인 상담, 불가능한 것을 가능하게 만드는 하나님을 믿는 사람들의 많은 격려가 포함되어 있었다.

결국 그는 (여자와) 결혼했으며 딸을 낳았다. 지금 그는 딸과 함께 즐겁게 놀고 있다. 또한 교회 사역에 적극적으로 참여하며, 동성애 취향을 가진 남자들을 상담해 주고 있다.

몇 해 전 『워싱턴 포스트』는 '환경, 인식, 우선순위'라고 부르는 사회적 실험을 했다. 그들은 가장 붐비는 출퇴근 시간에 최고의 바이올리니스트 중 한 사람인 조슈아 벨을 워싱턴의 한 지하철역에 배치하고 그에게 클래식 명작을 연주하도록 했다. 그들은 얼마나 많은 사람이 세계적인 거장을 알아보고 멈추어 서서 그의 연주에 귀를 기울이는지 보려고 전 과정

을 비디오에 담았다.[45]

한 시간 동안 조슈아 벨은 위대한 바이올린 명작들을 연주했다. 바하의 파르티타 2번 중 "샤콘느", 슈베르트의 "아베마리아", 폰세의 "에스트렐리타" 등. 조슈아 벨은 350만 달러나 되는 안토니오 스트라디바리의 명품 바이올린으로 연주했다. 하지만 1,000명 이상은 바이올린이 연주되는 쪽을 쳐다보지도 않고 지나갔다. 잠깐 멈추어 선 사람들은 소수였으며, 그중 몇 사람은 그의 빈 바이올린 케이스에 잔돈을 던졌다. (그는 총 32달러 17센트를 모금했다. 거기에는 1페니짜리 동전도 있었다.) 그는 며칠 후 미국 최고의 클래식 음악가에게 수여하는 에이버리 피셔 상(Avery Fisher Prize)을 받을 예정인데, 오직 한 사람만 거장을 알아보았다.

워싱턴 포스트의 실험 팀은 그들의 예상이 틀렸음을 인정했다. 그들은 아름다움이 붐비는 시간과 지하철 소음의 압박을 뛰어넘을 거라고 예상했던 것이다.

당신은 사람들이 이 실험을 어떻게 해석했는지 상상할 수 있을 것이다. "오늘 우리는 너무 바빠요." "우리는 아름다움을 감상할 시간이 없어요." "우리는 음악적 소양이 부족해요." "우리는 예술을 위해 좀 더 많은 투자를 해야 해요."

그러나 이 실험을 주도한 진 바인가르텐은 다르게 해석했다. 그는 그것을 환경의 문제로 보았다. 사람들은 비싼 입장료를 내고 모든 소음이

---

45 Gene Weingarten, "Pearls before Breakfast", The Washington Post, April 8, 2007, http://www.washingtonpost.com/wp-dyn/content/article/2007/04/04/AR2007040401721.html. 이것은 유튜브를 통해서도 볼 수 있다. 'Pearls before Breakfast'를 검색해 보라.

배제된 아름다운 콘서트홀에 앉아 희미한 조명 아래 거장의 연주를 듣기를 기대한다. 그러나 사람들로 붐비는 지하철역에서 클래식 음악을 연주하는 조슈아 벨을 예상하지 못한다. 심지어 그를 원하지 않을 수도 있다. 그래서 바인가르텐은 이렇게 결론을 내렸다. "한마디로 조슈아 벨은 액자 없는 그림이었다. 결국 그때 벌어진 일, 더 정확하게는 벌어지지 않은 일을 만든 것은 환경(context)이라는 것이다."[46]

마찬가지로 우리도 때로는 우리의 메시지와 어울리지 않는 환경 속에서 복음의 명작을 연주한다. 우리는 하나님의 측량할 수 없는 사랑, 값없이 주신 은혜, 무한한 선하심을 말하지만, 우리의 어투와 태도와 삶의 방식은 그와 정반대 방향을 가리킨다. 우리는 사람들이 고요한 마음으로 복음을 듣기를 바라지만, 판단주의(judgmentalism)의 환경 속에서 그 복음을 전한다. 우리는 그들이 하나님께 사랑받고 있다고 느끼기를 바라지만, 그들은 우리를 통해 사랑받고 있음을 느끼지 못한다. 우리는 그들이 은혜에 놀라기를 바라지만, 그들은 정죄의 냄새를 맡고 놀란다.

그러므로 우리는 전도의 내용뿐만 아니라 환경(context)에도 주의를 기울일 필요가 있다.

---

46 같은 책.

단계적 실천

1. 먼저 자신 안에 계속 하나님의 사랑을 채워 넣어라. 자신을 위해 에베소서 3장 14-19절의 기도를 하라.

> "이러므로 내가 하늘과 땅에 있는 각 족속에게 이름을 주신 아버지 앞에 무릎을 꿇고 비노니 그의 영광의 풍성함을 따라 그의 성령으로 말미암아 너희 속사람을 능력으로 강건하게 하시오며 믿음으로 말미암아 그리스도께서 너희 마음에 계시게 하시옵고 너희가 사랑 가운데서 뿌리가 박히고 터가 굳어져서 능히 모든 성도와 함께 지식에 넘치는 그리스도의 사랑을 알고 그 너비와 길이와 높이와 깊이가 어떠함을 깨달아 하나님의 모든 충만하신 것으로 너희에게 충만하게 하시기를 구하노라."

또 하나님의 사랑에 대한 구절들을 암송하고 묵상하라(예를 들어 요일 4:7-12). 무엇보다 공예배에 적극적으로 참여하라. 그리고 하나님께 예배를 통해 그분의 사랑을 아는 지식을 채워 달라고 간구하라.

2. 당신이 지금까지 가족에게 사랑을 표현한 방법을 돌아보라. 혹시 그들에게 상처를 주거나 그들을 아프게 한 것이 있다면 용서를 구하라.

3. 가족이 당신의 사랑을 느낄 수 있도록 사랑을 표현하는 구체적인 방법을 열거해 보라. 아마도 사람들마다 각각 다른 방법이 필요할 것이다.

4. 당신이 계속 기도하거나 먼저 행동하기를 '포기한' 관계가 있는지 돌아보고 다시 시도하라. 당신의 사랑을 전달하는 데 지금까지 시도한 것보다 더 나은 방법이 있는지 살펴보라.

5장

겸손

: 그리스도께서 본을 보이셨지만
찾기 어려운 겸손

이 책을 구상하면서 나는 수십 명을 인터뷰했다. 그때 다른 주제보다 '겸손'이 더 자주 부각되었다.

카렌은 나에게 이렇게 말했다. "엄마에게 좀 더 겸손했다면 얼마나 좋을까요. 엄마는 나를 낳고 키워 주셨잖아요. 그런데 나는 엄마가 잘못한 모든 것에 대해 사사건건 엄마를 괴롭혔어요. 나는 엄마에게 많은 슬픔을 안겨 주었어요. 엄마에게 말을 많이 하지 말아야 했는데."

많은 사람들이 지나치게 말을 많이 한 것을 후회한다. 더 강하게 밀어붙여야 했다고 생각하며 후회하는 경우는 거의 없다.

버트는 나에게 이렇게 말했다. "나는 어린 시절에 부모님께 많은 상처를 주었습니다. 나는 그들이 묻지도 않은 말에 대꾸하고 항상 요란하게 굴었습니다. 예전으로 다시 돌아갈 수 있다면 부모님의 말에 좀 더 귀를 기울이고 그들을 이해하고자 노력할 것입니다."

겸손

많은 사람들이 영적인 어린아이 때의 어리석음을 후회한다. 처음 신앙의 세계에 들어섰을 때, 대부분 너무 강하게 나가기 쉽다.

그레그는 이렇게 말했다. "내가 새신자일 때, 누군가 나에게 히포크라테스 선서를 가르쳐 주었다면 좋았을 거예요. 당신도 알다시피 그때 사람들은 '나는 어떤 해도 끼치지 않겠다'라고 선서하지 않습니까? 그렇게 했다면 오늘날 내가 이렇게 괴롭지는 않을 거예요."

겸손은 후회하는 이야기뿐만 아니라 즐거운 이야기 속에서도 공통적인 주제였다.

포드는 나에게 이렇게 말했다. "아내는 항상 내 주위를 신자들로 둘러쌌습니다. 그녀는 자기 혼자 전도하는 것으로는 충분하지 않다고 생각했는지 실제로 조금만 말하고, 다른 사람들이 더 하도록 했습니다. 지금 생각해 보면 아내에게 많은 겸손과 인내가 요구되었던 것 같습니다."

브라이언은 존경심을 드러내는 것의 중요성에 대해 이야기했다. "나는 처음에는 부모님을 존경하지 않았고 매사 그들을 비난하는 어투로 말해도 된다고 생각했습니다. 결국 그들은 나를 쓰레기처럼 취급했습니다. 내 생각은 대략 이런 것이었습니다. '엄마와 아빠는 이것도 잘못했고, 이것도 잘못했고, 이것도 잘못했어요. 그러나 나는 잘못된 가정 속에서도 예수님을 발견했어요. 엄마와 아빠에게는 예수님이 필요해요. 그러니까 내 말을 들을 필요가 있어요.' 하지만 캠퍼스 사역자가 나를 책망하면서 부모님을 공경해야 한다고 말한 후에 그러한 태도를 바꾸었습니다."

지금 브라이언은 캠퍼스 공동체의 스태프로 섬기고 있다. 그는 이렇게 말한다. "새롭게 그리스도를 발견한 대학생들은 자신이 모든 것을 알게 되었으므로, 이제 그들의 가족을 가르치기 위해 그들에게 가야 할 필요가 있다고 생각하기 쉽습니다. 그러나 나는 그들에게 무엇보다 공경하는 마음이 중요하고 겸손한 마음으로 가야 한다며 대략 이런 식으로 말합니다. '여러분의 가족이 여러분에게 베풀어 준 모든 것에 대해 그들에게 감사하십시오. 설령 그들이 잘못한 것이 많더라도 말입니다.' 나는 주님 앞에 스스로 겸손해진 후에야 비로소 부모님 앞에 그렇게 할 수 있었습니다. 그리고 그때 그들은 나의 말에 귀를 기울이기 시작했습니다."

도리스는 나에게 그녀의 불교도 아들(그리고 그와 동거하는 그의 여자 친구와 새로 태어난 그들의 아기)에게 복음을 전한 이야기를 해 주었다. 그녀가 아들을 훈계하는 것을 멈추고 아기를 돌보아 주기 시작했을 때 비로소 아들은 극적으로 변화되기 시작했다. 그녀는 이렇게 말했다. "나는 교만을 내려놓는 것이 무척 힘들었습니다. 그를 믿음으로 키웠는데 그는 믿음과 함께 내가 가르친 가치관까지 함께 버렸습니다. 그러나 그는 지금 서른 살입니다." 그녀는 이야기를 하면서 계속 눈물을 흘렸다. "어느 순간 나는 내가 그를 변화시킬 수 있다는 생각을 포기했습니다. 나는 그의 선택을 통제할 수 없었습니다. 내가 통제할 수 있는 유일한 것은 그에 대한 사랑을 표현하는 것뿐이었습니다. 나는 입을 닫고 오로지 사랑을 보여주고자 정말 열심히 노력했습니다. 그러자 우리의 관계는 조금씩 좋아지기 시작했습니다. 물론 그를 위해 기도하는 것은 결코 중단하지 않았습니다. 마침내 우리는 종교에 대해 다시 대화를 할 수 있게 되었습니다. 그러나 이제는 부모가 자녀를 훈계하는 방식이 아니라 성인이 서로 대화하는 방식입니다."

도리스는 나에게 딸에 대한 이야기도 해 주었다. 그녀의 딸은 이혼 후 두 딸과 더불어 어머니 도리스의 집에 와 있었는데, 이것도 그들에게 사랑을 나타낼 수 있는 기회였다.

고통과 괴로움 역시 이러한 이야기에 반복해서 등장한다. 신자들이 시련 속에서 하나님께 겸손을 나타내는 태도는 그들의 불신 가족에게 많은 것을 말해 준다.

폴과 세실리아는 나에게 정말로 끔찍한 이야기를 해 주었다. 그들은 수년 동안 딸 로니를 신앙으로 이끌고자 애썼다. 애원하거나 조르며 야단을 치기도 했다. 그러다가 그들은 그리스도에 대한 로니의 사이비 과학적인 배척을 받아들이게 되었다. 기독교 가정에서 자란 로니는 대학생이 된 후 다른 아이들처럼 무신론을 뒷받침하는 과학적인 이유들을 발견했다. 그녀에게 성경에 대한 교수들의 공격은 어린 시절 목사에게 들었던 설교 내용보다 훨씬 더 설득력 있게 들렸다.

그러던 중 폴과 세실리아의 아들이 자살을 했다. 그는 겨우 스물여덟 살이었는데 오랫동안 알코올에 중독된 상태였다. 그래서 스스로 알코올 중독에서 벗어날 수 없다며 절망에 빠졌고, 어느 날 밤 그는 술과 절망에 취한 상태에서 다리에서 뛰어내렸다.

만일 당신이 로니에게 부모님의 신앙에 대해 다시 생각하게 된 이유를 묻는다면, 그녀는 부모님이 오빠의 자살을 대하는 방식을 보았기 때문이라고 대답할 것이다. 극심한 고통 속에서도 그들은 여전히 희망을 발견했다. 폴과 세실리아는 고통과 아픔을 느꼈지만 하나님을 붙잡으며 십자가 은혜를 이야기했다. 그들의 확신에 넘치는 믿음이 로니가 대학교에서 배운 냉소주의를 이긴 것이다. 결국 로니는 오빠의 장례식 후 1년 만에 자신의 삶을 주님께 드렸다.

　4장에서 우리는 진짜 사랑을 시험하는 방법에 대해 이야기했다. 이제 5장에서는 성경으로부터 진짜 겸손과 가짜 겸손을 구별하는 방법을 배울 것이다. 그것을 배우는 데 디도서 3장 3-8절에 나오는, 복음에 대한 사도 바울의 선언은 좋은 출발점이 된다. 바울은 양떼들이 복종하며, 순종하며, 선행을 위해 준비하며, 아무도 비방하지 말며, 다투지 말며, 관용하며, 범사에 온유함을 모든 사람에게 나타내기를 힘쓰도록 일깨워 주라고 디도에게 훈계한 후, 곧바로 복음의 근본 원리를 제시한다.

> "우리도 전에는 어리석은 자요 순종하지 아니한 자요 속은 자요 여러 가지 정욕과 행락에 종 노릇 한 자요 악독과 투기를 일삼은 자요 가증스러운 자요 피차 미워한 자였으나 우리 구주 하나님의 자비와 사람 사랑하심이 나타날 때에 우리를 구원하시되 우리가 행한 바 의로운 행위로 말미암지 아니하고 오직 그의 긍휼하심을 따라 중생의 씻음과 성령의 새롭게 하심으로 하셨나니 우리 구주 예수 그리스도로 말미암아 우리에게 그 성령을 풍성히 부어 주사 우리로 그의 은혜를 힘입어 의롭다 하심을 얻어 영생의 소망을 따라 상속자가 되게 하려 하심이라 이 말이 미쁘도다 원하건대 너는 이 여러 것에 대하여 굳세게 말하라 이는 하나님을 믿는 자들로 하여금 조심하여 선한 일을 힘쓰게 하려 함이라 이것은 아름다우며 사람들에게 유익하니라"(딛 3:3-8).

겸손
~~~~~~~~~~~~~~~~~~

바울의 논리의 흐름을 따라가 보자. 우리는 하나님이 우리에게 베푸신 큰 은혜를 붙잡을 때 비로소 불신자들에게 겸손을 나타낼 수 있다. 만일 우리가 우리의 죄가 얼마나 악한지 올바로 이해하지 못한다면, 하나님의 은혜가 얼마나 큰지도 제대로 이해하지 못할 것이다. 그러면 우리는 복음이 가져다주는 변화를 제대로 경험하지 못하게 된다. 이제 이것을 하나씩 차례대로 살펴보도록 하자.

나는 성경공부 반에서 디도서 본문과 같은 내용을 가르쳤다. 그러한 말씀은 우리의 회심 전후의 정체성을 대조시킨다. 나는 사람들에게 그리스도께 나오기 전의 삶과 지금의 삶을 묘사하는 세 개의 형용사를 각각 제시해 보라고 말했다. 그리스도께 나오기 전의 삶을 묘사하는 형용사로 그들이 제시한 것은 대략 이런 것이었다. '혼돈된, 미혹된, 불행한, 공허한, 찾아 헤매는' 등. 반면 회심 후의 삶을 묘사하는 형용사는 이런 것이었다. '행복한, 평안한, 견고한, 만족스러운, 목적이 있는' 등.

그러나 그러한 단어들은 우리가 얼마나 악한 자였는지를 일깨워 주지 못한다. 바울은 디도와 그의 양떼가(그리고 우리)가 성경의 빛을 통해 그들의 타락한 상태와 자신의 추함을 깨닫기 원했다. 그의 형용사 목록은 개인적인 차원에서 출발한다. '어리석은, 순종하지 않은, 속은, 여러 가지 정욕과 행락에 종노릇한' 등. 그리고 이어서 관계적인 차원으로 나아간다. '악독과 투기를 일삼은, 가증스러운, 피차 미워한' 등. 실제로 우리는 우리가 이해하는 것보다 훨씬 더 악하다.

하나님과의 깊은 단절을 제대로 깨달을 때, 비로소 우리는 그분의 구원의 깊음을 제대로 이해할 수 있게 된다. 여기서 하나님이 능동적인 주

체자로 나타나는 것을 주목하라. 그분은 우리를 구원하셨다(여기서 '구주'라는 단어가 두 번 나온다). 그분은 우리를 씻으셨다. 그분은 우리를 중생시키셨다. 그분은 우리를 새롭게 하셨다. 그분은 우리 위에 성령을 부어 주셨다. 그분은 우리를 의롭게 하셨다. 이러한 구원의 과정 속에서 우리가 할 수 있는 것은 아무것도 없음을 주목하라. 우리의 행위로는 절대 구원할 수 없다. 이 내용과 비슷한 구절인 에베소서 2장 1-10절에 따르면, 우리는 '죽었다'.

이렇게 사망으로부터 생명으로 옮기는 구원을 제대로 이해해야 비로소 복음의 변화시키는 역사를 경험할 수 있게 된다. 디도서 3장 7절 서두의 "그러므로"는 하나님이 우리 안에서 이러한 구원을 이루시는 목적을 보여준다(개역개정판에는 '그러므로'가 생략되어 있음-역주). 우리는 의롭다 하심을 받는 것과 동시에 상속자가 된다. 이것은 법적인 과정이면서 변화의 과정이다. 조지 나이트는 이렇게 주석한다. "변화시키는 성령의 역사와 의롭다 하시는 하나님의 은혜의 역사는 구원받은 자들을 '영생의 상속자'로 만든다. 즉 그들은 성령으로 변화된 자이면서 동시에 하나님의 은혜로 의롭다고 선언을 받은 자이다."[47]

바울은 우리가 아무 공로 없이 그리스도 안에서 값없이 의롭다 하심을 받은 사실을 반복해서 강조한다. 그래서 우리 중 어떤 사람들은 그리스도 안에서 우리의 지속적인 변화(우리의 점진적인 성화)에 대해 말하기를

---

47 George Knight, *The Pastoral Epistles: A Commentary on the Greek Text* (Grand Rapids, MI: Eerdmans, 1992), p.346.

주저한다. 공로주의의 교만을 두려워하는 나머지 우리의 변화(성화)의 점진적인 속성을 간과하는 것이다. 하지만 우리는 점점 더 그리스도처럼 되어 간다. 이것은 단순한 신분의 변화가 아니라 존재의 변화이다. 우리 안에서 행하시는 하나님의 역사는 특정한 시작점(거듭남)을 가지고 있으며, 점진적(새로워짐)으로 계속 진행된다.

지금까지 이야기한 것을 정리해 보자. 겸손해지는 것은 하나님이 그리스도 안에서 우리를 보시는 것처럼 그렇게 스스로를 보는 것이다. 우리는 아무 소망 없는 죄인이지만, 은혜로 구원받았다. 우리는 하나님을 배반하고 떠났지만, 값없이 구속받았다. 우리는 스스로 의를 이룰 수 없지만, 하나님께 모든 의를 행할 수 있는 권능을 받았다.

성경적인 겸손은 죄에 대해 과도하게 허풍을 떠는 것이나 자신이 얼마나 악한지를 떠벌리며 그 안에서 뒹구는 것이 아니다. 우리는 다른 사람들에게 자신이 얼마나 악하며 또 얼마나 악할 수 있는지를 떠벌리는 일부 그리스도인 안에서 강하게 풍기는 교만의 냄새를 맡을 수 있다. 이것은 우리가 하나님의 은혜로 계속해서 새로워져 가고 있으며 마땅히 그러한 표적을 나타내야 한다는 사실을 고려하지 않은 것이다. 물론 우리는 죄의 깊이를 인식하는 수준에서도 자라가야 한다. 그러나 이것은 우리가 계속해서 악해지는 것을 의미하지 않는다. 성경은 우리가 복음의 은혜로 계속해서 더 나아져야 한다고 말한다.

디도서 본문의 문맥을 생각해 보라. 바울은 우리에게 잃어버린 사람들에게 '온유함'을 나타내는 방식으로 살라고 촉구한다(딛 3:2, NIV는 그것을 '겸손함'이라고 번역한다). 오직 우리는 복음의 변화를 경험한 후에야 그렇게 할 수 있다. 만일 우리가 이전의 우리의 상태와 하나님의 구원의 은혜를 알지 못한다면, 우리는 스스로의 공로를 내세우는 가운데 구원받지 못한 사람들을 끌어당기는 것이 아니라 오히려 밀어낼 것이다. 또 만일 우리가 은혜의 과정으로 우리의 점진적인 성화를 보지 못한다면, 우리는 아직 구원받지 못한 사람들에 대해 오래 참으며 기다려 주지 못할 것이다.

한 번은 대학교 신입생인 탈리아가 엄마에게 이렇게 말했다. "나는 무조건 엄마를 사랑하려고 노력하고 있어요. 그런데 엄마는 그런 나를 무척 힘들게 해요." 당신도 이렇게 느끼는가? 그렇다면 디도서 본문을 깊이 묵상해 보라. 그러면 당신이 하나님을 힘들게 할 때조차 그분이 당신을 무조건 사랑하신 것을 알게 될 것이다.

그러나 겸손을 담대함의 결여와 동일시하지 말라. 겸손한 담대함은 결코 모순이 아니다. 실제로 우리는 잃어버린 자들을 구원하는 복음의 능력을 깨달을 때 겸손함과 담대함으로 복음을 전파할 수 있다.

카라는 수년 동안 아버지를 그리스도께 이끌고자 애썼다. 그러다가 마침내 그에게 단도직입적으로 물었다. "아빠, 아빠는 언제 그리스도인이 될 거예요? 아빠는 언제까지 기다리기만 할 거예요?" 많은 사람들로 붐비는 식당에서 아버지와 마주앉은 그녀는 이제 때가 되었다고 느꼈던 것이다. 그리고 실제로 그랬다. 놀랍게도 그녀의 아버지가 "지금, 준비되어 있어"라고 대답한 것이다. 웨이터는 그들이 단순히 식사 기도를 한다고 여겼지만 그때 카라의 아버지는 예수님을 구주로 영접하는 기도를 하고 있었다.

겸손이 아닌 것

복음적인 겸손의 모범을 찾는 것은 쉬운 일이 아니다. 어떤 면에서 우리는 교만한 그리스도인을 발견한다. 그들은 우리가 피해야만 하는 일종의 오만한 종교를 만든다. 다른 측면에서 우리는 '관용'과 '열린 마음'을 내세우며 스스로 겸손하다고 주장하는 비그리스도인을 발견한다. 조만간 그것은 참된 겸손이 아니라고 드러날 것이다. 그런가 하면 어떤 사람들은 겸손 자체를 경멸한다. 그것을 일종의 유약함이나 심리적인 결함으로 여기는 것이다.

이와 같이 참된 겸손은 드물며 실제로 찾기도 어렵다. 그럼에도 우리는 그것을 추구하며 실현해야 한다. 왜냐하면 그것은 이 세상에서 아름답게 빛나는 미덕이기 때문이다. 정치 토크쇼에서 끊임없이 쏟아지는 말과 주장을 생각해 보라. 만일 어떤 패널이 겸손하며 온유한 인상을 준다면, 그는 곧 그 자리를 잃을 것이다. 그러나 우리는 포기해서는 안 된다. 겸손이 사람들을 복음으로 이끄는 것은 그것이 기독교의 핵심을 반영하기 때문이다. 그리스도께서 하늘을 떠나도록 충동한 것은 바로 그분의 겸손이었으며, 우리는 그것을 본받도록 부름을 받았다. 빌립보서 2장 1-11절을 깊이 묵상하라. 그리고 거기서 그리스도의 성육신과 우리의 겸손의 관계를 찾아보라.

오늘날 '관용에 사로잡힌' 세상에서 거짓 겸손은 점점 더 만연하는 것 같다. 대부분 천국에 이르는 유일한 길이 있다고 주장하는 사람들을 교만한 자들로 생각한다. 반대로 모든 종교가 같다고 생각하는 사람들은 겸손한 자들로 받아들인다. 그러나 잠시라도 그렇게 스스로 겸손하다고 자처하는 사람들의 말에 귀를 기울여 보면 그들로부터 관용의 불관용과 열린 마음의 교만을 간파하게 될 것이다.

언젠가 간디의 연설과 글들을 모은 책을 읽은 적이 있다. 그 책에는 기독교에 대한 그의 생각이 잘 나타나 있었는데, 나는 그 책에서 그가 청중에게 자신을 겸손한 사람이라고 자주 말하는 것을 보고 놀랐다. 얼마 후 내용은 거의 코미디 수준이 되었다. 나는 의아하게 생각했다. "만일 당신이 스스로 겸손하다고 계속 말한다면, 아마도 그것은 사실이 아닐 가능성이 높다."

많은 사람이 간디를 거의 성자에 가까운 인물로 추앙한다. 그러나 그들은 그에 대해 다시 생각해 볼 필요가 있다. 그는 예수를 잘못 인용하고 기독교의 표준 교리를 재해석하며 그 모든 것을 도무지 믿을 수 없는 것으로 격하시켰다. 그는 신앙에 대한 비정통적인 관점을 아무 거리낌 없이 받아들이는데, 그것을 보여주는 실례를 한 가지 생각해 보자.

내가 생각하기로 산상수훈에는 예수의 메시지가 순수한 형태로 포함되어 있다. 그리고 산상수훈의 메시지에 대한 나의 겸손한 해석은 많은 측면에서 정통적인 해석과 다르다. 내가 볼 때, 그 메시지는 서구에서 많은 왜곡을 겪었다. 그렇게 말하는 것은 주제넘은 일이겠지만, 진리를 신봉하는 자로서 나는 내가 느끼는 것을 말하기를 주저해서는 안 된다.[48]

오늘날 세계에는 간디의 제자들이 매우 많다. 지금 나는 그를 본보기로 삼는 자들에 대해 이야기하는 것이 아니다. 그가 가진 거짓 겸손의 정신이 오늘날 우리 문화를 지배하고 있으며 우리 문화 속에 깊이 배어 있다는 사실을 말하는 것이다. 그들은 우리의 신앙을 우리보다 더 잘 이해한다고 생각하면서, 감히 우리를 더 이상 아무도 회심시키려고 하지 않는 새로운 종교로 바꾸고자 시도한다. 그러면서 자신들의 포스트 계몽주의적인 세속주의 신앙은 결코 편협하지 않다고 주장한다. 그러나 그러한 외피(外皮) 속에 매우 편협하며 불관용적인 형태의 종교가 숨어 있다. 그것은 겸손과는 전혀 다른 것이다.

또 다른 측면에서 우리는 기독교적 오만을 발견한다. 우리가 진리를 가졌다는 사실은 우리에게 으스댈 자격을 부여해 주지 않는다.

나는 겸손하면서도 담대함의 본보기로서 장로교 목사이자 1960년대

---

48 Robert Ellsberg, ed., *Gandhi on Christianity* (Maryknoll, NY: Orbis, 1997), p.19. 겸손에 대한 간디의 주장은 23, 31, 35, 37, 43, 52, 53, 55, 61, 70, 102쪽에도 나와 있다.

에 유럽에서 복음전도자로 활동했던 프란시스 쉐퍼를 말하고 싶다. 그는 오늘날 우리가 본받을 필요가 있는 방식으로 지성과 복음주의적 열정을 기독교적 겸손과 결합시켰다. 쉐퍼는 전도하기 전에 먼저 사람들의 세계관의 '지붕을 벗겨낼' 필요가 있다고 말했다.[49] 이런 그의 생각은 오늘날에도 타당하다.

쉐퍼에 따르면, 모든 사람은 타락한 세상의 가혹한 현실의 피난처로서 기능하는 하나의 세계관을 축조(築造)하고 있다. 그가 스위스 알프스에서 도보여행을 하는 동안 발견한 피난처들은 사람들을 낙석과 눈사태로부터 보호하는 지붕을 가지고 있었다. 이런 방식으로 사람들은 어떤 것을 믿는데(예를 들어 하나님은 삶의 방식과 상관없이 모든 사람을 받아들일 것이다, 하나님은 결코 어떤 사람을 정죄하여 지옥에 떨어뜨리지 않을 것이다), 바로 이러한 믿음이 진정으로 고통스러운 삶의 현실과 부딪치지 못하도록 가로막고 있다는 것이다.

쉐퍼는 그리스도인 전도자들에게 몇 가지 질문을 던지면서 사람들의 생각 속에 있는 결함을 깨닫게 하는 방식으로 '지붕을 벗겨내는' 훈련을 시켰다. 그는 온유하게 사람들의 세계관이 결코 유지될 수 없는 것임을 보여주었다. 우리도 능숙해지기 어렵겠지만 이러한 기술을 익혀야 한다. 그것은 21세기를 위한 가장 핵심적인 전도 기술 중 하나가 될 수 있다.

나는 많은 사람들이 이 부분에서 쉐퍼를 잘못 인용하는 것을 들었다.

---

49 Francis A. Schaeffer, *A Christian View of Philosophy and Culture in The Complete Works of Francis A. Schaeffer: A Christian Worldview* (Wheaton, IL: Crossway, 1982), 1:140.

그들은 그가 사용한 '지붕 벗겨내기'라는 용어를 사용하는 대신 "우리는 사람들의 지붕을 무너뜨릴 필요가 있다"라든지 "우리는 사람들의 머리 위에서 그들의 지붕을 박살낼 필요가 있다"라고 말한다. 심지어 더 심한 왜곡도 있다. 이러한 표현 뒤에 설명하기 어려운 분노가 숨어 있다는 것을 쉽게 간파할 수 있다.

어쨌든 쉐퍼는 담대함과 긍휼 사이의 균형을 발견했다. 그는 이러한 과정이 불신자에게 고통스러울 수 있음을 인정했다. "눈사태에 함몰되는 것은 유쾌하지 않은 일이지만, 우리는 사람들이 이러한 과정을 지나가게 해야 한다. 그러면서 그들은 자신들의 시스템이 인생의 결정적인 문제에 아무 대답도 줄 수 없음을 깨닫게 될 것이다. 그들은 그들의 지붕이 눈사태를 막아 주는 온전한 보호막이 아니라는 사실을 알게 되는 데까지 이르러야 한다. 그때 우리는 그들에게 하나님의 심판의 눈사태에 대해 말해 줄 수 있게 된다."[50]

그러나 쉐퍼는 사랑과 눈물로 이러한 대화를 해야 한다고 말한다. 만일 일차적인 동기가 영혼을 구원하는 것이 아니라 전투에서 승리하는 것이라면, 우리는 그리스도의 겸손과 우리가 "어리석은 자요 순종하지 아니한 자요 속은 자요 여러 가지 정욕과 행락에 종노릇한 자"였을 때 사람들이 우리에게 보여준 오래 참음을 깊이 묵상할 필요가 있다.

50 앞의 책.

전도를 위한 팁

어떻게 가족이나 친척에게 겸손하게 복음을 전할지는 다음과 같은 세 가지 범주에서 고려해 봐야 한다. 우리가 하나님께 말하는 것, 가족이나 친척에게 말하는 것, 우리가 말하지 않기로 선택하는 것. 다시 말해서 우리는 기도하기와 말하기와 듣기의 주제를 고려할 필요가 있다.

기도하기

몇 해 전, 다섯 살이었던 아들 데이비드는 비그리스도인 사촌 형제에게 다음과 같은 질문을 받았다. "네 아빠는 무슨 일을 하시니?" 심지어 나도 '캠퍼스 사역자'라는 직업을 유대인 친척들에게 설명하기 어려워한다. 그러나 데이비드는 잠깐 생각한 후 이렇게 대답했다. "우리 아빠는 일종의 작은 선교사야." 그러나 이 대답은 사촌 형제에게 도움이 되지 못했다.

데이비드가 나중에 나에게 이 대화에 대해 이야기했을 때, 나는 그에게 무슨 뜻으로 '작은 선교사'라고 했는지 물었다. 그러자 그는 이렇게 대답했다. "나는 사도 바울이 큰 선교사라고 생각했어요. 그러니까 아빠는 작은 선교사지요."

다섯 살 아이에게 그것은 매우 훌륭한 논리였다. 실제로 여기에는 어느 정도 도움이 되는 통찰이 담겨 있다. 만일 '큰 선교사'인 바울이 전도를 위해 기도를 요청했다면, 하물며 '작은 선교사'인 우리는 얼마나 더 기도에 의존해야 하겠는가? 골로새인들에게 편지를 쓸 때, 바울은 그들에게 이렇게 요청했다. "우리를 위하여 기도하되 하나님이 전도할 문을 우리에게 열어 주사 그리스도의 비밀을 말하게 하시기를 구하라 내가 이 일 때문에 매임을 당하였노라 그리하면 내가 마땅히 할 말로써 이 비밀을 나타내리라"(골 4:3-4). 바울은 고린도인들에게 나아갈 때 약하고 두려워하며 심히 떨었다(고전 2:3). 바울이 그토록 두려워하며 떠는 가운데 자신을 위해 기도해 줄 것을 요청했다면, 우리가 전도를 하면서 두려워 떠는 것은 얼마나 당연한 일이겠는가? 우리에게 기도는 상상하는 것보다 훨씬 더 큰 도움이 된다.

전도를 불가능한 것으로 생각할 때, 우리는 더욱 힘써 기도하게 된다. 예수님은 우리에게 이렇게 말씀하셨다. "나를 보내신 아버지께서 이끌지 아니하시면 아무도 내게 올 수 없으니"(요 6:44). 또 이렇게 말씀하셨다. "나를 떠나서는 너희가 아무 것도 할 수 없음이라"(요 15:5). 이러한 말씀을 나란히 놓고 생각할 때, 분명 전도는 양쪽 모두에게 기적을 요구하는 것이다. 나의 비그리스도인 친척이 그리스도께 나가기 위해서는, 하나님이 초자연적으로 그들을 이끄셔야만 한다. 내가 그들의 귀에 진리처럼 들리는 말을 하기 위해서는, 하나님이 내 안에서 초자연적으로 역사하셔야 한다. 이러한 사실을 기억할 때, 나는 기도를 더 많이 의지하고 나의 수사학적 기술은 적게 의지하게 된다.

기도는 겸손의 궁극적인 표현으로 우리의 시간과 노력을 우리가 '무엇인가를 행하는' 것으로부터 단순히 무릎을 꿇고 하나님께 '무엇인가를 행해 달라고' 구하는 것으로 옮기는 것을 의미한다. (무릎을 꿇고 기도하는 것은 우리의 내적 태도를 '자기 자신을 의지하는 것'으로부터 내려놓는 데 도움이 된다. 그것은 우리의 몸을 스스로 어떻게 할 수 없는, 무력한 의존의 자세로 놓는 것이다.)

폴 밀러는 그의 책 『일상 기도』(CUP, 2011)에서 '기도 = 무력함'이라는 공식을 제시한다. 그는 이렇게 주장한다. "하나님은 우리가 수고하고 무거운 짐을 진 채 빈손으로 나오기를 원하신다. 우리가 예수님을 영접하는 것은 우리가 약하기 때문이다. 바로 이것이 우리가 그분을 따르는 방법이다."[51] 그리고 계속해서 이렇게 덧붙인다. "기도하는 시간은 당신을 하나님께 더욱더 의존하게 만든다. 기도하는 동안 당신은 어떤 '생산적인' 활동도 할 수 없다. 그러므로 기도하는 것은 우리가 하나님을 전적으로 의지하는 것을 의미한다."[52]

우리가 불신 가족의 구원을 위해 기도하는 것은 그들을 하나님께 맡기는 것을 의미한다. 우리는 그들의 구원이 우리에게 달려 있다는 교만한

---

51 Paul E. Miller, *A Praying Life: Connecting with God in a Distracting World* (Colorado Springs: NavPress, 2009), p.54–55. 『일상 기도』(CUP, 2011).

52 같은 책.

믿음을 포기하고, 우리가 할 수 있는 유일한 것이 기도임을 받아들인다. 우리의 기도는 두 가지 방향으로 역사한다. 가족에 대한 통제권을 포기하는 것과 하나님이 그들의 마음속에서 일하시도록 간구하는 것이다.

가족을 위한 우리의 기도는 전혀 예상하지 못한 방향으로 우리를 이끈다. 처음에 "하나님이여, 그들에게 할 말을 주옵소서"라고 기도했던 것이 나중에 "주여, 내가 할 수 없는 방식으로 그들에게 다가갈 수 있는 다른 사람들을 그들의 삶 가운데로 이끌어 주옵소서"라는 기도로 바뀔 수 있다. 혹은 처음에 "아버지여, 그들의 마음이 아버지의 말씀 앞에 열리게 하옵소서"라고 기도했던 것이 나중에 "하나님이여, 내가 하나님의 때를 기다리며 쉬게 하옵소서"라는 기도로 바뀔 수 있다. 또 당신은 "주여, 나의 가족이 복음을 받아들이게 하옵소서"라고 기도했다가 곧바로 이렇게 덧붙일 수 있다. "아버지여, 내가 가족을 향한 아버지의 주권적인 뜻에 순복하게 하옵소서. 내가 '내 뜻이 아닌 아버지의 뜻대로 되기를 원하나이다'라고 기도할 수 있도록 도우소서."

말하기

겸손은 다양한 방식으로 스스로를 표현한다. 우리가 하는 말은 구원받지 못한 우리의 가족이나 친척의 마음을 부드럽게 만들 수 있다. 야고보는 혀의 역할을 배를 움직이는 키와 비교한다. "배를 보라 그렇게 크고 광풍에 밀려가는 것들을 지극히 작은 키로써 사공의 뜻대로 운행하나니 이와 같이 혀도 작은 지체로되 큰 것을 자랑하도다"(약 3:4-5). 그러므로 우리는 말을 주의 깊게 선택해서 해야 한다. 그래야 그들에게 박식한 척하는 사람이나 엄한 주인 대신 우리 구주의 대사(大使)로 다가갈 수 있게 된다.

때로 우리는 물음을 통해 겸손을 표현한다.

로니는 팀 동료인 냇의 팔을 낚아채면서, 방금 잘못된 판정을 한 심판에게 주먹을 날리지 못하게 막았다.

"정말로 너는 순간적인 분노로 인생이 망가지기를 바라니?" 로니가 물었다. 이러한 물음은 냇의 주먹과 마음을 모두 열었다. "이런 경우 나는 정말로 참을 수가 없어."

그러자 로니가 이렇게 말했다. "내가 너를 도울 수 있을 거야. 이제 흥분하지 말고 조용히 시합을 끝내자, 오케이?"

겸손하게 로니는 분노와 끊임없이 싸워왔음을 고백하면서, 그리스도께서 어떻게 자신을 그런 상태에서 구원하기 시작하셨는지를 이야기했다. 이러한 겸손함으로 로니는 팀 동료를 그리스도께 이끌었다. 시합이 끝난 후 라커룸에서 말이다. (그날 그들은 심판의 잘못된 판정으로 시합에서 졌다. 만일 그들이 이겼다면, 어쩌면 복음을 제시할 기회는 없었을지 모른다. 종종 패배는 복음을 위한 길을 열어 준다.)

때로 우리는 상대의 허락을 구하는 물음을 통해 겸손을 나타낸다.

사람들에게 "오늘 나와 함께 영적인 문제에 대해 토론해 보면 어떨까?"라는 말은 "만일 네가 오늘 죽는다면, 천국에 갈 확신이 있니?"라는 말보다 덜 위협적으로 들린다. 상대의 허락을 구하는 물음은 두 가지를 성취한다.

첫째, 상대가 갖고 있는 통상적인 저항감을 내려놓도록 만든다. 그러한 물음은 지금 당장 종교에 대해 이야기하지는 않겠다는 의미를 함축하기 때문이다. 둘째, 당신이 나중에 (즉 그가 허락했을 때) 이야기하게 될 것에 대해 마음을 열게 만든다. 그래서 극적으로 다른 결과를 만들어 낼 수 있다.

어느 날 저녁식사 시간에 한 영업사원이 나에게 전화를 해서 이렇게 말했다. "뉴먼 씨, 저는 알루미늄 패널 회사의 영업사원입니다. 우리는 다음 주 화요일에 당신의 동네에 갈 예정입니다. 당신을 위해 무료로 견적을 내 드릴 수 있는데 몇 시쯤 가면 좋을까요?"

나의 대답은 "아닙니다"였다. "우리 집에 오실 필요 없습니다. 그리고 이런 종류의 전화는 다시 하지 않았으면 좋겠습니다."

그러나 얼마 후 나는 딱따구리들이 우리 집 뒷면의 나무 패널을 망가뜨린 것을 발견했다. 나는 페인트 업을 하는 친구에게 전화해서 잠깐 우리 집에 와서 망가진 나무 패널을 봐 달라고 요청했고 그는 나에게 알루미늄 패널로 교체할 필요가 있다고 말했다. 그러면서 이 분야에 뛰어난 회사를 추천해 주었다. 나는 즉시 그 회사에 전화를 했고, 그들은 음성 메시지를 남겼다.

그날 저녁식사 시간에 어떤 사람이 전화를 걸어 이렇게 말했다. "뉴먼 씨, 저는 알루미늄 패널 회사의 영업사원입니다. 우리는 다음 주 화요일에 당신의 동네에 갈 예정입니다. 당신을 위해 무료로 견적을 내 드릴 수 있는데 몇 시쯤 가면 좋을까요?"

내가 어떻게 대답했는지 아는가? "아무 때나 좋습니다. 빠르면 빠를수록 좋지요."

어떤 차이가 있었는가? 첫 번째 경우에는 내가 그들에게 전화해도 좋다는 허락을 한 적이 없었다. 반면 두 번째 경우에는 그렇게 하도록 허락했다. 바로 이 차이였다. 마찬가지로 우리가 어떤 사람들에게 우리의 믿음의 비밀을 나누어도 좋을지 허락을 구하고 그들이 허락할 때, 복음을 전하는 과정은 훨씬 더 부드럽게 진행된다. 허락을 구하는 것은 그들의 시간을 존중하는 마음을 표현하면서 동시에 겸손을 나타내는 방법이다.

만일 그들이 허락하기를 거절한다면, 그것 역시 우리에게 좋은 일이다. 왜냐하면 그들이 복음을 들을 준비가 되어 있지 않다는 사실을 알게 되었기 때문이다. 닫힌 귀에는 복음이 들어가기 어렵다. 그러므로 우리는 상대방이 우리의 제안을 거절할 때, 겸손하게 골방으로 돌아가 하나님께 그들의 마음을 변화시켜 달라고 기도하면 된다.

때로 우리는 뉴스를 해석하는 방법으로 겸손을 나타낸다. 뉴스에 나오는 사건이나 사람들에 대한 우리의 평가는 겸손함과 교만함을 반영하고 사람들이 우리에게 복음을 듣는 방식에도 영향을 끼친다. 예를 들어 어떤 정치인이 섹스 스캔들에 휘말렸을 때, 우리는 다음과 같이 말하려는 유혹을 받을 수 있다. "아니, 왜 저렇게 우둔해! 그는 정말로 자신이 스캔들에 휘말리지 않을 거라고 생각한 거야?"

그러나 우리는 이러한 사건을 성경의 렌즈를 통해 봐야 한다. 그 정치인의 문제가 단순히 지적인 우둔함의 문제인가? 그렇지 않으면 다른 어떤 문제인가? 사람들이 성매매를 하거나 불륜에 빠지거나 인터넷 포르노 사이트에 접속하는 것은 그들이 지적으로 우둔하기 때문이 아니다. 그들이 죄인이기 때문이다. 육체의 정욕이 그들을 붙잡고 있는 것이다. 결국 그들에게 필요한 것은 단순한 지적인 교육이 아니라 영적인 구원이다.

유명인의 도덕적 파산에 관한 뉴스를 들었을 때, 겸손한 사람은 이렇게 반응한다. "누구든지 저런 시궁창 속으로 유혹당할 수 있어. 상당한 정도의 권력과 기회가 주어진다면, 대부분 저런 유혹에 저항하기 쉽지 않을 거야." 죄를 직시하면서 슬퍼하는 겸손한 태도는 "결코 나는 저렇게 우둔하지 않아"라고 말하는 정죄와 자랑의 태도보다 십자가를 훨씬 더 잘 나타낸다.

때로 겸손과 교만의 차이는 사소한 단어에서 흘러나올 수 있다. '당신'과 '우리'라는 단어는 큰 차이를 만든다. "우리 모두는 죄 사함을 받을 필요가 있습니다"라는 말은 "당신은 회개할 필요가 있습니다"라는 말보다 훨씬 더 받아들이기 좋다.

큰 차이를 만드는 또 다른 단어는 '유감입니다'(I'm sorry) 앞에 나오는 말이다. 만일 당신이 "혹시 당신에게 상처를 주었다면 유감입니다"라고 말한다면, 그것은 진정한 사과처럼 들리지 않는다. 오히려 다음과 같은 책망의 인상을 줄 수도 있다. "내가 유감이라고 말하기는 하지만, 진짜 문제는 당신이 너무 예민하다는 것이에요." 따라서 그렇게 말하는 대신 "당신에게 상처를 주어 유감입니다"(I'm sorry that I hurt you)라고 말하는 것이 좋다. 그게 훨씬 더 좋은 사과다. 더 좋은 방법은 "유감입니다" 대신 "내가 잘못했습니다. 내가 그렇게 하지 말아야 했습니다"라고 말하는 것이다. 그 차이를 알겠는가?

우리가 할 수 있는 가장 겸손한 말 가운데 하나는 '나는 모릅니다'이다. 이 말은 복음에 대한 사람들의 마음을 열게 만드는 쇠 지렛대와 같다.

스콧과 불가지론자 아버지 월터의 관계는, 스콧이 세상의 모든 악과 고통에 대한 설명을 요구하는 아버지에게 더 이상 대답하기를 중단했을 때 극적으로 개선되었다. 암, 착취, 전쟁, 유전적 결함 등에 대해 철학적으로 해석하려 했던 모든 시도는 월터의 강퍅한 마음 앞에서 여지없이 추락하고 말았다. 월터는 그리스도인을 '무엇이든 다 아는 척하는' 사람들로 생각했으며, 아들도 그런 사람들 중 한 사람이라고 여겼다. 그러다가 9·11 사태가 일어났다. 그때 스콧은 겸손하게 인정했다. "아빠, 나도 어째서 이런 일이 일어나는지 몰라요. 정말 알고 싶어요." 그러자 월터는 자신도 마찬가지라고 인정했다.

또한 '모릅니다'는 악과 고통에 대한 질문을 훨씬 부드럽게 만든다. 사람들이 묻는 질문에 대한 답을 알지 못할 때 우리의 무지를 인정하면서 "나도 알고 싶습니다"라고 덧붙이면, 사람들에게 겸손을 나타낼 수 있게 된다. 그리고 그것은 종의 태도, 즉 상대가 좋은 대답을 찾는 데 기꺼이 도울 준비가 되어 있다는 태도를 나타내는 것이 된다.

겸손한 상호 작용을 위한 이 모든 제안은 의사소통이 어렵다는 전제로부터 나온다. 우리 가운데 오직 극소수의 사람만 의사소통의 기술을 자유롭게 사용한다. 겸손한 사람들은 자주 "내 말이 이해가 됩니까?"라든지 "내가 지금 당신의 말을 제대로 이해하고 있습니까?"라고 묻는다. 또 그런 사람들은 "그러니까 당신이 말씀하시는 것은…"이라든지 "당신이 말씀하시는 것을 내가 다시 말해 볼까요?"라는 말도 자주 사용한다.

또한 이러한 형태의 의사소통은 대화와 설교가 전혀 다르다는 사실을 전제한다. 설교자가 강단 위에 서서 복음을 전파할 때, 그는 권위와 담대함을 나타낼 필요가 있다. 그 장소가 그것을 요구한다. 그러나 우리가 스타벅스에 친구와 함께 앉아 대화할 때, 우리의 어투와 음량과 어휘와 태도는 모두 부드러워질 필요가 있다. 우리는 설교에서 대부분의 변증(辨證)을 배운다(여기서는 잘못된 것이 아무것도 없다). 그러나 그것을 보통의 대화에서 표현할 때 문제가 생긴다. 일단 그 차이를 이해하면 그것을 조정할 수 있지만, 그렇게 하지 못하면 우리 자신에게만 설교하다가 끝날 수 있다.

베드로는 복음을 변증할 때 가져야 할 태도를 이렇게 표현한다. "너희 마음에 그리스도를 주로 삼아 거룩하게 하고 너희 속에 있는 소망에 관한 이유를 묻는 자에게는 대답할 것을 항상 준비하되 온유와 두려움으로 하고"(벧전 3:15). 이러한 태도는 그리스도 앞에서의 겸손으로 시작해서 사람들 앞에서의 겸손으로 정점에 이른다.

듣기

대부분의 전도훈련 세미나는 오직 무슨 말을 할 것인지에 초점을 맞춘다. 그러나 우리는 어떻게 들을 것인지에 대해서도 고려할 필요가 있다. C. S. 루이스는 겸손과 관련하여 이렇게 말했다. "당신이 정말로 겸손한 사람을 만난다면, 그가 오늘날 대부분의 사람들이 겸손하다고 여기는 종류의 사람일 것이라 생각하지는 말라. 그는 지나치게 나긋나긋하면서 자신은 아무것도 아니라고 말하는 등 듣기 좋은 말만 하는 사람과는 거리가 멀 것이다. 아마도 그는 당신이 말하는 것에 큰 관심을 갖는 매우 명랑하며 재치 있는 친구 정도로만 보일 것이다. 만약 당신이 그를 좋아하지 않는다면, 아마도 그것은 당신이 인생을 그처럼 쉽게 즐기는 사람에 대해 약간의 시기심을 느끼기 때문일 것이다. 그는 겸손에 대해 생각하지 않으며, 자신에 대해서도 전혀 생각하지 않을 것이다."[53]

나는 루이스가 말한 '듣기 좋은 말만 한다'는 부분을 자신에 대한 관심을 내려놓을 필요가 있다는 부분만큼 신경 쓰지 않는다. 주의를 기울여 듣고, 질문을 하며, 진정한 관심을 나타내는 것은 굉장히 빠른 속도로 움직이는 오늘날의 멀티태스킹 사회에서 매우 희귀하다. 우리 가운데 어떤 사람들은 주의를 기울여 듣는 것이 거의 불가능할 정도로 주의가 분산되어 있다. 그러나 하나님 나라와 이웃을 사랑하기 위해, 우리는 거의 잃어버린 그 기술을 되찾을 필요가 있다.

야고보는 "듣기는 속히 하고 말하기는 더디 하며 성내기도 더디 하라"(약 1:19)고 훈계한다. 그러나 대부분의 사람은 듣기보다 말하기를 원하고, 자기 말을 하기를 좋아한다.

이것이 특히 가족에게 복음을 전할 때 문제가 되는 데는 두 가지 이유가 있다. 첫 번째는 우리가 복음을 전하고 있기 때문이며, 두 번째는 그들이 가족이기 때문이다. 진리를 믿는 우리는 우리의 세계관이 비그리스도인보다 더 낫다는 것을 안다. 따라서 우리는 그들의 이야기와 의견을 참을성 있게 듣지를 못한다. "그런 말도 안 되는 소리는 그만 멈추고, 이제 내가 말하는 진리를 들으세요." 그들이 이야기할 때 갑자기 끼어들어 이렇게 말하지 않기 위해서는 초자연적인 겸손이 필요하다. 당신이 그리스

---

53 C. S. Lewis, Mere Christianity (New York: Touchstone, 1996), p.114.『순전한 기독교』(홍성사, 2001).

도게 나오기 전에 말하던 것을 생각해 보라. 그리고 그때 하나님이 당신에 대해 얼마나 오래 참으셨는지 생각해 보라.

우리가 참을성 있게 듣지 않고 곧바로 설교로 뛰어들기 원하는 것은 그들이 가족이기 때문이다. 우리는 그들이 무슨 말을 하려고 하는지 안다고 생각한다. 수없이 그들의 말을 들어왔고 쉽게 그들의 말을 막을 수 있다. (종종 우리는 그들의 말을 막으면서 전도의 가능성을 스스로 차단한다. 필요할 때 혀에 재갈을 물리게 해 달라고 하나님께 간구하라.)

전도 세미나를 인도할 때, 나는 듣기 훈련에 많은 시간을 할애한다. 사람들을 둘씩 짝을 짓게 하고, 서로 이상한 종류의 대화를 하게 한다. 한 파트너가 자신이 원하는 주제에 대해 말한다. 그러면 다른 파트너에게는 오직 질문하는 것만 허용된다. 내가 이런 '규칙'을 설명할 때, 많은 사람들은 시큰둥한 표정을 짓는다. 마치 이렇게 생각하는 것 같다. "이것은 내가 전도훈련 세미나에 온 목적이 아니잖아!"

몇 분 동안 이런 훈련을 한 후, 나는 사람들에게 피드백을 요구한다. 이 경우 항상 질문하는 것만 허용된 사람들은 그렇게 하는 것이 매우 어려웠다고 말한다. 그들은 모두 갑자기 끼어들어 자신의 이야기를 하기 원한다. 그러나 나는 그들에게 상대가 말하는 중에 갑자기 끼어드는 수다쟁이가 되지 말라고 경고한다.

"나도"(me too)는 상대가 이야기하는 도중에 끼어들 때 흔히 사용하는 말이다. 그들은 지금 당신에게 힘든 하루를 보냈다고 말한다. 그러나 당신은 '나도'라고 말하면서 그들의 말을 가로막고 당신의 이야기를 하고 싶어 한다.

이보다 더 자주 사용되는 말은 '그것은 마치'(that's like)이다. 이것은 더 나쁜 침입자이다. 예를 들어 그들이 지금 새 옷을 구매하게 된 과정에 대해 말하고 있는데, 당신이 갑자기 그들의 말을 가로막으면서 "그것은 마치 내가 새 모자를 살 때와 같군요. 내가 새 모자를 어떻게 사게 되었는지 말씀드릴게요"라고 말하는 것이다.

상대가 말할 때 갑자기 끼어들어 자신의 이야기를 하는 것은 "나는 당신에게 아무 관심 없어"라고 말하는 것과 똑같다. 이것을 해결하기 위해서는 외적인 방향과 내적인 방향, 두 가지로 생각해 봐야 한다. 외적인 해결책은 앞서 언급한 표현들(나도, 그것은 마치, 그런데요 등)을 사용하지 않도록 입술을 훈련시키면서, 상대가 계속 말하도록 질문을 하는 것이다(좀 더 자세히 말씀해 주시겠어요, 그래서 어떻게 느끼셨어요, 다음에 무슨 일이 일어났어요 등). '정말이에요? 와, 놀랍네요!' 같은 말이나 '정말 엉망진창이네요, 그 순간 정말 굉장한 느낌을 받으셨겠어요, 당신 때문에 정말 행복해요' 등과 같은 짤막한 논평은 상대가 계속해서 이야기하도록 이끌 수 있다.

상대의 말에 귀를 열고 더 잘 들을 수 있게 하는 내적인 해결책은 우리의 영혼을 하나님의 압도적인 사랑으로 채우는 것이다. 사랑을 위한 당신의 필요가 위로부터 만족될 때, 당신은 다른 사람들의 관심을 덜 구하게 될 것이다. 당신은 하나님께 받은 사랑 때문에 그들을 사랑할 수 있게 되고, 그때 겸손하게 그들의 말에 귀를 더 잘 기울일 수 있게 될 것이다. 이것은 임시변통을 위한 응급조치가 아니다. 이러한 종류의 사랑의 능력은 오랫동안 훈련한 기도와 묵상의 부산물이다.

치유의 경청

우리는 한 가지 독특한 종류의 경청을 특별히 주목할 필요가 있다. 가정은 사랑과 지지의 잠재력을 가지고 있지만, 다른 한편으로는 학대의 현장이 될 수도 있다. 하나님이 보호와 양육을 위해 계획하신 장소가 가장 나쁜 종류의 학대와 고통을 당하는 마귀의 과녁이 되는 것이다. 학대당한 자녀가 성인으로 자라 자신의 고통스러운 과거를 기억하기 시작할 때 그 안에 큰 분노가 일어날 수 있다. 그런 사람들 가운데 많은 이들은 하나님을 향한 분노를 그리스도인들 위에 터뜨린다. 당신이 이러한 희생자들 가운데 한 사람과 연결될 때(예컨대 결혼 관계나 혹은 친구 관계 등으로), 그들로부터 애매하게 학대를 당할 수 있다.

상담사면서 작가인 데이비드 포울리슨은 학대의 희생자들이 회복될 수 있다는 사실을 알 필요가 있다고 말한다. 그는 회복 과정에 도움이 되는 글을 많이 썼는데, 다음과 같은 예리한 조언으로 현실과 희망 사이에서 균형을 맞춘다. "당신은 손톱을 물어뜯는다고 해서 나아지는 것이 아무것도 없다는 사실을 이미 안다. 또 '모든 게 다 잘될 거야'라는 식의 가벼운 대답이 아무 도움이 되지 않는다는 것도 안다. 그러나 당신이 결코 잊어서는 안 되는 두 가지 사실이 있다. 그것은 당신이 혼자가 아니라는 것과 당신에게 희망이 있다는 것이다."[54]

---

54 David Powlison, Recovering from Child Abuse: Help and Healing for Victims, http://www.ccef.org/recovering-child-abuse-help-and-healing-victims-part-1 and http://www.ccef.org/recovering-child-abuse-help-and-healing-victims-part-2. 이것은 포울리슨의 소책자에서 편집한 것이다. *Recovering from Child Abuse: Healing and Hope for Victims* (Greensboro, NC: New Growth Press, 2008).

만일 당신이 어떤 사람으로부터 학대의 영향이 진행되는 과정에 대해 들을 때, 당신에게는 동정심과 지혜와 담대함이 필요하다. 동정심은 그 사람에 대해 공감을 나타내고 인내심을 가지고 들으며, 큰 아픔을 느끼게 할 것이다. 그와 함께 눈물을 흘리면서 그가 받은 학대에 대해 분노를 표현하기를 두려워하지 말라. 한편 지혜는 당신이 쓰라림 대신 치유의 방향으로 대화를 진행시켜 나가는 법을 알게 해줄 것이다. 또 담대함은 그러한 대화가 자칫 일을 더 악화시키는 방향으로 나아가지 못하도록 막아줄 것이다.

한 여자가 나에게 언니와 관련된 생생한 이야기를 해 주었다. 그녀는 언니의 전체적인 정체성이 과거의 트라우마로 완전히 포위되어 있는 것을 깨달았다. 어떤 의미에서 그녀의 언니는 20년 전에 일어난 사건들에게 여전히 학대를 당하고 있었다. 그녀는 "당신의 정체성이 당신의 학대보다 더 크다"와 "당신의 이야기가 당신의 학대보다 더 크다"라는 포울리슨의 통찰력 있는 메시지를 들을 필요가 있었다.[55]

또 학대로 인한 하나님에 대한 분노는 복음의 초청을 피하게 하는 좋은 핑계가 되기도 한다. 하나님을 향해 주먹질을 하는 동안, 그들은 그분의 은혜의 초청을 거절하는 것이 지극히 정당하다고 느낀다. 그들은 자신들이 짓는 죄에 대해 책임을 면할 수 있다고 느낀다. 왜냐하면 학대로 이미 충분히 고통을 받았다고 생각하기 때문이다.

모든 학대 회복 프로그램이 치유로 이끄는 것은 아니다. 어떤 사람들

---

55 앞의 책.

은 고통을 부인하는 것으로부터 고통을 깨닫는 것, 고통을 분석하는 것, 나아가 고통으로 인해 분노하는 것으로 진행된다. 그들은 여전히 고통 가운데 있는 것이다. 나는 '회복된' 희생자들의 간증을 많이 들었다. 그러면서 그들은 단순히 "나는 이러저러한 고통 가운데 있었지만 그 이유를 알지 못했습니다"로부터 "나는 여전히 고통 가운데 있지만 이제 그 이유를 말할 수 있습니다"로 바뀐 것에 불과한 것이 아닌지 의심했다. 그들 가운데 어떤 사람들은 당신이 듣기 원하는 것 이상을 말해 줄 수 있다.

이렇게 상처받은 사람들의 말을 충분히 듣고 난 후, 우리는 '사랑 가운데 진리를 말함으로써' 그들을 고통으로부터 떼어 놓고자 다양한 각도와 방법으로 애쓸 필요가 있다. 그러나 중요한 것은 그들을 치유로 이끄는 것이다. 결국 그 과정에서 은혜가 우리의 변함없는 목표가 되어야 한다. 우리는 다음과 같이 말할 수 있다.

"당신이 그토록 큰 학대를 당한 것을 생각하니 내 마음이 너무나 안타깝습니다. 나는 어떤 방법으로든 당신을 지지해 주고 싶습니다. 그러면 당신이 필요한 도움을 발견할 수 있을 것입니다. 그리고 하나님은 당신이 갈망하는 치유와 온전함을 가져다주실 것입니다."

"나는 당신이 분노를 느끼는 것을 충분히 이해합니다. 하지만 당신이 남은 인생까지 그런 상태에 머물지는 않기를 바랍니다."

"나는 당신이 과거의 상처로부터 조금씩 벗어나고 있는 것이 무척 기쁩니다. 당신이 단순히 과거의 사건들을 이해하는 데 머무는 것이 아니라 온전한 자유와 은혜를 얻는 데까지 계속 나아갈 수 있도록 기도하겠습니다."

"나는 어째서 그런 일이 당신에게 일어났는지 알지 못합니다. 그것은 참으로 유감입니다. 그러나 당신은 혼자가 아닙니다. 예수님의 메시지 안에서 해답을 발견한 사람들이 많습니다. 그들도 가장 가혹한 방식으로 학대를 당했지만 그들의 상처는 다른 이들이 상처로부터 자유로워지는 데 큰 도움이 되었습니다. 당신의 상처를 치유하기 위해 그들에게 도움을 청해 보면 어떨까요?"

만일 우리가 우리의 상처와 증오심과 하나님에 대한 우리의 배신을 인정한다면, 우리는 씻음과 거듭남과 새로워짐의 은혜를 경험할 수 있을 것이다. 그리고 그러한 은혜의 통로를 통해 그것을 필요로 하는 다른 사람을 겸손하게 섬기게 될 것이다.

스포츠 역사를 빛내는 유명한 사진 두 장이 다른 사람들을 전도하고자 하는 우리의 노력과 관련하여 서로 상반되는 이미지를 보여준다. 첫 번째 사진은 1965년 무하마드 알리가 링 한 가운데 쓰러진 소니 리스튼을 조롱하는 듯한 눈빛으로 쏘아보는 사진이다. 1회전 중반에 알리는 펀치 한 방으로 리스튼을 쓰러뜨렸다. 알리는 "젖먹이 녀석아, 일어나 덤벼!"라고 소리 지르면서 빨리 일어나 다시 싸우자는 동작을 취했다.

나는 이것이 일부 그리스도인이 전도를 바라보는 시각이라는 생각이 든다. 그들은 이렇게 말하는 자신을 상상한다. "덤벼! 있는 힘을 다해 때려 봐. 어떤 질문이든 던져 봐. 진화론이든, 부활이든, 악과 고난이든, 성경의 불합리성에 대해서든 무엇이든 물어봐. 아무 문제없어. 나는 그 모든 것에 반박할 수 없는 해답을 가지고 있어. 그러나 바보들은 내 말을 듣고도 믿지 않을 거야."

이것은 효과를 극대화하기 위해 좀 과장해서 말한 것이다. 그러나 어떤 그리스도인의 전도하는 모습을 보면, 그렇게 심한 과장도 아니다. (나는 어떤 전도자가 그를 비방하는 사람들을 '뇌가 없는 사람들'이라 말하며 조롱하는 것을 들은 적이 있다.) 이런 종류의 오만은 권투 선수들에게는 도움이 될 수 있을지 모르지만, 복음을 진척시키는 데는 아무런 도움이 되지 않는다.

또 한 장의 사진은 1992년 바르셀로나 올림픽 400m 단거리 경주 준결승에서 찍은 데릭 레드몬드의 사진이다. 그 사진은 많은 사람들의 뇌리에 생생하게 남아 있다. 그는 마지막 턴 지점에서 넘어졌다. 지금까지 여러 차례 부상을 당했던 레드몬드는 마지막 올림픽 출전이 될 이번 올림픽에서 꼭 메달을 따기 바랐다. 그러나 갑작스러운 햄스트링 부상으로 그는 필드 바닥에 고꾸라졌다. 당시 고통이 너무나 예리하고 날카로워서 그는 마치 총을 맞은 것 같았다고 말했다.

레드몬드는 극심한 고통 가운데 절뚝거리며 결승선을 향해 걸어가기 시작했다. 그때 미지의 인물이 그를 돕기 위해 스탠드에서 뛰어 내려왔지만, 곧바로 경기 진행요원들에게 제지당했다. 그러나 한 안전요원에게 몇 마디 이야기하고 난 후, 그는 레드몬드를 부축하고 따라가도록 허락받았다. 그는 레드몬드의 아버지였다. 그리하여 두 사람은 결승선까지 절뚝거리며 걸어갔다. 고통으로 일그러진 레드몬드의 얼굴에서 눈물이 흘러내렸다. 그때 그의 아버지는 그의 귀에 격려의 말을 속삭였다. 그들이 함께 결승선을 통과할 때, 그들은 몇 분 전 결승선을 통과한 다른 선수들보다 더 큰 박수갈채를 받았다.

나는 두 번째 사진을 더 좋아한다. 그것이 우리가 전도할 때 가져야 하는 마음과 태도를 묘사한다고 생각한다. 어떤 의미에서 우리는 부상을 당한 자들을 부축하며 십자가의 결승선을 향해 함께 절뚝거리며 나아가는 동료다. 그러므로 우리는 겸손하게 함께 걸으면서 이렇게 말해야 한다. "괜찮습니다. 예수님이 이미 우리를 위해 이 길을 달리셨습니다. 그분의 죽음이 당신의 상처를 치유할 수 있습니다. 그분은 당신의 죄를 용서해 주기 원하십니다. 그분은 당신을 강하게 해 주실 수 있는 유일한 분입니다. 그분을 바라보십시오. 그분은 이미 나를 건지셨습니다."

단계적 실천

1. 디도서 3장 3-8절을 적어 보라. 그리고 그 본문에서 당신의 예전 모습을 묘사하는 단어들을 적어 보라. '어리석은 자, 순종하지 아니한 자, 속은 자요 여러 가지 정욕과 행락에 종노릇한 자' 등. 그리고 거기에 당신의 생각을 덧붙여 적어 보라. 예를 들어 '어리석은 자'라는 목록에 이렇게 덧붙일 수 있다. "며칠 전 나는 파티에 가기 위해 차가 필요했다. 그런데 그날 아빠가 늦게 귀가했다. 그래서 나는 아빠에게 막 소리를 질렀다. 아빠의 기분에는 조금도 관심을 기울이지 않았다. 나는 세상 전체가 나 중심으로 돌아가기를 원했다." 계속해서 본문에 있는 긍정적인 단어들을 적어보라. '선함, 자비, 사랑하심, 긍휼하심' 등. 그리고 당신의 삶에서 그런 복음의 열매를 맺은 사례들을 적어 보라. 당신이 디도서 3장의 단어를 더 충분히 인정할수록, 복음은 당신을 더 많이 변화시킬 것이다.

2. 구원받지 못한 가족을 위한 당신의 기도 시스템을 계속 발전시켜라.

폴 밀러의 한 가지 제안이 당신에게 도움이 될 것이다. 그는 각각의 친척을 위해 한 장씩 카드를 준비하고, 그 위에 그들의 가장 중요한 기도제목을 한 가지씩 적은 후, 성경구절을 하나씩 포함시키면 좋다고 말한다. 예를 들어 어떤 친척이 두려움의 지배를 받는 것처럼 보인다면, 그의 카드 위에 "온전한 사랑이 두려움을 내쫓나니"(요일 4:18)라는 구절을 적고 그것을 위해 기도하라는 것이다.

3. 가족과 대화할 때, 그들에게 초점을 맞추고자 노력하라. 그들이 계속 자신의 이야기를 할 수 있도록 적절한 질문을 하라. 그들이 말하고 있는데 '나도'(me too), '그것은 마치'(that's like) 등의 표현을 사용하며 갑자기 뛰어드는 것은 가능한 자제하라.

4. 종교에 관한 대화를 하기 전에 먼저 허락을 구하라. 그것은 단도직입적으로 이야기를 하는 것보다 더 좋은 대화를 예비한다.

5. 가족과 종교를 주제로 대화할 때, 그들에게 무엇을 믿는지 물어보고 어떻게 그런 믿음을 갖게 되었는지 살펴보라. 이 지점에서 당신의 이야기나 당신의 믿음을 나누지 말라. 그것은 다른 때를 위해 아껴두라.

겸손

6장

시간

: 자유롭지만 쏜살같이
지나가는 시간

가족 전도는 상당한 긴장이 수반되는 일이다. 우리는 가족을 사랑하지만, 그들은 우리가 전도하는 것을 좋아하지 않는다. 우리는 그들을 염려하지만, 그들과 조금 거리를 둘 필요가 있다. 우리에게는 최대의 인내가 필요하지만, 그들은 우리의 인내를 조금씩 갉아먹는다. 우리는 천천히 전도할 필요를 느끼면서, 동시에 급박한 압박을 느낀다. 시간의 무한한 속성은 우리를 천천히 전진하도록 이끌지만, 시간의 쏜살같은 속성은 우리를 속히 나아가도록 손짓한다. 틀림없이 우리는 가족이나 친척을 보고 보고 또 볼 것이다. 그러나 우리는 그들을 하늘에서 보게 될까 봐 두려워한다. 그들이 다음 가족 모임이나 친척 모임에는 참석할 것을 예상하면서 영원히 살지 못할 거라고 확신하는 것이다.

우리는 하나의 공식을 원한다. 어떤 상황에서도 사용할 수 있는 확실한 전도 방법을 갈망한다. 그러나 그런 공식은 없다. 나는 어떤 시간표도 제시할 수 없는 대신 이렇게 당신의 마음을 격려한다. "시간 안에서 살도록 우리를 부르신 하나님은 시간 밖에서 사신다. 우리는 마감의 부담을 느끼지만, 그분은 결코 그렇지 않으시다. 우리는 조급함을 느끼지만, 그분은 그런 것을 알지 못하신다."

진부하게 들릴지 모르지만, 나는 이렇게 말하고 싶다. 가족을 전도하는 데는 지혜가 필요하다. 말할 때와 말하지 않을 때를 아는 것, 시간을 두고 접근할 때와 결단을 요청할 때를 선택하는 것, 점진적으로 일을 성사시킬 때와 단번에 일을 성사시킬 때를 결정하는 것 등 이 모든 것은 하나님과 친밀하게 동행하고, 그분의 영을 의지하며, 매 순간 지혜를 구하는 것으로부터 온다. 그러므로 다음과 같은 사실을 생각하며 위로를 받으라. '하나님은 그분의 복음이 계속해서 진척되기를 원하신다. 그분은 당신의 가족과 친척이 구원받기를 바라신다. 그리고 그분의 완전한 말씀을 전하기 위해 불완전한 대언자(代言者)들을 사용하신다.'

이 모든 것에는 시간이 필요하다.

부모님이 나에게 동생 브라이언에게 전도하지 말라고 말한 것은 사실 브라이언이 요청한 것이었다. 그가 나의 전도 열정을 두려워한 나머지 부모님에게 그렇게 요청했던 것이다. 실상 그는 죄와 의와 심판에 대해 말하려는 사람을 피할 충분한 이유를 가지고 있었다.

그는 대학 내내 술에 빠져 지냈다. 사실 고등학교 때부터 그런 낌새가 있었다. 어느 주말 부모님이 먼 곳으로 여행을 떠났을 때, 그는 우리 집 지하실에서 맥주 파티를 벌였다. 새벽 3시 참석자들이 완전히 취했을 때, 그는 요란한 파티의 흔적을 없애야 했다. 그리하여 그는 빈 맥주병들을 모두 모아 다른 쓰레기들과 함께 큰 비닐봉지에 담았다. 그리고 그것을 자전거에 싣고 몇 블록 떨어진 미지의 이웃집으로 옮겼다. (그 광경을 상상해 보라. 재미있지 않은가?)

이틀 후 부모님이 여행에서 돌아왔을 때 현관 벨이 울렸다. 현관 벨을 누른 사람은 그 미지의 이웃이었다. 그는 버드와이저(미국의 맥주 브랜드) 냄새가 풍기는 큰 비닐봉지를 들고 서 있었는데, 쓰레기봉투 속에서 우리 집 주소가 적힌 우편물을 발견했던 것이다.

대학은 브라이언에게 쾌락주의적 충동을 만족시킬 수 있는 풍성한 기회를 가져다주었다. 그러므로 우리가 서로 어느 정도 떨어져 있는 것은 단지 나의 전도 열정 때문만이 아니었다. 여러 차례의 초청에도 브라이언은 5년 이상 나를 방문하지 않았다. 그런데 그때 무엇인가 바뀌었다. 어쩌면 어머니가 그에게 내가 종교적인 주제를 피할 것이라고 납득시켰는지도 모른다. 혹은 그가 기꺼이 종교적인 주제와 직면하려고 생각했는지도 모른다. 혹은 하나님이 그 순간을 선택하셨는지도 모른다.

어느 주말 우리는 함께 뉴욕에서 피츠버그까지 긴 도보여행을 했다. 이틀 반 동안, 우리는 스포츠와 정치와 여자들에 대해 이야기했다. 우리는 함께 하키 시합을 보고, 맛있는 음식을 먹고, 몇 시간 동안 TV를 보았다. 우리는 함께 웃고, 추억에 잠기고, 미래를 계획하고, 농담을 하고, 부모님에게 드릴 선물을 의논했다. 하지만 종교에 대해서는 아무 말도 하지 않았다. 나는 그 주말에 전도를 위해 매우 성공적인 사전 준비를 했다고 평가한다.

브라이언은 그 후 몇 년 동안 수차례 나와 아내를 방문했다. 그런 과정을 통해 그의 마음은 점차 영적인 주제에 대해 열렸다. 한 번은 그가 이렇게 불평했다. "사실 나는 종교에 대해 아무것도 몰라. 유대인이지만 유대인이 무엇을 의미하는 것인지조차 잘 몰라. 나는 종교에 대해서는 총체적으로 무지하다고 생각해."

나는 다양한 종교적 경험에 대해 강의하려는 유혹을 억누르고, 그 대신 그에게 시간이 나는 대로 성경을 읽어보면 좋을 것 같다고 제안했다.

6개월 후, 우리 사이에 종교적인 주제는 훨씬 더 중요한 의미를 갖게 되었다. 할아버지가 돌아가신 것이다. 장례식에서 브라이언은 거의 이성을 잃은 내 모습을 옆에서 보았다. 할아버지의 죽음이라는 현실에 부딪혔을 때, 나는 억제할 수 없을 정도로 눈물을 흘렸다. 나는 부모님의 반대에도 할아버지에게 복음을 전하고자 노력했다. 그러나 그는 끝내 응답하지 않았다. 그가 아브라함과 이삭과 야곱의 하나님, 독생자를 보내신 하나님으로부터 영원히 분리되는 두려움이 나를 고통스럽게 했다. 브라이언은 그렇게 고통스러워하는 나를 묵묵히 지켜보았던 것이다.

이듬해 브라이언이 다시 나를 방문했다. 그러나 이전과는 전혀 다른 의미를 가진 방문이었다. 그는 오직 한 가지 주제, 종교의 주제만 이야기하고자 했다. 그는 할아버지의 죽음 앞에서 내가 그토록 고통스러워한 이유를 알고 싶어 했다. 그리고 내가 유대교와 기독교에 대해 믿는 것이 무엇인지, 내가 성경을 믿는 이유가 무엇인지, 그 모든 것이 나의 삶에 무슨 차이를 만드는지 등을 알고 싶어 했다.

나는 성경을 읽어 보면 좋겠다는 예전의 제안을 다시 상기시키면서 이렇게 말했다. "성경을 좀 읽어보면 어떻겠어?"

그는 되받아쳤다. "형은 항상 그렇게 이야기하는군. 지금도 성경을 열심히 읽고 있어. 두 번째 통독하는 중이야. 누가복음을 읽고 있는데 나는 누가복음이 정말로 마음에 들어."

말할 필요도 없이, 그날 우리는 많은 대화를 나눴다.

넉 달 후, 브라이언이 나에게 이렇게 이메일을 보냈다. "나에게 구주가 필요하다는 사실을 깨달았어. 나도 형처럼 그리스도인이 되었어." 동생의 경우 분명 천천히 접근하는 방법이 효과적이었다.

자유롭게 하는 시간

요리 프로그램을 볼 때마다 나는 이렇게 불평한다. "그래, 나도 요리하는 것을 좋아해. 모든 재료를 계량해 줄 조수가 있다면 말이야." 특별히 나는 그들이 그토록 빠른 시간에 요리를 완성하는 것을 보고 놀란다. 그들은 소고기를 나흘 동안 식초에 절여야 한다고 말하고 나서 4초 후 식초에 절인 소고기를 냉장고에서 꺼내 요리를 시작한다. 그리고 또다시 4초 후 그 요리를 먹는다. 만일 요리가 이토록 즉석에서 이루어지는 것이라면, 우리 모두 에머릴(미국 푸드채널에서 《Emeril's Show》를 진행하는 유명 쉐프)이 될 수 있을 것이다. 준비하는 시간이든 기다리는 시간이든, 시간은 요리를 맛있는 경험으로 만들기도 하고 끔찍한 경험으로 만들기도 한다.

레시피는 두 부분으로 되어 있다. 한쪽에는 재료들과 그 양(量)이 있고 다른 쪽에는 그러한 재료들을 어떻게 섞고, 얼마나 찌거나 삶거나 튀기는 지, 오븐의 온도는 몇 도로 맞춰야 하는지 등 요리 과정이 나와 있다. 그런데 만일 당신이 재료들의 목록만 가지고 있다면, 맛있는 요리를 만들기 어려울 것이다. 그리고 요리 과정에 따라 요리를 완성하기도 하고 망치기도 한다. 따라서 당신에게는 레시피의 두 가지가 모두 필요하다.

앞서 나는 우리에게 전도에 대한 어떤 공식이나 시간표는 없다고 말했다. 그것과 모순되는 것처럼 들릴지 모르지만, 나는 전도 과정이 요리를 위한 레시피와 같다고 생각한다. 어떤 사람들은 단지 전달할 필요가 있는 사실이나 교리들(요리의 재료들)의 목록만 있다. 즉 그들의 전도 레시피에는 그것을 어떻게 섞는지, 그것을 어떻게 전달해야 하는지, 전체적인 과정이 이루어지는 데 시간이 얼마나 필요한지 등의 내용은 없는 것이다. 그러한 레시피는 완전하지 않은 레시피이다.

요리도 그렇고 전도에서도 종종 우리는 너무나 조급하다. 그러나 시간은 요리든 전도든 그것이 완성되기까지의 과정에서 최고의 우군(友軍)이다. 대부분 풍미(風味)는 끓이는 시간으로 만들어진다. 마찬가지로 죄인들의 마음에 전달된 진리가 그 안에서 작동하여 결실을 맺기 위해서는 시간이 필요하다.

카산드라는 A형 남편에게 30년 이상 복음을 전했는데 가시적으로 아무런 효과도 얻지 못했다. 그녀는 결혼 후 5년이 지나서 그리스도인이 되었으며, 그때부터 남편을 교회와 성경공부와 수련회 등에 초청했다. 또한 그에게 경건서적과 CD와 DVD와 팸플릿 등을 주며, 그를 위해 기도하고 또 기도했다. 하지만 사랑하는 남편이 응답하지 않는 것을 보며 점점 더 지쳐갔다.

그러다가 남편이 은퇴를 하게 되었다. 30년 이상 열심히 일한 후, 그는 뒤로 물러나 느슨하게 살기 시작했다. 그리고 다음에 어땠을지 상상해 보라.

카산드라는 나에게 이렇게 말했다. "은퇴 후의 공허감이 그를 사로잡았던 것 같아요. 나는 그 시간이 계속되지 않기를 바랐습니다. 그러나 그의 경력과 마음의 분주함이 하나님을 그의 삶으로부터 몰아낸 것 같습니다." 자신의 은퇴가 평온함보다 불안함을 유발시키는 것을 발견한 후, 카산드라의 남편은 지금까지 아내에게 들은 말들을 곱씹어보기 시작했다. 때로 하나님의 시간은 우리가 바라는 것보다 훨씬 더 느리게 간다.

은혜와 소금

전도 레시피에서 충분한 효과를 내기 위해 필요한 두 가지 재료는 은혜와 소금이다. 바울은 골로새인들에게 자신의 전도 사역을 위해 기도해 줄 것을 요청한 후, 그들의 전도를 위해 이렇게 훈계한다. "외인에게 대해서는 지혜로 행하여 세월을 아끼라 너희 말을 항상 은혜 가운데서 소금으로 맛을 냄과 같이 하라 그리하면 각 사람에게 마땅히 대답할 것을 알리라"(골 4:5-6).

은혜로운 말은 사람들의 마음을 끌고 그들이 더 듣기 원하도록 만든다. 또한 그들이 지금 듣고 있는 메시지가 그들의 삶을 더 낫게 만들어 줄 수 있는, 좋은 메시지라는 인상을 준다. 은혜로운 말의 반대는 거친 말, 정죄하는 말, 모욕하는 말, 쫓아내는 말이다. 그러나 안타깝게도 우리는 모두 이런 방식으로 복음을 전하는 것을 들은 적이 있다. 그렇지 않은가? 우리의 가족과 친척은 틀림없이 이런 방식으로 복음을 접한 경험이 있을 것이다.

소금으로 맛을 낸 말은 풍미를 발산한다. 그리고 듣는 이들에게 지금 듣고 있는 메시지가 갈증을 충분히 풀어줄 수 있을 것이라는 인상을 준다. 소금으로 맛을 낸 말의 반대는 따분한 말, 적실성(適實性)이 없는 말, 이상한 말, 혐오스러운 말이다. 우리는 모두 이런 종류의 메시지를 들은 적이 있다. 그렇지 않은가? 우리의 가족이나 친척들 가운데 어떤 사람들은 그런 메시지를 견뎌야만 했을 것이다. 그리고 그것은 다른 누구도 아닌 바로 우리에게 들었을 것이다.

만일 우리가 말할 것과 말하지 말아야 할 것(혹은 나중에 말하기 위해 기다려야 할 것)을 분별하면서 가족과 적절한 상호작용을 한다면, 우리는 소금으로 맛을 낸 은혜로운 말을 잘하는 장인(匠人)이 될 수 있을 것이다. 예를 들어 보자.

- **가상의 상황**: 삼촌이 결혼에 대해 깔보는 태도로 말한다.
- **하지 말아야 할 말**: "삼촌, 성경은 결혼이 교회에 대한 그리스도의 사랑의 반영이라고 말해요. 아마 삼촌도 언젠가는 그렇게 생각하게 될 거예요."
- **은혜와 소금으로 맛을 낸 말**: "물론 결혼에는 많은 문제들이 따르지요. 그렇지만 거기에는 큰 축복도 있는 것 같아요. 그렇게 생각하지 않으세요?"

- **가상의 상황**: 형이 당신에게 더러운 농담을 하고 나서 이렇게 사과

한다. "아, 너는 이런 종류의 농담은 하지 마. 미안해."

- 하지 말아야 할 말: "그래 맞아. 나는 그런 농담은 하지 않아. 형도 나에게 그런 농담은 하지 않으면 고맙겠어."

- 은혜와 소금으로 맛을 낸 말: "나도 농담을 좋아해. 형은 이런 농담을 들어 봤어?"

- 가상의 상황: 아버지가 세상이 점점 더 지옥이 되어가고 있다고 푸념한다.

- 하지 말아야 할 말: "정말 그래요, 아빠. 실제로 예수님도 세상이 점점 더 그렇게 될 것이라고 말씀하셨어요. 준비되셨어요?"

- 은혜와 소금으로 맛을 낸 말: "정말 세상에서는 나쁜 일들이 많이 벌어지고 있어요. 그렇지만 좋은 일도 많이 일어나는 것 같아요. 바로 그 사실이 놀라워요. 그리고 사람들은 가장 악한 일도 할 수 있고, 가장 선한 일도 할 수 있는 것 같아요. 아빠는 그것에 대해 생각해 본 적이 있어요?"

- 가상의 상황: 언니가 이렇게 말한다. "우리 옆집에 사는 사람은 정말 부자야. 그런데 그녀의 삶은 비참하기 짝이 없어. 너는 돈으로 행복을 살 수 있다고 생각하니?"

- 하지 말아야 할 말: "돈으로 행복을 살 수 있냐고? 절대로 살 수 없어. 성경에는 '돈을 사랑하는 것이 일만 악의 뿌리'라고 분명하게 나와 있어."

- 은혜와 소금으로 맛을 낸 말: "부자인데도 비참한 삶을 사는 것은 정말로 슬픈 일이야. 그렇지 않아? 언니는 어째서 돈이 그렇게 큰 실망을 가져다준다고 생각해?"

이러한 접근은 당신이 사람들에게 메시지를 한 번에 다 쏟아낼 필요가 없음을 전제한다. 시간의 무한성은 우리에게 점진적으로 전도할 수 있는 자유를 준다. 전도 과정에서 상대가 어떻게 반응하는지 살피고, 거기에 조금 더 덧붙이고, 좀 더 기다리면서 진행해 가면 된다. 그것은 이렇게 지시하는 레시피와 같다. '첫 번째 재료에 두 번째 재료 3분의 1을 첨가한 후 잘 저어라. 충분히 저은 후 세 번째 재료를 넣어라.'

참됨과 좋음

이러한 전도 과정은 복음이 진짜로 좋은 것임을 전제한다. 우리는 사람들에게 복음이 참되고 좋은 것이라고 말할 필요가 있다. 우리 가운데 많은 사람들은 어떻게 자신이 그리스도인이 되었는지를 밝히는 간증을 준비한다. 자신이 그리스도께 나오기 전에 어떠했는지, 어떻게 믿음으로 나오게 되었는지, 지금 삶이 어떻게 달라졌는지 등을 이야기한다. 또한 우리는 회심의 질적인 측면에 대해서도 이야기할 필요가 있다. 즉 '어떻게 내가 그리스도인이 되었는지' 뿐만 아니라 '복음이 얼마나 좋은 것인지'에 대해서도 이야기할 필요가 있는 것이다.

우리는 가족이나 친척들에게 복음이 영원한 운명뿐만 아니라 지금 이곳에도 영향을 끼치는 것을 이야기할 필요가 있다. 복음은 너무나 좋은 것으로 우리를 더 나은 남편, 더 나은 아내, 더 나은 부모, 더 나은 친구로 만든다. 어떤 상황 가운데서도 우리에게 희망을 주며, 삶의 기쁨과 목적과 의미와 위로를 가져다준다. 우리가 삶 속에서 복음이 어떻게 작동하는지를 구체적으로 나누는 것은 복음의 참된 것뿐만 아니라 좋은 것까지 전하는 것이다. 그리고 이렇게 하는 데는 시간이 필요하다.

믿음과 안식

만일 하나님의 때를 기다리며 안식할 수 없다면, 그분의 은혜와 능력과 선하심에 대한 믿음의 부족함을 고백하라. 그리고 하나님께 당신의 마음을 감사로 가득 채워 달라고 간구하라. 당신이 지혜롭거나 인격적으로 훌륭하기 때문에 믿음으로 나오게 되었다고 생각하는 교만을 회개하라. 또 하나님 안에서 안식을 발견할 수 있도록 도와달라고 기도하라. 어쩌면 당신의 가족을 구주께 인도하기 위해 필요한 시간은 하나님이 당신의 삶에 역사하기 위해 취하신 시간과 비슷할지 모른다. 그러므로 당신은 통제권을 포기하고, 강요하기를 그치고, 사람을 하나님 위에 놓는 우상숭배를 버려야 한다.

쏜살같이 지나가는 시간

시간을 직면하자. 기다리는 것에는 고통이 따른다. 이 책을 위한 자료들을 모으는 과정에서, 나는 수십 년 동안 자녀가 회심하기를 기다려온 부모와 많은 대화를 했다. 그들은 그들이 겪는 고통과 함께 그들의 이야기를 상세히 들려주었다.

마티는 머리를 긁으면서 결혼한 네 딸에 대한 이야기를 해 주었다. 그 가운데 세 딸은 하나님을 사랑했고, 한 딸은 그렇지 않았다. 그는 도무지 이해할 수가 없었다. "우리는 딸들을 모두 똑같이 키웠습니다. 그들을 같은 교회로 데려갔고, 그들에게 같은 책을 사주었고, 그들을 똑같이 안아 주었습니다. 그러나 세 딸은 경건한 남자와 결혼하여 주일마다 아이들과 함께 교회에 가는 반면 다른 딸은 주일만 되면 불신자 남편과 하루 종일 잠만 잡니다."

에디트는 방황하다가 돌아온 이들의 부모를 몹시 부러워한다. 그녀의 딸은 여전히 시궁창에서 뒹굴고 있기 때문이다. 그러나 실제로는 전혀 시궁창이 아니다. 그녀의 딸이 그리스도께 나오지 못하도록 가로막고 있는 것은 사실 큰 성공이다. 수십 년 전, 그녀는 가출한 후 마약의 사슬에 묶인 채 창녀가 되었고 수차례 죽음 직전까지 갔다. 그 가운데 그녀는 임신을 했다. 그런데 놀랍게도 임신이 그녀를 '구원'했다. 그녀는 자신의 행동을 씻고 마약의 사슬을 끊고자 재활센터에 입소했다. 그녀는 절대로 낙태를 하지 않기로 결심했다. 그로부터 15년이 지난 지금, 사랑스러운 손녀는 엄마와 의붓아빠와 할아버지와 할머니에게 하나님의 사랑을 비추고 있다. 아이는 인근 교회의 청소년 그룹에 속해 있으며, 가끔씩 할머니에게 자기가 좋아하는 남자에 대해 이야기한다. 그는 그녀의 청소년 그룹에서 성경공부를 이끄는 인도자다.

그러나 에디트의 딸은 여전히 하나님의 필요성을 느끼지 못한다. 그녀는 하나님의 도움 없이 스스로 더러운 생활을 청산했다고 생각한다. 에디트는 딸의 구원을 위해 계속 기도한다. 에디트는 손녀가 자신의 딸을 하나님께 이끌어 주기를 간절히 바란다. 그러나 그것은 긴 여정이었다.

아마도 이것이 바울이 골로새인들에게 "기도를 계속하"(골 4:2)라고 말한 이유일 것이다. 여기서 사용된 단어들은 기도에 엄격하게 전념할 것을 함축한다. 그것은 의지력을 요구한다. 한편 기도의 문제점은 중단하기 쉽다는 것이다. 보이는 세상에서 보이지 않는 하나님께 보이지 않는 기적을 일으켜 달라고 간청할 때, 우리는 실망과 낙담을 각오할 필요가 있다. 바울이 계속해서 "기도에 감사함으로 깨어 있으라"고 격려한 것을 주목하라. 기도할 때 우리는 영적인 영역에서 하나님이 일하시는 표적을 바라

볼 필요가 있다. 우리는 하나님이 일하시는 손을 바라보며 감사를 올려드려야 한다. 감사와 깨어 있는 태도는 우리를 계속해서 기도하도록 몰아간다. 기도는 외적인 모양보다 정직함이 더 많이 필요하다. 기도 속에는 외양적(外樣的)인 모순이 포함될 수 있다. 그러므로 우리는 이렇게 기도하는 것을 두려워해야 한다.

"주여, 같은 것을 계속해서 기도하느라 지쳤습니다. 그러나 이후에도 계속해서 기도할 것입니다."

"하나님이여, 너무나 오랫동안 같은 내용을 기도했습니다. 그럼에도 오늘 새날을 주시니 감사합니다."

"예수여, 이제 포기하고 싶은 생각이 듭니다. 그러나 포기하지 않고 계속 기도하게 하시니 감사합니다."

"나는 아버지께서 지금도 일하시는 것을 압니다. 아버지여, 부디 내 아들을 위해 일해 주소서."

"내가 믿습니다. 나의 믿음 없는 것을 도와주소서."

어떤 부모들은 잠언 22장 6절을 읽으면서 죄책감을 느끼는 가운데 기다리기를 더 어려워한다. 잠언 본문은 이렇게 말한다. "마땅히 행할 길을 아이에게 가르치라 그리하면 늙어도 그것을 떠나지 아니하리라." 그 말씀은 부모가 아이를 올바로 훈육하기만 하면 아이가 결코 그릇된 길로 가지 않는다고 확실하게 보증하는 것처럼 들린다.

어떤 사람들은 소수 의견에 호소하면서 가능한 그 의미를 부드럽게 만들려고 노력한다. 히브리어 원문은 다음과 같이 문자적으로 해석할 수 있다. "아이를 그의 길을 따라 훈련하라…" 그리고 이 말씀을 아이의 소질이나 개성에 따라 양육하라는 명령으로 이해한다. 두 명 이상의 자녀를 가진 대부분의 부모는 모든 자녀에게 같은 양육 방법을 사용할 수 없다는 사실을 안다. 어떤 자녀는 반항하고 어떤 자녀는 사소한 책망에도 풀이 죽을 것이다. 어떤 자녀는 부모를 기쁘게 하고자 노력하고 어떤 자녀는 부모에게 반감을 갖고 대적할 것이다. 그러므로 우리는 자녀를 각각의 양육법으로 기를 필요가 있다. 물론 여기에는 지혜가 필요하다. 하지만 잠언 22장 6절 본문이 그 지혜를 의미한다고는 생각하지 않는다.

첫째, 히브리어 원문은 "그의 길을 따라"라는 해석을 뒷받침하지 않는다. 그 구절을 성경 번역자들이 "마땅히 행할 길", "옳은 길" 등으로 번역한 데는 그럴 만한 타당한 이유가 있다.[56]

둘째, 본문의 논리 역시 그러한 해석을 뒷받침하지 않는다. 사람은 어린 시절에 어떤 방법으로 양육을 받았는지와 상관없이 노년에도 그의 특유한 개성을 유지하지 않는가? 만일 부모가 아이를 "그의 길을 따라" 양육하지 않았다면, 그 아이의 기질이 잘못된 양육 때문에 바뀔 것인가? 그런 경우 아이의 호전적인 기질이 고분고분한 기질로 바뀔 것인가? 만일 그것이 아이의 특유한 기질을 가리키는 것이라면, 하반절은 별 의미 없는 말이 되고 말 것이다.

무엇보다 우리는 잠언의 성격을 올바로 이해할 필요가 있다. 잠언은 약속이 아니다. 구약학자 트렘퍼 롱맨은 "잠언은 일반적으로 사실로 받아

---

56 전문적인 언어학적 논의와 관련된 도움을 얻기 원한다면 다음과 같은 책을 참고하라. Tremper Longman, *Proverbs* (Grand Rapids, MI: Baker, 2006), p.404 – 405. Bruce Waltke, *The Book of Proverbs*, chapters 15 – 31 (Grand Rapids, MI: Eerdmans, 2005), p.203 – 205.

들이는 개념을 표현한다"라고 말한다.[57] 또 다른 학자인 브루스 월트케는 그 구절과 관련하여 이렇게 말한다. "그 구절이 사람의 전체적인 도덕적 성향과 관련하여 최종적인 책임이 그를 양육한 부모나 교육한 교사에게 있음을 의미한다고 받아들여서는 안 된다."[58] 즉 잠언은 삶이 일반적으로 작동하는 방식에 대한 지혜로운 말씀이지, 예외 없이 적용되는 약속이 아니다.

영어 속담 하나를 살펴보자. "제때의 바늘 한 번이 아홉 바느질을 덜어 준다"(A stitch in time saves nine)는 속담은 참될 뿐만 아니라 가사 생활에 매우 도움이 되는 말이다. 그것은 우리에게 문제가 악화되기 전에 미리 처리하는 방법을 가르쳐 준다. 그러나 항상 그러한가? 어떤 문제는 그렇게 해서 더 악화되기도 하고 어떤 문제는 스스로 해결되기도 한다. 또 9대 1의 비율이 지나치게 과장인 경우도 있고 반대로 그렇게 하는 것이 부적합한 경우도 있다. 이렇듯 잠언을 지나치게 문자적이며 보편적인 원리로 취하려는 태도는 잠언의 성격을 오해하는 것이다.

우리는 성경에서 일반적으로 참될 뿐만 아니라 일상생활에 풍성하게 적용될 수 있는 수많은 잠언을 발견할 수 있다. 그러나 그것이 예외 없이 보편적으로 적용되는 것은 아니다. 얼마든지 예외가 있을 수 있다. 하지만 그것이 잠언의 가치를 훼손하지는 않는다.

예를 들어 잠언 22장 5절을 생각해 보자. 본문은 이렇게 말한다. "패

---

57 Longman, *Proverbs*, 31.
58 Waltke, *Proverbs*, 206.

역한 자의 길에는 가시와 올무가 있거니와 영혼을 지키는 자는 이를 멀리 하느니라." 정말로 그러한가? 어떤 "패역한 자"의 길에는 가시와 올무가 없지 않은가? 아삽은 시편 73편에서 이 잠언 내용의 예외가 발견되는 것으로 인해 슬퍼하지 않았는가? 잠언 22장 4절은 이렇게 말한다. "겸손과 여호와를 경외함의 보상은 재물과 영광과 생명이니라." 정말로 그러한가? 어떤 사람들은 너무나 겸손하며 여호와를 잘 경외하는데도 재물과 영광의 보상을 받지 못하지 않는가? 심지어 그런 사람들이 때로 일찍 죽지 않는가?

그러나 그러한 예외는 잠언의 가치를 훼손하지 않는다. 단지 잠언이 예외 없이 적용되는 보편적인 약속이나 보증이 아님을 보여줄 뿐이다. 우리는 마땅히 행할 길을 아이에게 가르치기를 힘써야 한다. 그가 늙어서도 그것을 떠나지 아니할 것을 기대하면서 말이다. 실제로 그렇게 할 때, 우리는 하나님께 감사하고 기뻐하면서 축복의 열매를 마음껏 향유할 수 있다. 또 자녀들이 패역한 삶의 비극적인 결과에 떨어지지 않는 것을 기뻐할 수 있다. 그러나 우리는 그것을 당연한 것으로 여겨서는 안 된다. 그러면, 자칫 자녀들이 잘되는 것을 우리 자신의 공로로 여길 수 있다. 반대로 우리 자녀들이 잘못될 때에는 과도한 죄책감을 느끼기도 한다.

부모가 잠언 22장 6절을 잘못 사용하는 또 다른 방법은, 패역한 아이들이 돌이킬 때까지 그냥 수동적으로 앉아 기다리는 것이다. 왜냐하면 잠언의 구절을 그렇게 될 것이라고 '약속하는' 것으로 받아들이기 때문이다. 이러한 태도는 겸손하게 하나님을 의지하는 것보다 위로를 구하는 것에 관심이 더 많다는 것일 수 있다. 만일 우리가 마땅히 행할 길로 자녀를 가르치지 못했다면, 우리는 용서의 은혜를 우리 자신에게 적용해야 한다. 또 우리가 어떤 양육 기술로도 우리 자녀를 통제할 수 없음을 겸손하게 인정할 필요가 있다. 우리는 패역한 세상에서 살고 있다. 그런 세상에서 우리 자녀는 쉽게 악으로 빠질 수 있다.

만일 자녀가 믿음의 길에서 떠난다면, 실상 그들이 믿음의 길 안으로 들어온 적이 없을 가능성이 높다. 어떤 경우 우리는 그들을 믿음의 길로 '돌아오라'고 부르기를 중단할 필요가 있다(왜냐하면 이것은 그들이 이미 믿음의 길로 들어왔음을 전제하는 것이기 때문이다). 그 대신 우리는 그들에게 (그들이 결코 붙잡아본 적이 없는) 믿음의 길을 가리킬 필요가 있다. 이것은 부모에게 가장 고통스러운 분별 과정이면서 가장 중요한 문제다. '내 아이가 실제로 구원받았을까?'라는 어려운 질문과 씨름하기보다, 그에게 복음의 길을 분명하게 제시하는 것이 훨씬 더 나을 수 있다.

모든 아이의 배반에 적용될 수 있는 만능열쇠와 같은 해법은 없다. 어쩌면 그들은 아무도 믿어서는 안 된다는 잘못된 메시지를 버리고 있는 것인지 모른다. 그들은 복음이 압제적이고, 지루하고, 현실과 동떨어져 있으며, 오만하다고 생각할 수 있다. 우리는 그들이 그런 복음을 배척하는 것을 칭찬해 주어야 한다. 그리고 (실제로 가져 본 적도 없는) 어린 시절의 믿음으로 돌아오라고 계속 잔소리하는 대신, 은혜의 복음이 잘못된 복음과 정반대임을 분명히 말할 필요가 있다.

아들 존은 대학에 들어가서 하나님이나 우리의 종교와 상관없이 살기 원했다. 그에게는 우리의 종교가 우스꽝스러운 규범으로 보이기 때문이었다. 팸과 나는 계속 기도하면서 그를 걱정했다. 결국 그는 우리에게 다시는 마약을 하지 않고 정결하게 대학 생활을 하겠다고 말했다. 또 그와 마찬가지로 대학생인 두 형에게 기독교 단체에 가입하고 싶지는 않지만 친구를 선택할 때는 꼭 술과 마약을 하지 않는 친구들을 선택하겠다고 말했다. 그의 형들은 웃으면서 이렇게 경고했다. "기독교 단체가 아니면 결코 그런 친구들을 찾을 수 없을 거야. 심지어 기독교 단체에서도 꼭 그렇다는 보장은 없어."

그리하여 존은 하나님을 찾기 위해서가 아니라 정결한 대학 생활을 위해 CCC 모임에 갔다. 하나님에 대해 무관심했던 그는 거기서 많은 대학생을 친구로 만났다. 어느 날 밤 존은 전화로 팸과 나에게 이렇게 말했다. "성경공부 모임에 등록했어요. (잠시 머뭇거림) 그러나 내가 그리스도인이 될 거라는 희망은 갖지 마세요." 몇 주 후, 우리는 그가 성경공부 모임에서 자신을 소개한 이야기를 들었다. 그는 다른 열 명의 신입생에게 자신이 최근 14주 동안 있었던 '위기 청소년 수용시설'에 대해 이야기하며 이렇게 물었다. "여러분은 그 방의 벽에 앉아 있는 파리와 같았던 나를 사랑해 줄 수 있겠습니까?" 그 자리에 있던 친구들은 은혜와 기쁨으로 그를 받아들였다.

몇 달 후, 존은 수련회 회비를 좀 보내 달라고 요청했다. 나는 그때만큼 기쁨으로 돈을 보낸 적이 없었다. 수련회가 끝나고 얼마 후, 그는 우리에게 전화로 이렇게 말했다. "나는 삶을 다시 하나님께 드렸어요." 전화를 끊고 난 후, 나는 팸에게 물었다. "이게 꿈이야, 생시야?" 탕자를 기다렸던 2년의 기다림이 마침내 종착지에 이른 것 같았다. 지금도 우리는 '혹시 이게 꿈이 아닌가' 하고 살을 꼬집어 본다. 그리고 2년이 아니라 20년

이 넘도록 여전히 기다리고 있는 친구들을 떠올릴 때 '우리가 어떻게 이토록 큰 호의를 입었을까?'라고 의아하게 생각하게 된다. 어째서 하나님이 어떤 경우에는 속히 일하시고 또 어떤 경우에는 전혀 그렇게 하시지 않는 것처럼 보이는지, 우리는 알지 못하고 감히 설명하고자 시도할 수도 없다.

전도를 위한 팁

가족 밖에 있는 사람들을 전도하는 데는 천천히 돌아가는 길을 선택하는 것이 더 지혜롭기도 하다. 그리고 사실 이것은 가족 밖에 있는 사람들뿐 아니라 가족 안에 있는 사람들을 전도하는 데도 마찬가지이다. 많은 사람이 가족에게 복음을 전하고자 하는 시도를 적게 할 때 오히려 효과가 컸다고 이야기해 주었다. 나는 그 이유가 무엇인지 확실하게 알지 못한다. 친밀함이 무시와 코웃음을 낳기 때문일까? 혹은 "생선과 방문자는 사흘 동안 냄새를 풍긴다"는 벤자민 프랭클린의 격언처럼 우리가 복음과 관련한 대화에서 어느 정도 거리를 둘 필요가 있기 때문일까?

만일 당신이 점진적인 접근 방법을 추구하기로 결정했다면, 다음과 같은 두 가지 예화를 마음에 새겨라. 그것은 알파벳 도표와 수동 변속기 이야기이다.

A부터 Z까지

모든 초등학교 교실 벽에 알파벳 도표가 붙어 있다. 왼쪽부터 오른쪽으로 A부터 Z까지 알파벳이 진행된다. 이와 같이 A부터 Z까지 진행되는 알파벳 도표가 가장 완악하며 호전적인 무신론자(제일 왼쪽의 A)부터 그리스도를 믿을 준비가 되어 있는 사람(제일 오른쪽의 Z)에 이르는 불신앙의 스펙트럼을 묘사한다고 상상해 보라. Z에 속하는 사람이 "보라 물이 있으니 내가 세례를 받음에 무슨 거리낌이 있느냐"라고 말할 때, A에 속한 사람은 새로운 무신론자의 이론을 인용한다.

우리는 사랑하는 자들이 Z쪽으로 움직이기를 바란다. 그리고 "지금 당장 그리스도를 당신의 구주와 주님으로 영접하기 원하십니까?"라고 물으면 즉시 "물론이지요. 왜 원하지 않겠습니까? 진작 초청해 주시지 그랬습니까?"라고 응답하기를 바란다. 하나님이 뜻하시면, 우리는 언젠가 그러한 대화를 즐기게 될 것이다. 그러나 만일 우리가 그런 수준에 훨씬 못 미치는 어떤 사람(예를 들어 D의 수준에 있는 사람)과 말하고 있다면, 우리에게 더 나은 전략이 필요할 수 있다.

나는 많은 사람들이 T의 수준에 있는 사람들에게 적합한 방식으로 전도훈련을 받았다고 생각한다. 50년 전, 많은 미국인은 실제로 T의 수준에 있었다. 그리고 그런 사람들에게는 이렇게 전도를 위한 대화를 시작할 수 있었다. "당신이 오늘 밤 죽어서 하나님 앞에 선다고 상상해 보십시오. 하나님께서 당신을 천국에 들여보낼 이유가 무엇인지 물으신다면, 당신은 어떻게 대답하겠습니까?" 이것은 T의 수준에 있는 사람들에게는 좋은 질문이다. 그들은 이미 그렇게 질문할 수 있는 인격적인 하나님을 믿는

시간

다. 또한 이미 천국이 있음을 믿으며, 어떤 사람들은 그곳에 들어가고 어떤 사람들은 들어가지 못할 것이라고 생각한다.

그러나 오늘날 우리 문화는 많이 바뀌었다. 특별히 영적인 측면에서는 극적으로 바뀌었다. 오늘날 대부분의 미국인은 T의 수준에 있지 않다. 세상의 다른 문화도 똑같이 변했다. 어떤 문화에서는 다수가 한 번도 T의 수준에 있어본 적이 없으며, 여전히 D 정도의 수준에 머물러 있다. 당신이 D의 수준에 있는 사람들에게 T의 수준에 있는 사람들에게 적합한 질문을 하는 것은 그들에게 외국어를 말하는 것과 같다. 나의 친척은 '만일 네가 오늘 밤 죽는다면'으로 시작되는 질문을 받으면, "어째서 너희 그리스도인은 그토록 죽음에 사로잡혀 있는 거지?"라거나 "지금 나에게 생명보험에 가입하라는 거야?"라고 되물을 것이다.

나는 다양한 사람들을 위해 서로 다른 접근 방법이 필요하다고 생각한다. 고린도전서 9장 22절에서 바울은 "내가 여러 사람에게 여러 모습이 된 것은 아무쪼록 몇 사람이라도 구원하고자 함이니"라고 말한다. 우리는 다양한 사람에게 각각 다른 접근 방법을 사용해야 한다.

하지만 대화를 통해 어떤 사람을 D의 상태에서 Z의 상태로 변화시킬 수 없다고 말하는 것은 아니다. 하나님은 능히 그렇게 하실 수 있고 때로 그렇게 하신다. 여기서 나는 구원하시는 하나님의 능력을 제한하는 것이 아니다. 단지 오늘날 우리 문화에서는 D의 상태에서 Z의 상태로 이행하는 데 시간이 필요하다는 점을 이야기하는 것이다. 전체 과정 가운데 우리에게는 분명 인내가 필요하다.

우리는 어떤 사람이 D의 상태에 있다고 생각해서 그에게 "당신은 영적인 것에 대해 생각해 본 적이 있습니까?"라는 질문을 던질 수 있다. 그러나 실제로 그들은 Y의 상태에 있을 수 있다. 이렇게 대답한다. "그럼요. 실제로 나는 성경을 많이 읽었고 그리스도인이 되는 것에 대해 진지하게 고려하는 중입니다." 그렇다면 점진적인 접근 방법은 잊어라. 즉시 그를 예배에 데리고 가서 그와 함께 "내 모습 이대로 주 받으옵소서"라는 찬송을 부르라.

전도에 널리 적용할 수 있는 질문을 고안하고 그중 몇 가지를 암기하는 것은 매우 좋은 방법이 될 수 있다. 몇 가지를 생각해 보자.[59]

- T의 수준에 있는 사람들에게

  "만일 당신이 오늘 밤 죽는다면, 당신은 천국에 갈 것을 얼마나 확신합니까?"

  "이 팸플릿(그림 또는 도표)은 당신이 하나님과 인격적인 관계를 맺을 수 있는 방법을 설명해 줍니다. 잠깐 나와 함께 이 팸플릿을 읽어 보면 어떨까요?"

  "지금 당신이 그리스도인이 되는 것을 가로막는 것은 무엇입니까?"

  "당신의 삶을 하나님께 드리기 전에 먼저 해결해야 할 의문이 있습니까?"

---

59 이런 종류의 질문으로 가득 찬 책이 많다. 그중 나에게 큰 도움이 된 책은 이것이다. Gary Poole, *The Complete Book of Questions* (Grand Rapids, MI: Zondervan, 2003).

- D의 수준에 있는 사람들에게

"당신은 영적인 것에 대해 생각해 본 적이 있습니까?"

"당신은 자유로운 시간에 어떤 일을 하기를 좋아합니까?"

"당신이 가장 좋아하는 책(혹은 영화 혹은 노래)은 무엇입니까?"

(특히 두 번째와 세 번째 질문을 통해, 당신은 그들의 대답 속에서 그들이 인생의 중요한 문제에 대해 어떻게 생각하는지를 알 수 있을 것이다. 만일 그들이 가장 좋아하는 책이나 영화가 죽음이나 삶의 의미 같은 주제라면, 그들의 사고 패턴을 따라가면서 주님께 대화의 주제를 영화에서 복음으로 옮겨 달라고 기도하라. 그러나 그렇게 하는 데 수개월이 걸릴 수 있다. 하지만 그들이 가장 좋아하는 영화가《덤 앤 더머》라면, 나는 당신에게 어떻게 조언해야 할지 잘 모르겠다.)

- L의 수준에 있는 사람들에게

"삶의 중요한 주제에 대해 당신에게 가장 큰 영향을 끼친 사람이 누구입니까?"

"만일 당신의 인생철학을 몇 마디로 요약한다면, 뭐라고 하겠습니까?"

"당신은 …을 읽어 본 적이 있습니까?"

(당신은 A부터 Z까지 모든 스펙트럼에 적용될 수 있는 책을 선택할 수 있다. 예를 들어 A에 가까운 사람을 위해서는 존 스타인벡의 『에덴의 동쪽』과 같이 비그리스도인이 쓴 소설이 좋을 것이다. 물론 스타인벡은 예수 그리스도를 가리킬 의도가 전혀 없었다. 그럼에도 그의 책은 미덕, 죄, 인생, 죽음,

용서 등과 관련된 다양한 질문을 제기한다. 마찬가지로 디킨스, 도스토옙스키가 쓴 소설도 좋다.

또는 좀 더 직접적으로 복음주의자인 팀 켈러의 『팀 켈러, 하나님을 말하다』와 같은 책에 대해 물어볼 수도 있다. 만일 당신이 항상 기독교 서적에 대해 이야기한다면, 그들은 당신이 다가오는 것을 보고 피할 것이다. 그러므로 지혜롭게 선택해야 한다. 왜냐하면 베스트셀러가 건전한 신학을 포함하고 있음을 의미하지는 않기 때문이다. 실제로 베스트셀러가 나쁜 표적이 될 수도 있다.)

한 가지만 더 생각해 보자. 알파벳보다 우선되는 것은 바로 나이다. 만일 당신에게 죽음이 가까운 할아버지가 있다면, 당신은 T나 Y의 상태에 있는 사람들에게 적합한 질문으로 곧바로 나아갈 수 있다. 왜냐하면 이것저것 따질 시간이 없기 때문이다.

수동 변속기

당신이 수동 변속기 차를 운전해 본 적이 있다면, 기어를 변속하기 전에 먼저 클러치를 밟아야 한다는 사실을 알 것이다. 만일 그것을 잊는다면 기어들은 서로 충돌하여 마모될 것이고, 그 결과 차는 영구적으로 손상될 수 있다. 무엇인가 기어들이 원활하게 움직일 수 있도록 길을 열어 주어야만 한다. 우선 우리는 복음을 제시할 수 있는 상태로 나아가기 전에 논쟁을 벌이거나 편견에 도전하는 행동 등을 내려놓을 필요가 있다. 그렇지 않으면 하나님이나 십자가 혹은 죄나 지옥에 대한 우리의 설교가 그들에게 기어들이 부딪치는 소리로 들릴 것이다.

복음 전도의 기어를 변속하기 전에 우리가 밟아야 하는 '클러치'를 몇 가지 제시해 보고자 한다. 이어지는 내용을 참고하고 당신의 가정 상황에 맞는 클러치를 몇 가지 더 생각해 보길 바란다.

진실함의 클러치

- **가상의 상황**: 당신의 사촌 알렌이 빈정거리는 투로 말한다. "그 꼴통 같은 설교자의 '하나님은 동성애자를 미워한다'라는 말을 너도 믿니?"
- **피해야 할 기어 부딪치는 소리**: "물론이지, 알렌. 성경에는 동성애자들은 천국에 들어가지 못한다고 분명하게 나와 있어."
- **클러치 밟기**: "알렌, 진짜로 궁금해서 물어보는 거야? 정말로 동성애에 대해 나와 토론하기를 원해? 아니면 그냥 한번 찔러보는 거야?"

타이밍의 클러치

- **가상의 상황**: 삼촌 토니가 추수감사절 만찬에서 모든 사담(私談)을 막으면서 이렇게 말한다. "어이, 예수쟁이 조카, 너는 네가 믿는 것을 내가 믿지 않기 때문에 내가 지옥에 갈 거라고 생각하니?"
- **피해야 할 기어 부딪치는 소리**: "삼촌, 삼촌은 거듭났어요? 예수님이 니고데모에게 말씀하신 것을 아세요? 예수님은 사람이 거듭나지 않으면 천국에 들어갈 수 없다고 분명하게 말씀하셨어요."
- **클러치 밟기**: "삼촌은 정말로 지금 이 문제를 토론하기를 원하세요?

모든 사람이 듣는 자리에서요? 왜 삼촌은 모든 사람 앞에서 그런 개인적인 질문을 하세요?"그리고 식탁에 앉은 모든 사람을 돌아보며, "삼촌과 내가 지금 종교적인 토론을 하는 것을 원하세요?"(물론 이때 모든 사람이 그렇다고 대답하면서 당신이 스포트라이트를 받게 될 위험이 있다. 그러나 만일 그렇게 되더라도, 당신의 타이밍의 클러치는 분명 더 나은 대화를 위한 길을 열어 줄 것이다.)

사과의 클러치

• **가상의 상황**: 당신의 여동생이 당신이 좋아하지 않는 녀석과 몇 해 동안 동거하고 있다. 마침내 그녀의 결혼이 다가왔다. 그것은 그녀의 세 번째 결혼이었으며, 당신은 어차피 오래가지도 않을 결혼을 위해 선물을 사고 정장을 입는 데 지쳤다. 그리하여 당신은 그녀의 결혼식에 가지 않았고, 그때부터 그녀와 당신 사이에 틈이 생겼다. 당신은 그녀에게 복음을 전할 가능성이 전혀 없다고 확신한다. 그로부터 10년이 지났다. 그녀는 여전히 그 녀석과 함께 살고 있으며, 당신은 좀 더 깊은 수준에서 다시 그녀와 연결되기를 원한다.

• **피해야 할 기어 부딪치는 소리**: "내가 네 결혼식에 참석하지 않은 것은 어차피 그 결혼 역시 오래가지 않을 거라고 생각했기 때문이야. 지금도 그렇게 생각하지만, 어쨌든 나는 네가 잘되기를 원해."

• **클러치 밟기**: "우리 관계에 대해 많이 생각해 봤어. 나는 우리 관계가 다시 좋아지기를 원해. 내가 네 결혼식에 참석하지 않은 것이 분명 우리 관계에 나쁜 영향을 끼쳤다고 생각해. 나는 그때의 결정을

후회하고 있어. 그리고 그렇게 후회하는 걸 네가 알아주었으면 해. 마땅히 네 결혼식에 참석해야 했는데 미안해. 부디 나를 용서해 주면 좋겠어. 나는 진심으로 네가 잘되기를 원해. 그리고 우리 사이가 다시 가까워졌으면 좋겠어."

시간을 유예하는 클러치

- **가상의 상황**: 당신의 형은 당신보다 훨씬 더 똑똑하며, 그의 명석한 머리와 유창한 달변으로 당신을 곤란하게 할 수 있다. 어느날 그는 당신이 대답할 수 없는 질문을 던지며, 당신을 바보로 만든다.

  피해야 할 기어 부딪치는 소리: "그래? 그러면 이건 어때?"(그러고 나서 당신은 그가 던진 질문과 상관없는 질문으로 그를 난처하게 만들고자 애쓴다.)

- **클러치 밟기 1**: "그래, 나는 형이 좋은 질문을 했다고 생각해. 그렇지만 나는 그 답을 알지 못해. 나에게 생각해 볼 수 있는 시간을 좀 줄 수 있겠어?" 만일 그가 시간을 주려 하지 않는다면, 그의 질문은 결코 진지한 것이 아니다. 그런 경우라면, 지금 진실함의 클러치를 밟을 때이다.

- **클러치 밟기 2**: "지난번에 나에게 물었던 것 기억해? 그때 나는 어떻게 대답해야 할지 몰랐어. 나는 형처럼 머리가 좋지 못한가 봐. 그러나 그동안 그 문제에 대해 생각해 봤어. 내가 어떤 결론에 도달했는지 들어 볼래?"

'어쩌면'의 클러치

- **가상의 상황**: 당신의 아들이 성경에 대한 공격적인 질문과 함께 집으로 온다. (아마도 종교학 교수에게 영감을 받았을 것이다.) 그는 성경이 아무 오류 없이 전해졌다고 아무도 (다시 말해서 지적인 사람이라면) 믿지 않는다고 말한다. 그러므로 성경을 신뢰할 수 없다는 것이다.

- **피해야 할 기어 부딪치는 소리**: 그에게 최근에 출간된 변증학 책을 가져다주거나, 사해 사본에 대한 지루한 이야기를 하는 것.

- **클러치 밟기**: "어쩌면 그럴지도 모르지. 오랜 시간을 지나오며 성경에 왜곡이 있을 수도 있을 것 같아. 그러나 한편으로 어쩌면 그렇지 않을 수 있지 않을까? 만일 사람들에게 무언가 메시지를 전달하기 원하는 하나님이 진짜로 계시다면, 그분이 오류와 왜곡이 생기지 않는 방식으로 그것을 전달하게 하시지 않았을까? 최소한의 가능성으로라도 말이야."

관심의 클러치

- **가상의 상황**: 당신의 동생이 술을 너무 많이 마신다.

- **피해야 할 기어 부딪치는 소리**: 에베소서 5장 18절("술 취하지 말라 이는 방탕한 것이니 오직 성령으로 충만함을 받으라")이나 다양한 잠언 구절을 인용하면서 술 취함에 대해 책망하고 잔소리한다.

- **클러치 밟기**: "골치 아픈 주제에 대해 이야기해 보자. 나는 네가 얼마나 많이 마시는지 모르지만 너무 걱정스러워. 설령 그것이 네 가

정을 파괴하지는 않더라도, 최소한 네 간(肝)은 파괴할 거야. 그것은 이미 너와 나 사이를 멀리 떼어 놓았어. 나는 너에게 어느 정도의 도움이 필요하다고 생각해." (이것은 내가 여기서 다루기에는 너무 큰 주제이다. 모든 종류의 중독에 도움이 되는 자료는 많다. 그러한 자료를 활용하되, 문제가 곧 사라질 것이라고는 생각하지 말라.)

성장의 클러치

- **가상의 상황**: 지금 당신과 당신의 형제자매는 모두 40대이다. 당신은 그들이 서로 성인으로 대하기를 원하지만, 실제로 그렇게 하지 않는다. 그들은 함께 모일 때마다, 미숙한 행동과 예전의 행동 패턴에 의지하는 것처럼 보인다.
- **피해야 할 기어 부딪치는 소리**: 근본적인 문제는 무시한 채 단순히 당신이 그들을 대하는 방식을 바꾸는 것.
- **클러치 밟기**: "나는 우리가 만날 때마다 어린 시절로 돌아가는 경향이 있음을 인정해야 한다고 생각해. 최소한 서로를 대하는 방식이라도 바꾸고 싶어. 그렇게 생각하지 않아?"

니고데모와 더불어 이야기하는 과정에서, 예수님은 거듭나는 것을 바람에 비유하며 이렇게 말씀하셨다. "내가 네게 거듭나야 하겠다 하는 말을 놀랍게 여기지 말라 바람이 임의로 불매 네가 그 소리는 들어도 어디서 와서 어디로 가는지 알지 못하나니 성령으로 난 사람도 다 그러하니라"(요 3:7-8). 성경에서 니고데모는 성령의 바람 같은 역사(役事)를 보여주는 본보기로 사용된다. 이 유대인 관원은 요한복음에서 세 번 등장한다. 처음에 그는 밤에 예수께 온다(요 3:2). 그는 거듭남에 대해 거의 무지한 것으로 보인다. 그다음에 그는 7장에 다시 나타난다. 거기서 그는 부드러운 말로 동료 유대 관원들의 성급한 판단에 대해 이의를 제기한다. 이 지점에서 니고데모의 삶에 분명 어떤 일이 일어난 것으로 보인다. 그러나 그것이 무엇인지는 불분명하다. 그리고 마지막으로 그는 19장에서 다시 등장한다. 거기서 그는 아리마대 요셉과 함께 유대인의 장례법대로 예수님의 시신을 향품과 함께 세마포로 쌌다.

니고데모는 어둠에서 빛으로 움직인다(요한은 그가 처음 예수께 나올 때 '밤'이었다고 세 번이나 언급한다). 그는 거듭남조차 알지 못하는 어둠에서 십자가에 달린 메시아의 시신을 처리하는 빛으로 움직인다. 그러나 요한은 우리가 그것을 알지 못한다고 말한다. 우리는 니고데모의 삶 속에서 바람이 분 것을 안다. 그 소리를 듣는다. 여전히 그것이 어디서 오며 어디로 가는지 알지 못하지만 그것의 실재(實在)를 의심하지 않는다.

나는 이 이야기로부터 큰 위로와 격려를 받는다. 아마도 하나님은 우리의 가족이나 친척의 삶 속에서 역사하고 계실 것이다. 심지어 아무 일도 일어나지 않는 것처럼 보일 때조차 말이다. 이것은 우리가 가만히 앉아 아무 일도 하지 않게 하는 것이 아니라 도리어 우리가 보는 것 이상의 일이 진행되고 있음을 믿게 만든다. 그동안 우리는 기도에 전념하고, 기어를 바꾸기 전에 클러치를 밟으면서 하나님께 담대함과 민감함과 은혜를 구할 수 있다.

이와 관련하여 우리는 시간에 대한 C. S. 루이스의 관점으로부터 도움을 받을 수 있다. 그의 책『스크루테이프의 편지』(홍성사, 2000)는 한 악마와 다른 악마가 주고받은 가공의 편지들의 모음이다. 노회한 악마 스크루테이프는 풋내기 악마 웜우드에게 인간을 타락시키는 방법을 훈련시키기 위해 편지를 쓴다. 그러므로 스크루테이프가 악한 것으로 제시하는 모든 것은 실제로 선한 것이며, 그가 선한 것으로 제시하는 모든 것은 실제로 악한 것이다. 그가 '원수'라고 부르는 자는 하나님이다. 그는 이렇게 쓴다.

인간은 시간 속에서 살지만, 우리의 원수는 그들을 위해 영원을 예비해 두었다. 그래서 인간의 주된 관심을 영원 그 자체와 현재라는 두 가지 시점 모두에 집중시키려 들지. 현재는 시간이 영원에 가닿는 지점 아니냐. 원수는 현실을 총체적으로 경험할 수 있지만, 인간은 현재의 순간, 오직 그 순간에만 원수와 유사한 경험을 할 수 있다. 즉 현재의 순간에만 자유와 현실성을 얻는 게야. 그러므로 원수는 인간이 계속 영원과 현재에 관심을 기울이게 만든다. 원수와의 영원한 연합과 영원한 분리에 대해 묵상하게 하거나 현재 들리는 양심의 소리를 따르거나 현재 주어진 십자가를 지거나 현재 주어진 은혜를 받거나 현재의 즐거움에 감사드리게 하려 든단 말이지.[60]

---

60 C. S. Lewis, The Screwtape Letters (San Francisco: HarperCollins, 2001), p.75–76.『스크루테이프의 편지』(홍성사, 2000).

우리는 시간 속에서 살지만, 영원으로 이끌려 간다. 우리는 가족과 함께 저녁 식탁에서 이야기를 하고, 휴가지에서 TV를 보고, 일상적인 계획을 세우고, 일정을 의논하고, 레시피를 교환하며, 영원과는 상관없는 것처럼 보이는 세속적인 활동을 한다. 그러나 실제로 그러한 것들은 '영원과 접촉'한다. 그러므로 우리는 가족과 우리의 모든 상호 작용이 현재와 영원 사이의 결정적인 교차점에서 일어난다는 사실을 기억할 필요가 있다. 우리는 현재 시점에서 우리의 가족과 친척을 사랑하고자 노력하며 현재의 렌즈를 통해 그들에게 영원을 가리킨다. 우리는 지금 그들과 더불어 생(生)을 즐기며, 그들에게 장차 올 또 다른 생에 대해 이야기한다. 또한 그들이 속히 믿음으로 나오기를 기도하면서, 그것이 이루어질 시간과 상관없이 우리에게 평안과 기쁨을 달라고 간구한다.

단계적 실천

1. 당신은 어떤 가족이나 친척을 위해 오래 기다렸는가? 희망을 포기했는가? 하나님께 당신의 마음을 새롭게 해달라고 간구하라. 당신은 지쳤는가? 하나님께 그동안 당신의 삶 가운데서 행하신 그분의 역사(役事)를 일깨워 달라고 간구하라. 당신은 조바심이 나며 참을 수 없는가? 하나님께 용서를 구하라. 긴 시각에서 관계를 잘 살펴보고 하나님께 당신의 다음 발걸음을 인도해 달라고 구하라. 잠시 멈추어야 할 때도 있고 전략적으로 돌아가야 할 때도 있다. 하나님께 인도하심과 끈기를 구하라.

2. 형제자매와의 관계는 우리에게 특별한 도전을 가져다준다. 그들은 우리와 가장 오랫동안 관계를 맺어온 자들이다. 그래서 형제자매 사이에는 사랑을 당연한 것으로 여겨서 표현하지 않는 경우가 많다. 만일 당신도 그렇다면 오랫동안 표현하지 않은 말을 표현할 수 있는 방법을 찾아라. 아마도 생일 축하 카드나 크리스마스 선물을 전달하는 것이 좋은 기

회가 될 것이다. 일단 침묵을 깨라. 그것이 가장 깊은 대화의 문을 여는 열쇠가 될 수 있다.

3. 만일 당신이 타 종교(유대교, 이슬람교, 불교 등)에서 벗어났다면, 당신은 옛 종교의 독특한 세계관을 가진 사람들에게 복음을 전하는 최선의 방법에 대해 어느 정도 연구할 필요가 있다. 당신은 타 종교에서 왔으므로 그들에게 복음을 전하는 방법을 이미 알고 있다고 생각할 수 있다. 그러나 때로는 익숙함이 우리의 시야를 흐리게 만든다. 그러므로 그러한 세계와 일상적으로 접촉하는 선교사들에게 조언을 받는 것이 좋다. 예를 들어 유대인 선교회(Jews for Jesus and Chosen People Ministries)는 당신에게 통찰력과 함께 유대인 가족에게 복음을 전하는 것을 돕는 유용한 자료들을 제공해 준다. 이슬람 선교회(Answering Islam, www.answering-islam.org)도 마찬가지이다. 또한 몰몬교와 여호와의 증인과 다른 종교들을 위한 유용한 자료도 있다. 다른 사람들이 쌓아 놓은 풍성한 자료를 주의 깊게 연구하기 위해 시간을 투자하는 것은 매우 가치 있는 일이다. 다른 사람들이 이미 만들어 놓은 수레바퀴를 다시 발명하고자 애쓸 필요는 없다.

4. 어떤 문화는 오랫동안 점진적인 전도 방법을 취할 때 독특하고 역동적인 긴장을 유발하기도 한다. 아시아의 그리스도인을 위한 한 가지 유용한 자료는 『부모와 불화하지 않고 예수를 따르는 법Following Jesus without Dishonoring Your Parents: Asian American Discipleship』이다.[61] 이렇듯 다른 문화

---

61 Jeanette Yep, Peter Cha, Susan Cho Van Riesen, Greg Jao, and Paul Tokunaga, *Following Jesus without Dishonoring Your Parents: Asian American Discipleship* (Downers Grove, IL: InterVarsity Press, 1998).

를 위한 자료에서 우리는 지혜를 배울 수 있다.

5. 당신의 가족이나 친척이 지금 당신 옆에 있는 것에 대해 감사하라. 지금 함께 즐길 수 있는 공통적인 주제를 찾아라. 여행, 음악, 스포츠, 영화, 독서, 역사(歷史) 등. 그러면 당신은 그들과 많은 시간을 함께 보내게 되고 그들은 당신이 예수 외에 다른 것에도 관심이 있는 것으로 인해 즐거워할 것이다.

7장

영원

: 위로를 주지만
두려운 영원

내가 7장을 시작할 때, 아내는 남동생에게 아버지의 병환이 위중해졌다는 소식을 알리는 이메일을 받았다. 작년 한 해에 이런 일이 몇 차례 있었지만, 이번에는 분위기가 사뭇 달랐다. 호스피스 간호사는 그가 며칠을 못 넘길 것으로 보았다. 팸은 다음 날 아침 일찍 비행기를 타고 마지막 작별 인사를 하기 위해 아버지에게 갔다. 그리고 다음 날 밤 그는 죽었다. 그런데 그때 팸의 어머니가 가쁜 숨을 몰아쉬며 병원에 들어왔다. 우리는 모두 그것이 50년 넘게 함께 살아온 남편이 세상을 떠나는 것을 보는 스트레스 때문이라고 생각했다. 그러나 실제로는 폐렴 때문이었다. 그녀의 폐렴이 최근에 폐 섬유증으로 발전된 것이었다.

슬프게도 병원 관계자들은 그녀가 며칠 살지 못할 것이라고 진단했다. 그리고 우리는 일주일도 지나지 않은 시점에, 또 한 번 장례식을 치러야

했다. 우리 모두는 죽음의 실재로 인해 큰 충격을 느꼈다.

사람들은 다음과 같은 네 가지 방식 중 한 가지로 죽음에 직면한다.

- 전율과 함께 죽음을 두려워한다.
- 부인(否認)으로 죽음을 무시한다.
- 순진한 보편구원론을 통해 헛된 희망을 붙잡는다.
- 복음 안에서 죽음을 극복한다.

다르게 표현하면, 그들은 죽음에게 네 가지 방식 중 한 가지로 말한다.

- "꺼져 버려!"
- "나는 너에 대해 생각조차 하지 않아."
- "죽음은 삶의 자연적인 일부일 뿐이야."
- "사망아 너의 승리가 어디 있느냐, 사망아 네가 쏘는 것이 어디 있느냐?"

전도에서 우리의 임무는 앞의 세 가지 방식을 네 번째 방식과 대조시키는 것이다. 온전한 복음 사역은 사람들을 두려움과 부인과 헛된 희망으로부터 건져낸다. 우리가 사람들에게 그리스도를 가리킬 때, 우리는 그들에게 죽음의 쏘는 것을 제거하는 방법을 보여주는 것이다. 그렇게 하면서 죽음을 두려운 것이 아니라 기대할 만한 것으로 만드는 것이다. 디트리히 본회퍼가 말한 것처럼, "죽음은 하나님이 그분을 믿는 자들에게 주시는 은혜이며 가장 큰 선물이다."[62]

요한복음 3장에서 예수님과 니고데모 사이에 벌어진 대화를 유심히 살펴보면 죽음에 대해 오늘날의 논의에서 잘 다루어지지 않는 분명한 것을 볼 수 있다. 그리스도의 말씀 속에서 우리는 매우 선명한 대조를 보게 된다. "하나님이 세상을 이처럼 사랑하사 독생자를 주셨으니 이는 그를 믿는 자마다 멸망하지 않고 영생을 얻게 하려 하심이라 하나님이 그 아들을 세상에 보내신 것은 세상을 심판하려 하심이 아니요 그로 말미암아 세상이 구원을 받게 하려 하심이라 그를 믿는 자는 심판을 받지 아니하는 것이요 믿지 아니하는 자는 하나님의 독생자의 이름을 믿지 아니하므로 벌써 심판을 받은 것이니라"(요 3:16-18).

아마도 당신은 이 구절과 관련된 설교와 글을 많이 접했을 것이다. 그러므로 여기서 나는 전도와 관련된 두 가지만 지적하고자 한다.

첫째, 대부분의 사람이 17절과 18절은 빼고 16절만 인용하기를 좋아하는 이유가 있다. 16절만 읽으면, "멸망"이라는 단어를 간과한 채 하나님이 당신을 얼마나 사랑하셨는지에만 초점을 맞출 수 있다. 이런 측면에서 이 구절이 그토록 자주 인용되는 것은 조금도 놀랄 일이 아니다. 그러나 그때 당신은 '멸망하는 것'과 '영생을 얻는 것'의 대조를 놓칠 수 있다. 예수님이 니고데모에게 하신 말씀의 놀라운 점은 하나님이 사람들을 구원하고자 하셨다는 것이다. 우리는 모두 하나님의 독생자의 이름을 믿지 않

---

62 Eric Metaxas, *Bonhoeffer: Pastor, Martyr, Prophet, Spy* (Nashville: Thomas Nelson, 2010), 531.

아서 이미 심판을 받았다. 미국의 사법 시스템에서는 유죄로 증명되기 전까지는 무죄로 간주된다. 그러나 반대로 하나님의 법정에서는 우리 모두 초자연적으로 구원받기 전까지 유죄로 간주된다.

장례식 때와 조문록(弔文錄) 위에 쓰인 글 속에서는 이런 개념을 전혀 발견하지 못한다. 장례식 때 대부분의 조문객은 고인이 지금 '더 좋은' 상태에 있다고 간주한다. 그러나 그러한 말은 오직 흑암의 권세로부터 구원받은 사람들에게만 적용될 수 있다. 성경이 그들을 '구원받은 자'라고 부르기 때문이다.

둘째, 우리는 16절에서 'for'와 'so'를 건너뛰어서는 안 된다(for God so loved the world, that he gave his only Son, that whoever believes in him should not perish but have eternal life). 그 단어들은 앞 단락과 16절 사이의 연결 관계를 보여준다. 앞 단락에서 예수님은 그분이 이루실 구원을 이스라엘 백성이 놋뱀을 바라보고 고침을 받은 것과 비교하셨다. 당신은 민수기 21장에 기록된 그 이상한 이야기를 기억하는가? 백성이 하나님과 모세를 향해 원망하자, 하나님은 독사의 형태로 그들을 심판하셨다(민 21:5). 그러나 동시에 하나님은 구원의 길을 예비하셨다. 만일 백성이 장대에 달린 놋뱀을 바라보면 죽음에서 면제될 것이었다. 여기서 병행관계를 발견할 수 있는가? 원망하며 불평하기를 잘하는 광야의 이스라엘 백성은 자기 의로부터 하나님의 구원하시는 손으로 돌이킬 필요가 있었다. 그들은 자신의 죄를 회개하고 구주이신 하나님을 신뢰할 필요가 있었다. 우리에게도 그와 동일한 회개의 태도가 필요하다.

바로 이것이 16절이 'for'로 시작하는 이유이다. 그것은 하나님의 구원의 이야기를 연결한다. 그리고 계속해서 'so'는 그러한 연결을 더 분명히 한다. 우리는 "하나님이 세상을 이처럼 사랑하사"라는 구절을 하나님이 세상을 사랑하신 양(量)을 표현하는 것으로 이해한다. 그것을 양적인 언급으로 보는 것이다. 그러나 실제로 그것은 하나님의 사랑의 양보다는 종류를 표현하는 질적인 언급이다. 그것은 구원하는 종류의 사랑, 자격 없는 자에게 주어지는 사랑, 속죄를 준비하는 사랑이다. 광야에서 뱀을 보내실 때, 하나님은 완전히 공의로우셨다. 마찬가지로 오늘날 사람들을 멸망하도록 내버려두시는, 하나님은 완전히 공의로우시다. 놀라운 사실은 죄를 벌하시는, 동일한 하나님이 구원을 제공하신다는 사실이다.

우리는 여기서 '세상'이라는 단어를 놓쳐서는 안 된다. 세상에 대해 말할 때, 요한은 항상 그것이 얼마나 악하며 속히 지나가고 영적으로 위험한 것인지를 강조했다. 이와 관련하여 D. A. 카슨은 이렇게 말한다. "세상에 대한 하나님의 사랑이 놀라운 것은, 그 사랑이 너무나 크고 너무나 많은 사람들을 포함하고 있기 때문이 아니라 세상이 너무나 악하기 때문이다."[63]

이러한 예수님의 분명한 가르침은 두 가지로 나뉜다. 신자인 우리는 구원의 확신이 있기 때문에 그 가르침은 우리에게 기쁨을 준다. 우리는 부모나 조부모가 '주 안에서' 죽을 때 슬퍼하기는 하지만 소망 없는 다른 이와 같이 슬퍼하지는 않는다(살전 4:13). 몇몇 사람은 그들의 부모가 열

---

63 D. A. Carson, *The Gospel according to John* (Grand Rapids, MI: InterVarsity Press, 1991), p.205. 『요한복음』(솔로몬, 2017).

한 시에 그리스도께 나왔는데도 지금 그분과 함께 있는 것을 발견한 기쁨에 대해 나에게 말해 주었다.

폴은 그의 연로한 어머니와 7년에 걸쳐 믿음에 관한 대화를 한 것에 대해 나에게 말해 주었다. 그는 매일 퇴근하는 길에 그녀에게 전화를 했다. 그것이 그의 일상이었다. 그는 회사 주차장을 빠져나오기 전에 어머니에게 성경을 읽어 주었다. 그리고 교통 체증에 있는 동안 그 내용에 대해 토론했다. 그녀는 평생 한 번도 교회에 간 적이 없었다. 그러던 중 죽음이 가까워지면서 그녀는 복음에 대해 마음의 문이 열기 시작했다. 폴은 40대 중반에 신자가 되었다. 신자가 되었을 때 그는 즉시 회심에 대해 어머니와 나누었으며, 그녀는 그의 이야기를 듣기 좋아했다(단순히 아들과의 친밀함을 유지하기 위한 것이거나 남편의 죽음으로 인한 외로움 때문이거나 단순한 지루함 때문이었을 수도 있다).

"때로 나는 어머니에게 서로 다른 렌즈들을 통해 삶이 어떻게 보이는지에 대해 이야기했습니다. 평범한 상황일수록, 어머니는 더 큰 관심을 기울이는 것 같았습니다. 내가 예배를 통해 경험한 감정적인 황홀감에 대해 이야기할 때, 어머니는 별 반응이 없었습니다. 그러나 내가 새롭게 발견한 믿음으로 아내의 사소한 잘못을 용서한 것에 대해 이야기할 때, 어머니는 많은 질문을 하며 큰 관심을 기울였습니다."

그는 나에게 매일 반복되는 전화 통화가 그들 관계를 향상시켰음을 강조했다. 나는 그에게 매일 반복되는 전화 통화로 대화의 주제를 고갈되지 않았냐고 물었다. "아닙니다. 정반대입니다." 그는 계속해서 말했다. "오히려 전화를 적게 할수록 대화의 주제가 적어집니다. 매일 전화를 해야 이야깃거리가 계속 생기는 법이지요."

물론 7년 동안 폴은 얼굴을 마주하고 대화하기 위해 여러 차례 어머니를 방문했다. 그 가운데 마침내 그는 어머니에게 자기가 믿었던 것과 똑같은 방법으로 그리스도를 믿을 준비가 되었냐고 물었다. 그녀는 그 말의 뜻을 충분히 이해했으며 "그렇다"라고 대답했다. 그는 한 마디씩 기도하면서 그녀에게 따라 하라고 요청했다. 그리고 그 후 1년이 되지 않아, 그녀는 구주와 함께하기 위해 세상을 떠났다.

"사람들은 내가 7년 동안 어머니와 전화 통화를 이어간 것에 대해 놀랍니다. 어떻게 그렇게 많은 시간을 쓸 수 있냐는 것이지요. 그러나 나는 단 1분도 후회하지 않습니다." 그는 웃으면서 말을 이어갔다. "어머니가 지금 주님과 함께 있는 것을 생각할 때, 나는 그 모든 시간을 정말로 가치 있다고 느낍니다."

그러나 사랑하는 사람이 주님과 함께 있지 않아서 느끼는 괴로움은 어떻게 할 것인가? 우리는 그런 괴로움을 어떻게 극복할 것인가? 바로 이것이 요한복음 3장 16절에 나오는 두 번째 길이다.

달라스는 평생 두 번 운 것만 기억할 수 있다고 말했다. 그것은 그의 아버지가 뇌종양 진단을 받았을 때와 그가 끝까지 복음에 응답하지 않은 사실을 생각하며 그의 장례식에 서 있었을 때였다. 무신론자인 그의 아버지는 친구들이 치유를 위한 기도를 하자고 할 때도 "그런 쓸데없는 일로 시간 낭비하지 말게"라고 말하며 끝까지 거부했다. 18세가 될 때까지 달라스는 아버지의 회의주의 발자취를 따랐다. 그러다가 대학교 신입생이 되었을 때, 그는 기쁨으로 충만한 그리스도인들을 만났다. 그는 논리적인 유형의 사람답게 신약 성경을 통독하고 그들에게 거친 질문을 많이 제기했고, 그러던 중 1학년 봄 학기에 기독교 신앙을 받아들였다. 그리고 그때 그의 아버지의 건강은 급격히 악화되었다.

"물론 나는 아버지가 천국에 가셨기를 바랍니다. 그러나 나에게는 그렇게 생각할 수 있는 근거가 전혀 없습니다. 나는 내가 원하는 것보다 성경이 말하는 것을 더 신뢰할 수밖에 없습니다." 이렇게 말하는 그의 목소리에는 엄청난 괴로움이 담겨 있었다. 언제가 되었든, 나는 그가 세 번째 울었다는 이야기를 듣고 싶다. 정말로 그렇게 되기를 소망한다. 눈물은 그의 슬픔을 씻어 주는데 큰 도움이 될 것이다.

그는 계속해서 말했다. "나는 여러 차례 기도했습니다. '예수여, 내가 당신이 바라보는 방식으로 나 자신을 바라보도록 도우소서'라고 말입니다. 이러한 기도는 나에게 큰 도움이 되었습니다. 나는 그리스도께서 아버지보다 더 크다는 사실을 깨닫기에 이르렀습니다. 아버지를 사랑했지만, 그는 완전하지 않았습니다. 실제로 그에게는 수치스러운 것도 있습니다. 나에게 선택지가 있습니다. 그리스도를 포기하고 나의 삶의 가장 큰 인물로 아버지를 선택하거나 나의 삶의 가장 큰 인물로 아버지를 포기하고 내가 진정 바라보아야 할 자로 그리스도를 선택하는 것입니다. 비록 고통스러운 선택이기는 했지만 내 앞에 놓인 선택지를 분명하게 바라보았을 때, 그것을 결정하는 것은 어렵지 않았습니다."

그 젊은이는 나이에 어울리지 않게 지혜로웠다. 나는 그와 비슷한 생각을 가진 다른 사람들의 이야기도 들었다. 그들도 이렇게 말했다. "나는 나의 소망으로 나의 가족이 아니라 하나님을 바라보아야만 합니다. 그것은 그들이 살아 있을 때뿐만 아니라 죽은 다음에도 그렇습니다."

여기서 나는 독자들과 함께 "모든 위로의 하나님"(고후 1:3)이라는 표현에 대해 생각해 보고 싶다. 그 말에는 우리가 통상적으로 생각하는 것보다 훨씬 더 많은 의미가 담겨 있다. '모든'은 실제로 모든 것을 의미한다. 우리는 사랑하는 가족이 구원받지 못한 채 죽었을 때 어떻게 기쁨을 발견할 수 있는지 이해하기 어렵다. 그러나 많은 사람들이 실제로 그런 상황에서 기쁨을 발견한다. 우리는 그렇게 큰 고통 속에서 어떻게 희망과 기쁨을 발견할 수 있는지 의아하게 생각하지만 어쨌든 그들은 그렇게 한다. 일반적으로 사람들은 고통 속에서 믿음을 버리기보다 오히려 그 믿음을 지키면서 믿음이 단단해진다. 회의주의자들은 종종 그들의 불신앙에 대한 이론적 근거로서 고통당하는 자들을 가리킨다. 그러나 지체 장애인이나 암 환자들은 그들이 바라보는 영광의 구주에 대해 이야기한다. 마찬가지로 모든 위로의 하나님, "모든 지각에 뛰어난" 평강을 약속하시는 하나님은 사랑하는 가족이 불신 상태에서 잃었을 때조차 우리의 영혼에 향유를 부어주실 수 있다(빌 4:7).

물론 많은 사람들은 세상을 떠난 그들의 가족이 어디로 갔는지 알지 못한다. 세상을 떠난 그들의 가족과 그리스도의 관계는 그들이 원했던 것만큼 분명하지 않다. 그들은 복음을 전하고 경건 서적을 선물하고 전도지를 주고 성경을 읽어주고 질문을 하고, 심지어 임종의 자리에서 찬송가를 불러 주기까지 했다. 그러나 그들은 자신이 하나님 앞에 서게 될 것이라고 믿을 만한 분명한 확증을 얻지 못했다. 그러면 어떻게 되는 것인가?

데이비드는 나에게 부모가 천국에 있는지 알고 싶다고 말했다. 그들은 오랫동안 사회적인 문제와 도덕적인 자조(自助)에 대해 설교하는 자유주의 교회에 다녔다. 그들은 강단에서 '거듭남'이라는 단어를 결코 들어 보지 못했다. 하지만 다행히 데이비드는 기독교 단체를 통해 그리스도께 나아간 후 부모와 복음을 나누었으며 그들은 긍정적으로 반응했다.

그러나 그것은 30년 전의 일이다. 데이비드는 그들이 살아 있는 동안 이따금 복음으로 변화된 삶의 증거를 보았을 뿐이었다. 사실 그들은 얼마 전에 죽었다. 오랫동안 그의 부모는 다양한 상황에서 성경을 인용했지만 동시에 달라이 라마, 마크 트웨인, 간디 등의 이야기도 인용했다. 그러다가 그들에게 치매가 생겼다. 그러니 그들이 실제로 믿은 것이나 깨달은 것이 무엇인지 누가 알겠는가?

데이비드는 나에게 이렇게 말했다. "나는 최종적으로 그 모든 것에 대해 생각하기를 포기했습니다. 그들의 구원에 대해 알고자 하는 것이 사실상 일종의 우상 숭배라는 것을 깨달았고 그 사실을 깨달았을 때 비로소 자유함을 느꼈습니다. 나는 그것을 죄로 고백했으며 하나님이 나를 그런 교만으로부터 정결케 하시는 것을 보기 시작했습니다. 이제 나는 하나님이 은혜로운 하나님이며, 모든 것을 나보다 훨씬 더 잘 아신다는 사실을 믿습니다. 그러므로 하나님은 부모님의 신앙을 분별하시고 그들의 마음을 보실 수 있습니다. 나는 부모님을 천국에서 다시 보기를 희망합니다. 만일 내가 도박사라면… 물론 나는 도박사가 아닙니다. 설령 내가 도박사라도, 어떤 사람의 구원을 두고 내기를 거는 것은 그리 좋은 생각 같지 않습니다. 지금 나는 다만 좋은 기억을 간직하면서, 나의 한계를 받아들이기로 했습니다."

이는 어떤 사람들에게 좌절처럼 들릴지 모르지만, 나는 데이비드가 지혜롭다고 생각한다.

필 역시 나에게 그와 비슷한 통찰력을 일깨워 주었다. 오랫동안 목회한 목사인 그는 나에게 예수님을 알지 못한 채 죽은 가족과 친척을 둔 신자들에 대해 말해 주었다. 지금 모든 것을 다 깨닫기는 어렵지만, 어쨌든 우리가 하나님 앞에 얼굴과 얼굴로 설 때 주의 영광과 아름다움은 우리의 모든 눈물을 씻어 줄 정도로 압도적일 것이다. 우리가 가족을 위해 흘린 눈물까지도 포함해서 말이다. 만일 천국이 우리가 상상할 수 있는 것보다 훨씬 더 좋다는 사실을 받아들인다면, 우리는 어떤 방법으로든 지금 불가능하다고 생각하는 것을 하나님이 행하실 수 있음을 받아들이게 될 것이다.

그럼에도 많은 사람이 거듭남의 표적을 전혀 나타내지 않은 그리스도인 가족으로 인해 겪은 큰 좌절에 대해 이야기했다. 한 친구는 나에게 이렇게 말했다. "당신이 가족 전도에 대한 책을 쓰고 있다는 이야기를 들었습니다. 제발 그리스도인 가족을 전도하는 방법에 대해 다루어 주십시오." 나는 그 말이 의미하는 것을 충분히 이해할 수 있었다. 교회 예배와 각종 교회 활동에 참여하면서도 일종의 인본주의적 자조(自助)를 믿는 것처럼 보이는 사람들이 많다. 그들은 성경보다 『영혼을 위한 닭고기 수프』(푸른숲, 2016) 같은 책으로부터 더 많은 지혜를 배운다. 혹시 그들이 실제로 기독교가 아니라 다른 종교를 붙잡고 있는 것이 아닌가 하는 의문도 생긴다. 예수께서 양의 옷을 입은 이리에 대해 경고하시지 않았는가?(마 7:15). 신약이 참과 거짓(참과 매우 비슷하게 들리는 형태의 거짓)을 분별해야 할 필요성에 대해 경고하지 않는가?(골로새서와 히브리서를 보라).

20세기 초에 신학자 J. G. 메이첸은 다음과 같이 예리하게 관찰했다. "현대 자유주의는 전통적인 용어를 사용하고 있는데도, 기독교와 다른 종교일 뿐만 아니라 총체적으로 다른 부류의 종교에 속한다."[64] 그의 말은 지금도 적용되는 사실이다. 실제로 오늘날의 혼돈스러운 상황은 1920년대의 자유주의를 생각나게 한다. 어쩌면 당신의 가까운 친구나 친척은 일요일 오전을 당신과 똑같은 방식(즉 교회에 가는 것)으로 채울지 모른다. 그러나 그들이 듣고 믿는 것은 십자가의 복음으로부터 수백 광년 떨어진 것일 수 있다.

당신은 성경 구절을 인용하고, 그들도 성경 구절을 인용한다. 당신은 하나님의 사랑과 은혜와 사하심에 대해 말하며, 그들은 그 말에 동의하면서 머리를 끄덕인다. 그러나 그들은 완전히 다른 사실을 생각하고 있다. 그러므로 당신은 복음을 통속적인 위조품과 구별해야만 한다. 손가락을 들어 '당신의 교회가 가르치는 것 대 나의 교회가 가르치는 것'을 가리키기보다 좀 더 일반적인 방식으로 하는 것이 가장 좋다. 그리고 '복음과 종교는 전혀 다르다'는 사실을 강조할 필요가 있다.[65]

그런가 하면 우리가 인지하지 못하는 가운데 인생의 마지막 며칠 사이에 믿음으로 나오는 사람들이 있을 수도 있다. 나는 이 말을 하면서 살얼

---

64 J. Gresham Machen, *Christianity and Liberalism* (New York: Macmillan, 1923), p.7. 『기독교와 자유주의』(복있는사람, 2013).
65 복음과 종교를 구분하는 것에 대해서는 이 책을 참고하라. Timothy Keller, *The Prodigal God* (New York: Dutton, 2008). 『팀 켈러의 탕부 하나님』.

음판을 걸고 있는 것 같다. 그러나 실제로 언젠가 복음을 들은 사람이 의식이 있는 상태에서 죽음을 앞두고 복음에 응답할 수 있는 것은 충분히 가능해 보인다.

인간의 뇌를 연구하는 신경과학은 오늘날 가장 급속하게 발전하고 있는 연구 분야 중 하나이다. 잠자는 동안, 음악을 듣는 동안, 심지어 사람들이 알츠하이머를 앓는 동안 뇌가 어떻게 작동하는지를 연구하는 것은 매우 흥미로운 작업이다. 우리는 언젠가 사람들이 죽어가면서 무엇을 생각하고 믿고 보는지 알게 될지도 모른다. 믿음의 증거를 나타낸 적이 없는 사람이 치매를 앓는 동안 그리스도의 긍휼을 붙잡는 것이 가능할까? 나는 가능하다고 생각한다. 나는 복음의 분명한 선언을 무시하라고 이 말을 하는 것이 아니다. 담대하게 복음을 전하라고 격려하기 위함이다. 즉 나는 하나님의 말씀은 치매와 같은 육신의 황폐한 상태에서조차 "혼과 영과 및 관절과 골수를 찔러 쪼개기까지 하는"(히 4:12) 좌우에 날선 검과 같다는 사실을 굳게 확신하면서 복음을 전하라고 격려하는 것이다.

전도를 위한 팁

절박한 긴급성

첫째, 영원의 실재는 우리에게 담대하게 복음을 전하도록 명령한다. 분명히 전도는 긴급성을 수반한다. 모든 사람은 죽고 심판에 직면한다. 어떤 사람들은 그리스도의 피로 산 속죄 속에서 피난처를 발견하고 어떤 사람들은 자신의 공로를 의지할 것이다. 그러나 그들은 스스로를 구원할 수 없으며 결국 멸망을 당할 것이다. 결국 우리의 메시지 속에는 그에 대한 경고가 담겨 있다.

전도 이전의 모든 과정, 즉 아무 말 없이 사랑을 나타내고 기다려주고 동정심을 가지고 공통의 주제를 찾으며 기어를 바꾸기 전에 클러치를 밟는 모든 과정 후에, 우리는 공의의 하나님이 행하실 심판의 경고음을 울릴 필요가 있다. 이러한 긴급성은 결코 무뎌지지 않는다. 왜냐하면 연로한 부모나 조부모에게 이 땅에서의 삶이 끝나가는 실재가 이미 어렴풋이 나타나기 시작했기 때문이다. 심지어 이생의 위험들(자동차 사고, 점증하는 폭력, 자연 재해 등)은 우리에게 미래의 불확실성을 일깨워준다.

어떤 사람들은 순발력 있게 일을 처리한다. 그들은 예행연습 없이도 항상 올바른 해답을 제시할 수 있다. 그러나 대부분의 사람은 그렇게 하지 못한다. 그러므로 중요한 대화에서 당신의 순발력이나 즉흥적인 언변을 의지하지 말라. 죽음과 영생에 대해 무슨 말을 할지 미리 준비하고 연습하라. 필요하다면 적어 두라. 그리고 편안함을 느낄 때까지 무턱대고 기다리지 말라. 불편함 가운데서도 너무 늦기 전에 말하라.

복음을 전하기 전에 다음과 같이 말해야 하는 경우도 있다.

"할아버지, 할아버지가 종교에 대해 이야기하는 것을 좋아하지 않는 것을 잘 알고 있어요. 그러나 할아버지에게 꼭 해야 할 말이 있어요. 천국에 들어가는 것에 대한 말인데, 좀 들어보실래요?"

"어머니, 우리는 어머니가 돌아가신 후 어떤 일이 일어나는지에 대해 한 번도 이야기해 본 적이 없어요. 그리고 이것이 불편한 이야기라는 것을 잘 알아요. 그러나 이것보다 더 중요한 것은 아무것도 없어요."

"고모, 고모는 항상 나에게 사랑을 베풀어 주셨어요. 그러나 나는 고모에게 가장 중요한 일에 대해 이야기하지 않았어요. 부디 내가 인생의 가장 중요한 일에 대해 말할 수 있게 허락해 주세요."

만일 당신의 가족이나 친척이 책을 읽을 수 있다면, 죽음의 실재와 하나님의 구원에 대해 다루는 책을 이용해도 좋다. 빌리 그레이엄의 『그리스도인의 죽음과 천국의 소망』(순출판사, 1999)이나 혹은 어윈 루처의 『당신은 하나님과 영원히 함께한다고 어떻게 확신할 수 있는가*How You Can*

Be Sure That You Will Spend Eternity with God』와 같은 책은 그들에게 좋은 길 잡이가 될 것이다.[66]

당신은 그리스도를 영접한 사람들 가운데 85%가 18세 이전에 그리스 도를 영접했다는 통계를 들어본 적이 있을 것이다. 나는 그런 통계를 정 확한 문서로 본 적이 없고 그 통계가 어떤 부분에서는 사실일지 모르지 만, 그것을 신뢰하지 않는다. 우리의 문화가 바뀌는 것처럼, 전도의 트렌 트 역시 마찬가지로 바뀐다. 설령 그 숫자가 정확하더라도, 영접하지 않 은 나머지 15%는 여전히 어마어마한 사람들을 포함한다. 그러므로 그런 통계 때문에 나이가 많은 사람들에게 복음을 전하는 일을 포기하거나 주 저해서는 안 된다. 하나님의 능력은 사람의 노화과정보다 더 강하다.

이 책을 쓰고 있는 동안, 많은 사람들이 나에게 그들의 부모와 조부모 가 70-80대에 믿음으로 나온 이야기를 자발적으로 해 주었다. 대부분의 사람이 늙으면 죽음에 대해 생각한다. 그것은 조금도 놀랄 일이 아니다. 밥은 87세가 된 삼촌을 믿음으로 인도했다. 그것은 삼촌이 그에게 "나는 죽는 게 두려워"라고 말한 직후에 일어난 일이었다.

로이스는 나에게 아버지를 전도하려는 전략을 최종적으로 바꾸었다 고 말했다. 그녀는 무려 35년 동안 아버지에게 성경과 경건 서적들과 팸 플릿들을 주었다. 그녀는 10대 때 교회의 청소년 사역을 통해 믿음으로 나아갔지만, 그녀의 부모는 결코 교회에 나가지 않았다. 그러다가 노년이

---

66 Billy Graham, *Death and the Life After* (Waco, TX: Word, 1987). 『그리스도인의 죽음과 천국의 소망』. Erwin Lutzer, *How You Can Be Sure That You Will Spend Eternity with God* (Chicago: Moody, 1996).

되자 그들은 두려움과 쓸쓸함 속으로 움츠러들었다. 아무것도 소용이 없었다. 그녀의 어머니의 고통스러운 죽음은 아버지를 더 깊은 우울증과 망상 속으로 밀어 넣었다. 그리하여 로이스는 주님께 아버지의 삶 속에 다른 그리스도인들을 보내 달라고 간구하기 시작했다. 함께 삶을 나누며 전도할 수 있는 동료 그리스도인들 말이다.

하나님은 그녀의 기도에 정확하게 응답하셨다. 은퇴자 공동체에서 낚시 클럽이 발족되었다. 그리고 낚시 클럽 회원 네 명이 낚시 클럽에 가입할 것을 권유하기 위해 그녀의 아버지의 집 문을 두드렸다.

"관심 없습니다!" 그는 그들에게 무뚝뚝하게 대답했다. 그러나 그들은 포기하지 않았다. 결국 로이스의 아버지는 그들과 함께 낚시하러 갔다. 사실 낚시 클럽 회원들은 사람을 낚는 어부들이었다. 왜냐하면 그들은 계속해서 그를 교회로 초청했기 때문이었다. 마침내 부활절에 로이스의 아버지는 그녀에게 전화를 걸어 이렇게 말했다. "나는 예수님이 죽은 자 가운데 다시 살아나신 것을 전혀 알지 못했어. 왜 나에게 그 이야기를 해 주지 않았니?"

로이스는 나에게 자기 아버지의 회심 이야기를 하면서 계속 웃었다. "나는 부활에 대해 50번도 더 말했을 거예요. 다만 아버지에게 들을 귀가 없었던 거죠. 그러나 이제 그는 완전히 다른 사람이 되었습니다. 그는 이제 죽음을 두려워하지 않고 어디든 스스로 운전해서 갑니다. 실제로 그는 지난주에 동생을 만나기 위해 1,600km를 운전해서 찾아갔습니다. 그가 첫 번째로 챙긴 물건은 바로 성경이었고요."

깨끗한 양심

둘째, 영원의 실재는 우리에게 거리낌 없이 복음을 전할 것을 요구한다. 우리는 다른 사람들의 반응에 책임을 질 필요가 없다. 너무나 많은 사람이 자신의 가족이 복음에 응답하지 않은 것에 대해 책임감을 느낀다고 말했다. 그들은 그들의 가족들을 회심시키지 못한 죄책감으로 스스로를 고문했다. 심지어 어떤 사람들은 성경에 기대어 이런 종류의 죄책감을 정당화하기까지 했다. 그들은 그들의 목사가 자주 설교한 내용을 말해 주었다. 에스겔은 우리 모두를 파수꾼이라고 말하면서 만일 우리가 사람들에게 지옥에 대해 경고하지 않는다면 그들의 피가 우리 손에 있을 것이라고 가르쳤다는 것이다. (그러면서 논리적 근거로 에스겔 33장 1-6, 16-19절을 제시한다.)

이것은 명백히 성경을 매우 이상하게, 전체적인 흐름과 문맥을 전혀 고려하지 않고 읽는 것이다. 사람들이 하나님이 에스겔에게 맡기신 일을 자신에게 적용할 때, 나는 어째서 그들이 하나님이 그에게 주신 다른 모든 명령은 취하지 않는지 의아하게 생각한다. 말씀대로 한다면 두루마리를 먹고(겔 3:1), 토판 위에 그림을 그리며(4:1), 390일을 왼쪽으로 눕고 40일을 오른쪽으로 누운 채 이상한 음식을 먹어야(4:4-13) 하지 않는가? 이런 식으로 계속 간다면, 이야기는 매우 이상한 방향으로 흐를 것이다. 그러나 그것은 에스겔이라는 특별한 선지자에게 하나님이 특별하게 명령하신 것이다. 그래서 나는 그들이 호세아서를 읽으면서 그것을 어떻게 적용할지 궁금하다.

이런 종류의 선택적인 적용은 종종 사람들을 혼란에 빠뜨린다. 그것은

"그러므로 이제 그리스도 예수 안에 있는 자에게는 결코 정죄함이 없나니"(롬 8:1)와 같은 새 언약의 축복 속에서 마땅히 사라져야 할, 불필요한 죄책감을 만들어 낸다. 어떤 사람이 다른 사람의 피에 '책임'이 있다는 개념은 십자가에서 다 이루어진 사실, 개인적인 믿음에 대한 새 언약의 강조, 옛 언약의 선지자와 새 언약의 성도의 차이 등과 모순된다(렘 31:27-30).

이와 같은 죄책감에서 유발된 전도는 거의 효과가 없다. 친척들에게 그리스도에 대해 말하는 사람들을 생각해 보라. 만일 그들이 죄책감의 멍에로부터 벗어나기 위해 복음을 전한다면, 틀림없이 그들은 메시지를 왜곡시킬 것이다. 그들의 동기는 구원받지 못한 친척의 영혼보다 그들 자신의 유익(이제 그들의 피에 책임을 질 필요가 없게 되었다는 안도감)에 대한 관심에서 솟아오른 것이다. 그런 종류의 전도에 도대체 무슨 효과를 기대할 수 있겠는가?

신학적인 긴장

셋째, 영원의 실재는 우리를 총체적인 신학적 이해와 상관없이 복음을 전하도록 재촉한다. 몇몇 사람은 나에게 신학적인 혼란 때문에 복음 전하기를 주저했다고 말했다. 랜달은 나에게 만일 하나님이 주권적이시라면 전도는 어떤 역할을 하는지를 이해하고자 애쓰는 지점에서 멈추었다고 말했다. 그는 이렇게 물었다. "만일 하나님이 사람들을 예정하신다면, 내가 꼭 전도할 필요가 있습니까?" 나는 그에게 대답했다. "왜냐하면 바로 그것이 하나님이 계획하신 시스템이기 때문이지요." "그렇지만 나는 그 말을 이해할 수 없습니다. 하나님이 사람들을 선택하시면서 동시에 사람들에게 책임을 지게 하신다고요? 그리고 하나님은 우리가 그 과정에 참여하기를 원하신다고요? 나는 이 모든 조각을 맞출 수 없습니다."

나는 다시 대답했다. "당신은 그것을 맞출 필요가 없습니다." 그가 혼란 가운데 이마를 찡그렸고 나는 다시 설명했다. "아마도 그 모든 것을 이해하는 것이 전도를 위한 전제 조건은 아닐 것입니다. 적어도 나는 그렇다고 여깁니다. 그렇지 않으면 아무도 전도하려고 하지 않을 것입니다. 나는 그 모든 것을 이해하는 것이 인간의 능력을 넘어서는 일이라고 생각합니다. 그러나 그것이 우리를 주저하게 한다고는 생각하지 않습니다. 오히려 그것은 우리를 자유롭게 합니다."

그 후 랜달과의 대화의 초점을 로마서 11장 끝부분에 나오는 바울의 말에 맞추었다. 하나님의 주권과 인간의 책임을 세 장에 걸쳐 장황하게 설명하고 난 후, 바울은 이렇게 마무리한다. "깊도다 하나님의 지혜와 지식의 풍성함이여, 그의 판단은 헤아리지 못할 것이며 그의 길은 찾지 못할 것이로다"(롬 11:33). 심지어 바울조차 그것을 충분히 이해할 수 없었다. 그런데 어떻게 우리가 그것을 충분히 이해하기를 바랄 수 있겠는가? 불가사의하며 헤아릴 수 없는 어떤 일이 있다고 하자. 그런데 어떤 사람이 그에 대해 충분히 이해할 수 있고 쉽게 헤아릴 수 있는 것처럼 보이는 설명을 찾았다면, 도리어 그것이 이상한 일이 아니겠는가?

J. I. 패커의 역작 『복음전도란 무엇인가』(생명의 말씀사, 2012)은 우리에게 자유함을 부여함과 동시에 우리가 확신을 가지고 전도할 수 있도록 돕는다. 그는 이렇게 말했다. "어떤 사람들은 하나님의 주권적인 은혜에

대한 믿음이 결국 전도를 무의미한 것으로 만들지 않을까 우려한다. 복음을 듣든 그렇지 않든, 어쨌든 하나님이 택하신 자들을 구원하실 것이기 때문이다. 그러나 이것은 잘못된 가정에서 나온 잘못된 결론이다. 우리는 더 나아가 사실은 정반대임을 알아야 한다. 하나님의 주권적인 은혜는 전도를 무의미한 것으로 만들기는커녕 도리어 전도를 무의미한 것으로부터 굳게 지켜 준다. 왜냐하면 그것은 전도가 열매를 맺을 가능성(실제로 확실성)을 창조하기 때문이다. 하나님의 주권적인 은혜가 없다면, 전도가 열매를 맺을 가능성은 결코 없다."[67]

그러므로 복음을 전하고자 할 때 신학적인 혼란으로 인해 좌절하지 마라. 나는 지금 지적인 게으름을 조장하는 것이 아니다. 성경과 신학을 부지런히 연구할 때, 당신은 당신의 영혼을 부요하게 하면서 더 풍성한 메시지를 전할 수 있게 될 것이다. 그러나 어떤 경우에는 이해하는 것이 인간의 능력의 범주를 넘어서는 일이라는 사실을 깨달을 필요가 있다.

어려운 대화

넷째, 영원의 실재는 불편함 가운데서도 복음을 전하도록 강제한다. 모든 가정이 해피 엔딩의 동력(動力)을 만들어 내는 것은 아니다. 어떤 사람들은 여전히 분노가 가득할 수 있다. 또 항상 시간이 모든 상처를 치료하는 것도 아니고 그 가운데 모든 사람은 죽음을 향해 다가간다. 그러므로 해

---

67 J. I. Packer, *Evangelism and the Sovereignty of God* (Chicago: InterVarsity Press, 1961), p.106. 『복음전도란 무엇인가』. 이 책은 자유함과 담대함으로 복음을 전하기 원하는 사람들의 필독서다.

결책의 필요성을 간과해서는 안 된다.

커뮤니케이션 전문가인 모린 킬리와 줄리 잉글링은 『마지막 대화*Final Conversations: Helping the Living and the Dying Talk to Each Other*』라는 매우 유용한 안내서를 썼다. 그들은 마지막 대화가 사랑하는 사람이 죽은 후의 관계를 견고하게 하고 임박한 상실을 준비시키며 고통을 해소시키는 것과 동시에 평안을 가져다줄 수 있다고 제안한다. 그들은 이렇게 말한다. "사전에 준비할 때, 도전적인 일에 대처하는 것은 훨씬 더 쉬워진다. 그러나 우리 가운데 오직 극소수만이 죽음에 대처하는 연습을 한다. 우리 문화에서 죽음은 극단적인 심리적 고통과 도전적인 조건들 속에서 미지(未知)의 영역을 다루는 것을 의미한다. 우리를 놀라게 하는 것은 거의 모든 사람이 한 번이라도 더 죽어가는 사람과 대화할 수 있는 기회를 갖기 원한다는 사실이다."[68]

그리스도인들은 사랑하는 사람의 죽음을 직면하는 데 큰 이점을 가지고 있다. 우리는 죽음을 부인하지 않는다. 왜냐하면 부활이 죽음을 삼켰다는 것을 알기 때문이다. 또한 우리는 죽음을 두려워하지 않는다. 왜냐하면 그리스도의 피로 우리가 구속받았기 때문이다. 심지어 구원받지 못한 친척과 이야기할 때도, 우리는 불편해하며 뒤로 물러서지 않는다. 우리는 다른 사람들이 피하는 주제를 담대하게 제기할 수 있다. 다른 모든 사람이 진부한 말을 우물거릴 때, 우리는 분명한 메시지를 선포할 수 있

---

68 Maureen P. Keeley and Julie M. Yingling, *Final Conversations: Helping the Living and the Dying Talk to Each Other* (Acton, MA: VanderWyk & Burnham, 2007), p.5. 내가 아는 한, 이 책에서 저자는 기독교든 다른 종교든 특정한 종교적 입장을 취하지 않는다.

다. 또한 받아들여져 봤기에 거절당하는 것도 기꺼이 받아들일 수 있으며 죽어가는 친척이 우리에게 큰 잘못을 행하더라도 기꺼이 그들을 용서하기로 선택할 수 있다. 왜냐하면 우리가 그리스도께 바로 그런 용서를 받았기 때문이다.

피터는 어린 시절의 끔찍한 이야기를 해 주었다. 그것은 정말로 사람들의 머리를 쭈뼛하게 할 만한 이야기였다. 부모의 이혼의 횟수와 알코올 중독의 정도와 반복적인 육체적 학대는 상상을 초월할 정도였다. 대학에 다니는 동안 신앙을 갖게 된 그는 거기서 완전히 새로운 가족을 발견했다. 그는 주말과 방학을 새로 발견한 그리스도인 형제자매들과 함께 보냈다. 다시는 가족과 함께 있고 싶지 않았기 때문이었다. 특별히 주말에는 더욱 그랬는데, 주말만 되면 그의 집에서 요란한 술 파티가 벌어지기 때문이었다. 그래서 그는 여름방학마다 선교 여행에 참여했다. 그것은 가능한 집으로부터 멀리 떨어져 있기 위함이었다.

졸업 후, 그는 교회에서 청년 사역자로 봉사했다. 그는 자기처럼 나쁜 환경 속에 있는 청년들에게 위로를 베풀며 은혜의 메시지를 선포했다.

그 가운데 임종이 가까워진 그의 아버지가 그를 불렀다. 그렇게 하여 피터는 아버지를 방문하게 되었다. 몇 년 전 피터가 아버지를 일방적으로 용서한 이후 그들의 관계는 어느 정도 회복된 상태였다. 자신이 한 달 이상 살지 못할 것을 아는 그의 아버지는 그와 이야기하기를 원했다.

"나는 좋은 아버지였지, 그렇지 않니?" 피터는 아버지가 자기에게 그렇게 물었다고 말했다. "도대체 내가 뭐라고 대답해야 되지요?" 그때 피터가 나에게 큰 소리로 물었다.

"글쎄요, 잘 모르겠는데요. 뭐라고 대답했는데요?" 내가 다시 물었다.

"나는 이렇게 대답하고 싶었습니다. '아니요, 아버지는 좋은 아버지가 아니었어요. 아버지는 술꾼이었고 학대자였고 음행자였고 속이는 자였고 얼간이였어요.'"

"그렇지만 그렇게 말하지 않았군요, 그렇죠?" 나는 웃으면서 말했다. 그도 따라서 웃었다.

"네. 나는 잠시 동안 가만히 있었습니다. 그러나 나는 이것을 바로잡고 싶었습니다. 그래서 아버지에게 이렇게 말했습니다. '아버지, 나는 아버지가 자신의 일을 잘했다고 생각해요. 그러나 아버지도 알다시피 자신이 해야만 하는 모든 일을 다 잘하는 사람은 아무도 없잖아요. 우리 모두는 어떤 부분에서는 잘못하기도 하고 실수하기도 하니까요.'"

피터는 잠시 멈추었다가 깊은 숨을 쉬고는 다시 말했다.

"지금까지 나의 아버지는 주님과, 내가 믿음으로 나오게 된 경위와, 영적인 것에 대해 아무런 반응도 나타내지 않았습니다. 그러나 그때 그는 나의 말에 귀를 기울였고, 그래서 나는 그에게 복음을 전했습니다. 그것은 마치 내가 다른 사람들에게 수없이 전한 복음이 녹음되어 있는 녹음기의 버튼을 누르는 것과 같았습니다. 나는 거의 자동으로 예수님이 그의 죄를 위해 십자가에서 죽으신 이야기를 해 주었습니다. 로봇과 같이 해야만 했습니다. 내가 아버지와 관련된 감정에 대해 생각한다면, 언제든 내 마음속에 잠재되어 있던 분노가 머리를 내밀 수 있기 때문입니다."

"그래서 당신의 아버지는 어떻게 응답했습니까?"

"그는 그리스도를 믿었습니다. 돌아가시기 3주 전이었지요. 그것은 정말로 놀라운 일이면서 혼란스럽고 한탄스러운 일이기도 했습니다."

"그것이 어째서 한탄스러운 일이지요?" 내가 물었다.

"어째서 그는 좀 더 일찍 그렇게 하지 않았을까요? 어째서 우리는 좋은 아버지와 아들의 관계 속에서 좀 더 많은 시간을 보낼 수 없었을까요? 어쨌든, 나는 그를 천국에서 다시 보게 될 것입니다. 거기서 좋은 시간을 많이 보낼 수 있겠지요."

나는 아버지에 대해 복수의 길이 아니라 복음의 길을 선택한 피터에게 찬사를 보냈다. 분명 그는 그의 아버지의 물음에 다르게 대답할 수 있었다. 어쩌면 어떤 상담자들은 그에게 그렇게 하라고 격려할 것이다. 그러나 은혜의 복음은 화해와 평안과 사랑을 가져다준다. 피터는 지금 편안함과 용서와 기쁨으로 자기 아버지에 대해 말한다. 만일 그가 먼저 불편함 속으로 과감하게 들어가지 않았다면, 결코 그는 그런 편안함과 용서와 기쁨을 발견하지 못했을 것이다.

완전한 명료함

다섯째, 영원의 실재는 우리가 분명한 선언으로 복음을 전하게 한다. 교회사는 내가 지금 말하려는 것을 더 큰 맥락으로 보여준다.

역사의 결정적인 순간에, 교회는 다양한 믿음의 위기에 직면했다. 믿음의 핵심적인 교리에 대한 도전에 어떻게 반응했는지가 하나님의 백성의 특징을 나타내고 이단으로부터 정통을 구별했다. 교부(教父)들의 세대였던 1세기 때 위기는 그리스도의 교리에 대한 것이었다. 어떤 사람들은 그리스도가 하나님이면서 동시에 사람일 수 없다고 말하면서, 그의 양성

(兩性)에 의문을 제기했다. 그러나 교회는 사도신경과 니케아 신조과 같은 문서로 응답하면서, 예수가 완전한 하나님이면서 동시에 완전한 사람임을 확증했다.

종교개혁 때 위기는 구원의 교리에 대한 것이었다. 어떤 사람들은 구원이 믿음으로 말미암는 것이라는 데 의문을 제기했다. 그러나 교회는 '오직'(alone)이라는 키워드를 사용한 일련의 선언들로 응답했다. 우리는 오직 은혜로 말미암아, 오직 믿음을 통해, 오직 그리스도에 의해 구원받는다.

20세기 초에 우리는 또 다른 위기에 직면했다. 그것은 성경의 본질에 대한 위기였다. 어떤 사람들은 성경이 권위가 있으며 역사적으로 신뢰할 만한 것인지에 대해 의문을 품었다. 그 결과 교회와 교파들이 성경의 본질에 대해 의견 차이를 보였고 비극적인 방식으로 분열되었다. 이것을 '근본주의자-현대주의자' 논쟁이라고 부른다. 근본주의자들은 하나님이 말씀하셨으며 성경이 진실로 그분의 말씀이라고 분명하게 선언하는 것으로 응답했다. 프란시스 쉐퍼의 책 제목 가운데 하나처럼, 그들은 그분이 '거기 계시며 말씀하시는 하나님'이심을 확증했다.

현대주의(modernism)로부터 후기현대주의(postmodernism)로 이행하는 시기인 오늘날, 우리는 또 다른 위기에 직면하고 있다. 그것은 앎(knowing)에 대한 것이다. 그 의문은 단순히 성경이 하나님의 권위 있는 말씀인지가 아니라, 우리가 어떤 근원으로부터 무엇인가를 알 수 있는지에 대한 것이다. 어떤 사람들은 손을 저으면서 이렇게 말한다. "도대체 누가 무엇인가를 안다고 하는 것인가? 어떤 방식으로든 말이다." 안타깝게도 스스로를 복음주의자라고 부르는 사람들조차 그러한 개념을 받아들이면서, 확신과 명료함으로 무엇인가를 말하는 능력을 스스로 허문다.

분명 하나님은 우리가 알고 싶어 하는 모든 것을 계시하지 않으셨다. 모세는 "감추어진 일은 우리 하나님 여호와께 속하였거니와"라고 선언한다. 그러나 곧바로 이렇게 덧붙인다. "나타난 일은 영원히 우리와 우리 자손에게 속하였나니 이는 우리에게 이 율법의 모든 말씀을 행하게 하심이니라"(신 29:29). 당신은 여기서 확실함을 볼 수 있는가?

또 사도 요한은 그의 첫 번째 서신을 다음과 같이 담대한 말로 시작한다. "우리가 보고 들은 바를 너희에게도 전함은"(요일 1:3). 또한 그는 동일하게 담대함으로 이렇게 말하면서 그의 서신을 마무리한다. "또 증거는 이것이니 하나님이 우리에게 영생을 주신 것과 이 생명이 그의 아들 안에 있는 그것이니라 아들이 있는 자에게는 생명이 있고 하나님의 아들이 없는 자에게는 생명이 없느니라 내가 하나님의 아들의 이름을 믿는 너희에게 이것을 쓰는 것은 너희로 하여금 너희에게 영생이 있음을 알게 하려 함이라"(요일 5:11-13).

당신은 여기서 명료함을 볼 수 있는가? 확실함을 느낄 수 있는가?

빅터는 아버지가 죽기 전날 그에게 이 구절을 읽어 줄 때 명료함과 확실함을 느꼈다. 빅터는 아직 어린 그리스도인이었지만 구원의 확신이라는 매우 중요한 주제를 배웠다. 캠퍼스 성경공부반의 동료들과 함께, 요한일서 5장 11-13절을 외웠다. 그는 이러한 말씀이 임종 직전에 있는 아버지에게 복음을 명확하게 전할 수 있음을 느꼈다. 그의 아버지는 평생 회의주의자로 살며, 단지 문화적 경험을 위해 가끔씩 교회에 갈 뿐이었다. 그런 그가 아들의 말에 귀를 기울였다. 그때까지 들었던 어떤 설교보다 더 집중했다.

비록 세련되지 못한 말이었지만, 빅터는 자기 아버지의 병상(病床)에서 부드러운 어조로 이렇게 말했다. "아버지, 이 구절은 누구든지 아들을 소유한 자는 천국에 들어갈 거라고 분명하게 말해요. 이것은 아버지가 예수님이 아버지의 죄를 위해 십자가에서 죽으신 것을 믿기를 원한다고 하나님께 고백해야만 한다는 것을 의미해요. 아버지는 지금까지 하나님 없이 살고자 했던 모든 것을 회개해야만 해요. 아버지의 모든 죄를 하나님께 고백해야만 해요. 이 말씀을 믿으세요?"

이때쯤 빅터와 아버지의 의사소통은 사실상 불가능해졌다. 그의 아버지는 다음과 같이 말하는 것처럼 보이는 표정을 지을 뿐이었다. "그래, 나는 기꺼이 믿기를 원한다."

빅터는 어깨를 으쓱하면서 자기 아버지가 모든 것을 이해하고 진정으로 하나님께 고백했는지 알고 싶어 했다.

그는 이렇게 설명한다. "그러나 그것은 명확함의 결여 때문이 아닙니다. 나는 하나님의 말씀이 명확하며 모든 것을 찔러 쪼갤 수 있다고 확신합니다. 심지어 모르핀까지도 말입니다."

당신은 이 이야기가 해피 엔딩으로 끝나기를 바랄 것이다. 다행히 나는 그렇게 해피 엔딩으로 끝나는 간증을 많이 들었다. 그리고 많은 사람들이 나에게 임종의 자리에서 성경을 읽어 주는 것을 통해 회심한 이야기를 들려주었다. 신학적인 논쟁이 있지만 어떤 구절들은 임종을 앞둔 사람들에게 우리가 상상하는 것보다 훨씬 더 분명하게 무엇인가를 말한다.

교회 전체 역사 전체를 봐도, 임종의 자리에서 성경을 읽어 주는 것은 가장 효과적인 전도 방법 가운데 하나였다.

가수 겸 작곡가인 샐리 클레인 오코너는 나에게 두 가지 이야기를 해 주었다.[69] 하나는 행복한 이야기이고, 하나는 슬픈 이야기이다. 유대인 가정에서 자란 그녀는 예수의 이름을 단지 서약을 할 때만 듣다가 대학을 졸업한 후 예수님을 구주로 영접했으며, 새 피조물이 되었다. "지금도 나는 여전히 아버지와 매우 힘든 관계를 유지하고 있습니다. 우리 사이에 있는 것은 분노뿐이었습니다. 내가 어린 그리스도인이었던 20대 때, 아버지와 나는 만날 때마다 싸웠습니다. 우리 부모님은 헤어졌습니다. 아버지를 볼 때마다, 내 눈에는 사람이 보이지 않고 오직 그가 나와 엄마와 다른 사람들에게 행한 잘못만 보였습니다."

어느 날 아침 또다시 싸움이 시작되려 할 때, 샐리는 냉정을 되찾기 위해 아버지를 피해 자기 방으로 갔다. 거기서 하나님은 그녀에게 그녀 자신이 변화될 필요가 있음을 보여주셨다. 그들의 싸움의 패턴은 그들 누구에게도 도움이 되지 않았다.

"그것은 즉각적인 치유였습니다. 나는 모든 기도가 즉각적인 방식으로 응답되기를 바랐지만, 그런 적은 한 번도 없었습니다. 그러나 그때는 달랐습니다. 그것은 완전한 치유였습니다."

그녀는 아버지에게 돌아가 사랑한다고 말했다. 그녀는 자신이 그렇게

---

69 이 책에 등장하는 이름은 대부분 가명이지만, 이것은 실제 이름이다. 샐리는 남편 마이클과 함께 음악과 문학을 통해 아름다운 치유 사역을 하고 있다. 그들의 이야기를 좀 더 자세히 듣기를 원한다면 다음 웹 주소로 들어가 보라. www.improbablepeople.org.

한 것은 아마도 처음일 거라고 했다. 그러자 아버지가 그녀에게 "나 역시 너를 사랑한다"라고 말했다. 그녀는 처음으로 아버지에게 그와 같은 말을 들었다.

"그로부터 2년 동안 아버지는 나를 거스르는 행동을 전혀 하지 않았습니다. 당신은 그것이 얼마나 극적인 변화인지 상상할 수 없을 겁니다. 나는 용서의 자리로 나갔고, 그 모든 일은 단 하루 만에 일어났습니다." 이렇게 하여 예수 그리스도에 대한 일련의 긴 대화가 시작되었다(그러한 대화는 거의 10년 가까이 이어졌다). 그녀의 아버지는 그들의 새로운 관계가 오직 샐리의 믿음 때문임을 기꺼이 인정했다.

그의 건강이 악화되기 시작하자, 샐리가 그를 돌보는 일을 맡았다. 그녀는 아버지와 관련하여 마음속에서 일어난 극적인 변화에 대해 남편 마이클에게 이렇게 말했다. "나는 아버지 없이 나 혼자만 어린양의 혼인잔치 자리에 앉고 싶지 않아요." 마이클은 그런 아내의 말에 영감을 받아 시를 썼고, 나중에 샐리가 거기에 멜로디를 붙였다.

> 일요일 저녁 식탁에 우리 다시 앉았네
> 나는 가장 아름다운 장미를 샀네
> 그러나 우리 사이에 침묵이 흐르네
> 내 머릿속이 복잡하네
>
> 당신은 날씨에 대해 말하기를 좋아하네
> 최근에 보는 드라마들도 빼놓지 않고 말하네

7장

그러나 내가 영원에 대해 말하기 시작할 때

당신은 아무 말 없이 가만히 있네

나는 그곳에서 당신을 보기를 원하네

부디 내게 신경 쓰지 말라고 말하지 마오

나는 내 옆자리가 비어 있다면

그분의 식탁에 앉기를 원치 않네

나는 진실로 그곳에서 당신을 보기 원하네

당신은 내가 진짜로 미쳤다고 생각하지는 않네

비록 때로는 내가 정말로 그런 것 같기는 하지만

어떤 미친 자가 모든 이성(理性)을 내던져 버리고

자기 생명을 자기가 볼 수 없는 자에게 주겠는가

나는 더 큰 믿음을 갖기 원하네

그렇지 않으면 평정을 잃을 것 같다네

그러나 시간이 없는 게 두렵다네

나는 우리가 다시 만날 것을 알기 원한다네

나는 그곳에서 당신을 보기를 원하네

부디 내게 신경 쓰지 말라고 말하지 마오

나는 내 옆자리가 비어 있다면

영원

그분의 식탁에 앉기를 원하지 않네

나는 진실로 그곳에서 당신을 보기 원하네

그러므로 고요한 시간에

그분께 간구하지 않으려는가

그리고 손을 내밀어 그의 얼굴을 만지지 않으려는가

나는 그곳에서 당신을 보기 원하네

부디 내게 신경 쓰지 말라고 말하지 마오

나는 내 옆 자리가 비어 있다면

그분의 식탁에 앉기를 원치 않네

나는 진실로 그곳에서 당신을 보기 원하네[70]

　　샐리가 콘서트의 마지막 순서로 이 노래를 부르기 시작했을 때, 주님은 마이클의 마음에 이 노래를 무료로 배포하라는 감동을 주셨다. "마치 주님이 나에게 이 노래로 돈을 벌려고 하지 말라고 말씀하시는 것 같았습니다. 그래서 우리는 카세트테이프와 CD를 무료로 배포하기 시작했습니다. 그러나 샐리는 항상 청중에게 이렇게 말했습니다. 이것은 무료지만 여러분에게 다른 의미의 비용을 요구합니다."

~

70 "I Just Want to See You There", words and music by Michael and Sally O'Connor © Copyright 1991 Improbable People Ministries. All rights reserved. 허락을 받고 이곳에 전재했다.

다른 의미의 비용은 복음을 나누는 매개체로서 그것을 구원받지 못한 친구들이나 친척들에게 주는 것을 가리킨다. 물론 그 노래 자체는 복음이 아니었다. 그러나 그 노래의 애틋한 가사와 멜로디의 힘은 사람들의 마음을 열 수 있었다.

이후 12년 동안 그들은 2만 5,000개의 카세트 테이프와 CD를 사람들에게 무료로 나누어 주었다. 그리고 그들은 그들의 노래를 통해 그리스도를 믿는 믿음으로 나온 수많은 사람의 이야기를 들었다.

아마도 당신은 샐리의 부모 중 어머니가 먼저 믿음으로 나왔을 것이라고 추측할 것이다. 샐리와 어머니는 매우 가까운 사이로 그녀의 어머니는 지적이며 다정한 성격이었다. 그녀는 심오한 주제들에 대해 토론하기 좋아했지만 종교는 싫어했다. 반면 샐리의 아버지는 달랐다.

샐리는 아버지의 건강이 악화되면서 좀 더 집중적으로 그를 돌봐야 할 때, 주님이 자신에게 "그의 발을 씻어 주라"고 말씀하시는 것을 느꼈다. 그녀는 정확히 그대로 했다. 그리고 마이클과 샐리의 여섯 살 된 딸은 자기 할아버지를 위해 매일 기도하기 시작했다.

샐리의 희생적인 사랑은 마침내 열매를 맺었다. 그녀의 아버지가 마침내 그녀와 함께 예수님을 구주로 영접하는 기도를 한 것이다. 그것은 그가 죽기 5년 전이었다. ('아멘'으로 영접기도를 마친 직후 그는 이렇게 덧붙였다. "아마도 이 사실을 알면 돌아가신 어머니가 나를 죽일 거야!"). 예수님을 구주로 영접한 후 5년 동안 그는 온유한 사람으로 변화되었다. 그는 기회가 있을 때마다 친척들에게 자신의 믿음을 간증했으며, 심지어 아내에게 긴 회개의 편지를 쓰기까지 했다.

반면 샐리의 어머니는 온유해지기는커녕 오히려 점점 더 거칠어졌다. 샐리에게 그녀는 "어떻게 너는 내가 지옥에 떨어질 거라고 생각할 정도로 그렇게 잔인하니?"라고 말하며 여러 차례 분노를 표현했다. 예수님에 관한 것이든 속죄에 관한 것이든 혹은 하나님의 거룩하심과 심판에 관한 것이든, 어떤 것도 그녀의 마음을 움직이지 못하는 것처럼 보였다.

샐리는 나에게 이렇게 말했다. "마지막 일주일 동안 어머니는 말을 할 수 없었습니다. 그래서 나는 어머니에게 어떤 일이 일어났는지 알지 못합니다. 단지 주님이 어머니의 마음 어딘가에 그분을 계시하시고 어머니가 그분을 구주로 영접했기를 진심으로 바랍니다. 그러나 나는 알지 못합니다. 오직 하나님만 아실 뿐이지요."

두 가지 지배적인 세계관이 서로 경쟁하고 있다. 하나는 이생을 존재하는 모든 것으로 보는 반면, 다른 하나는 이생을 다음 생을 위한 준비로 본다. 하나는 모든 것을 오직 일시적인 관점으로 생각하는 반면, 다른 하나는 영원의 빛 속에서 일시적인 것을 바라본다. 또 하나는 죽음에 대해 생각하는 것을 피하는 반면, 다른 하나는 죽음을 직면한다. 하나의 세계관은 죽은 사람들을 "우리 마음속에서 살고 있는" 사람들이라 말하는 반면, 다른 하나의 세계관은 "각 나라와 족속과 백성과 방언에서 아무도 능히 셀 수 없는 큰 무리가 나와 흰 옷을 입고 손에 종려 가지를 들고 보좌 앞과 어린 양 앞에 서서 큰 소리로 외쳐 이르되 구원하심이 보좌에 앉으신 우리 하나님과 어린 양에게 있도다 하니(계 7:9-10)"와 같은 환상을 본다.

결국 이생에서 우리가 말하고 행하는 것은 영원한 차이를 만들 수 있다.

단계적 실천

1. 천국을 묘사하는 성경 구절들을 묵상하며 천국에 대한 확신을 더욱 고취하고 강화하라. 천국에 대해 설명하는 책을 읽어라. 내가 좋아하는 책 가운데 하나는 조니 에릭슨 타다의 『천국: 당신의 진짜 본향*Heaven: Your Real Home*』이다.[71]

2. 만일 아직 전도를 시작하지 않았다면, 당신의 친척의 삶 속으로 복음을 전할 다른 사람들을 보내 달라고 하나님께 기도하라. 그들은 당신이 말한 것과 정확히 같은 말을 하지만, 그 효과는 완전히 다를 수 있다. 당신의 친척을 그리스도께 인도하는 것이 오직 자신에게 달려 있다고 생각하는 교만을 버려라. 다른 사람들도 얼마든지 당신의 친척을 그리스도께 인도할 수 있다.

---

[71] Joni Eareckson Tada, *Heaven: Your Real Home* (Grand Rapids, MI: Zondervan, 2001).

3. 임종을 눈앞에 둔 어떤 사람이 있다고 하자. 만일 당신에게 그를 구원으로 인도할 수 있는 시간이 10분밖에 없다면, 당신은 어떻게 하겠는가? 그에게 무슨 말을 할 것인가? "예수님을 당신의 구주로 영접하는 기도를 하겠습니까?"라는 초청으로 귀결되는 메시지를 준비하라. 필요하다면 그것을 글로 적은 후 암기하라. 그리고 거기에 요한복음 5장 11-13절이나 분명한 결단을 촉구하는 다른 성경 구절을 포함시켜라.

4. 노화와 관련된 책을 읽는 것은 도움이 될 수 있다. 당신은 이미 모든 것을 알고 있다고 생각할 수 있지만 노화에 관한 연구는 최근에 많은 발전을 이루었다. 그와 관련하여 나는 메리 파이퍼의 『또 다른 나라』(모색, 2000)를 추천하고 싶다.[72] 이 책은 노인들에 대한 은혜와 긍휼을 보여준다.

5. 연로한 친척을 그리스도께 인도하기 위한 도구로서 사용할 수 있는 자료들을 선택하라(예를 들어 빌리 그레이엄의 책이나 마이클과 샐리의 CD 등). 아직 시간이 있을 때 그러한 도구들을 모아 두라. 그것이 필요한 때가 곧 올 것이다. 미리 준비해 두지 않으면, 정작 필요할 때 아무 일도 할 수 없게 된다.

---

72 Mary Pipher, *Another Country* (New York, NY: Riverhead Books, 1999). 『또 다른 나라』(모색, 2000).

이방 세계에서 소수 집단인 유대 공동체는 그들의 정체성을 강조하는 이야기들을 많이 모아 놓았다. 그 가운데 어린 소년과 랍비에 대한 유명한 이야기가 있다. 어린 소년이 랍비에게 물었다. "유대인과 다른 사람들의 차이는 무엇인가요?" 그 질문에 랍비는 이렇게 대답했다. "아, 유대인은 다른 모든 사람과 똑같아. 단지 그 이상일 뿐이지."

　종종 나는 가족에게 전도하는 것이 다른 사람에게 전도하는 것과 똑같은 것으로 단지 그 이상일 뿐이라는 생각을 한다. 전도하는 데는 시간이 필요하다. 가족의 경우는 더 많은 시간이 필요하다. 전도에는 사랑의 표현이 포함된다. 가족에게는 더 분명한 사랑의 표현이 필요하다. 전도는 포괄적인 세계관을 포함한다. 그러므로 우리는 가족과 더불어 포괄적인 경험을 공유해야 하며, 전도는 그러한 경험 속으로 복음의 빛을 비추게 될 것이다.

사람들이 이 책을 한 마디로 요약해 달라고 요청할 때, 나는 항상 다음과 같은 슬로건을 제시한다. "가족 전도는 TLC를 요구한다." 아마도 어떤 사람들은 TLC를 '다정하며 사랑이 넘치는 관심'(Tender, Loving Care)이라고 예상할 것이다. 그러나 내가 의미하는 것은 그것이 아니다. 'T'는 시간(time)을, 'L'은 사랑(love)을, 'C'는 포괄성(comprehensiveness)을 의미한다. 바로 이 세 가지가 사람들이 나에게 말해 준 이야기 속에서 발견한 공통분모이다. 당신의 가족을 그리스도께 인도하고자 할 때, 당신은 길고 넓은 시각을 가져야 한다. 또 당신에게는 더 깊은 사랑의 저수지가 필요하다. 그리고 단순히 천국에 들어가는 티켓이 아니라 포괄적인 효과를 가진 복음을 제시하면서 옆문으로 들어가는 전략을 취할 필요가 있다.

그러나 나는 당신이 간결한 요약에만 머물지 않기를 바란다. 어떤 주제는 매우 복잡하다. 이것은 하나님의 나라와 같은 큰 주제 안에서 분명한 사실이다(전도는 '하나님의 나라'라는 큰 주제의 일부일 뿐이다). 예수님은 우리에게 하나님의 나라를 올바로 이해시키기 위해 다양한 예화와 비유를 사용하셨다. 한 번은 예수께서 이렇게 물으셨다. "우리가 하나님의 나라를 어떻게 비교하며 또 무슨 비유로 나타낼까"(막 4:30). 그는 청중이 어떤 이미지도 하나님의 나라의 포괄적이며 다양한 의미를 충분히 나타낼 수 없다는 사실을 깨닫기 바라셨다. 가족에게 전도하는 것은 이와 비슷하다.

마가복음 4장에서 예수님은 하나님의 나라를 설명하기 위해 씨와 관련된 세 가지 비유를 말씀하셨다. 첫째는 씨가 떨어진 네 종류의 땅에 대한 비유이며, 둘째는 계속해서 자라는 씨의 비유이며, 셋째는 우리의 상상을 초월할 정도로 크게 자라는 씨의 비유이다. 이러한 비유는 가족이나 친척 혹은 가까운 친구들을 전도할 때 우리에게 필요한 넓고 긴 관점, 사랑의 관점, 포괄적인 관점을 갖도록 도와준다.

첫 번째 비유는 열매를 맺을 수 없는 땅에 떨어졌더라도 어떤 씨는 열매를 맺음을 보여준다.

> 이에 예수께서 여러 가지를 비유로 가르치시니 그 가르치시는 중에 그들에게 이르시되 들으라 씨를 뿌리는 자가 뿌리러 나가서 뿌릴새 더러는 길 가에 떨어지매 새들이 와서 먹어 버렸고 더러는 흙이 얕은 돌밭에 떨어지매 흙이 깊지 아니하므로 곧 싹이 나오나 해가 돋은 후에 타서 뿌리가 없으므로 말랐고 더러는 가시떨기에 떨어지매 가시가 자라 기운을 막으므로 결실하지 못하였고 더러는 좋은 땅에 떨어지매 자라 무성하여 결실하였으니 삼십 배나 육십 배나 백 배가 되었느니라 하시고 또 이르시되 들을 귀 있는 자는 들으라 하시니라(막 4:2-9).

다행히도 예수님은 이 비유를 친히 해석해 주셨다. 그 비유에 대해 예수님은 이렇게 대답하셨다.

> 뿌리는 자는 말씀을 뿌리는 것이라 말씀이 길 가에 뿌려졌다는 것은 이들을 가리킴이니 곧 말씀을 들었을 때에 사탄이 즉시 와서 그들에게 뿌려진 말씀을 빼앗는 것이요 또 이와 같이 돌밭에 뿌려졌다는 것은 이들을 가리킴이니 곧 말씀을 들을 때에 즉시 기쁨으로 받으나 그

속에 뿌리가 없어 잠깐 견디다가 말씀으로 인하여 환난이나 박해가 일어나는 때에는 곧 넘어지는 자요 또 어떤 이는 가시떨기에 뿌려진 자니 이들은 말씀을 듣기는 하되 세상의 염려와 재물의 유혹과 기타 욕심이 들어와 말씀을 막아 결실하지 못하게 되는 자요 좋은 땅에 뿌려졌다는 것은 곧 말씀을 듣고 받아 삼십 배나 육십 배나 백 배의 결실을 하는 자니라(막 4:14-20).

여기서 씨 뿌리는 자가 동일한 종류의 씨를 여러 종류의 땅에 뿌리는 것을 주목하라. 당신은 정확하게 똑같은 말을 할 수 있고, 정확하게 같은 책을 선물할 수 있고, 정확하게 같은 전도지를 나눌 수 있으며, 냅킨 위에 정확하게 똑같은 도표를 그릴 수 있다. 그럼에도 한 사람은 받아들이고 다른 사람은 거부할 수 있다.

당신의 친척 가운데 어떤 사람은 마귀에게 속을 수 있다. 그럴 때 당신은 당신의 말이 듣지 못하는 귀 위에 떨어지는 것처럼 느낄 것이다. 영적으로 말하면, 당신의 말은 실제로 그렇게 된다. 또 어떤 사람은 처음에는 긍정적으로 응답하지만, 시간이 지나면서 삶의 불가피한 문제와 압력들로 인해 그의 본래 색깔을 드러낸다. 또 어떤 사람은 처음에는 비슷하게 긍정적으로 응답하지만, 시련이나 박해 같은 소극적인 것이 아니라 형통이나 성공이나 쾌락이나 이생의 자랑과 같은 적극적인 것으로 인해 결국 다른 길로 가게 된다. 이러한 것이 오랫동안 그들의 마음을 만족시켜 줄 수 있는 것처럼 보이는 것은 참으로 놀라운 일이다.

에드는 아버지의 마음이 어떤 땅 같은지 생각해 보았다. 어머니는 아들을 주일마다 교회로 데려가는 경건한 여자였다. 그러나 그들이 교회에 가 있는 동안, 그의 아버지는 집에 머물면서 담배를 피우고 술을 마시며 TV를 보았다. 에드는 나에게 주일과 관련한 두 가지 기억을 말해 주었다. 교회에서 그와 어머니는 늘 2층 구석에 앉았는데, 그곳이 그들 곁에 그들의 아버지나 남편이 없는 부끄러움을 감출 수 있는 장소이기 때문이었다. (이것은 예전에 미국의 여러 지역에서 흔히 있었던 문화다.) 그리고 그의 아버지는 이상하게 주일만 되면 더 퉁명스러워졌다.

에드가 고등학생일 때, 어머니가 죽었다. 이로 인해 그의 아버지는 의기소침해졌고 파괴적인 행동을 많이 했다. 그러다가 에드는 대학에 들어갔고 그러한 환경을 피할 수 있는 기회를 얻게 되었다. 그는 거의 집에 가지 않았다. 별로 존경하지도 않는 아버지를 만나는 것을 그리 좋아하지 않기 때문이었다. 그러던 중 에드는 대학원에 다니는 동안 그리스도를 구주로 영접했다. 어린 시절 교회에서 뿌린 모든 씨앗은 명백히 좋은 땅에 떨어진 것이었다. 어떤 씨앗은 다른 씨앗보다 싹이 나는 데 더 많은 시간이 걸린다. 어쨌든 아버지에 대한 에드의 마음은 부드러워지기 시작했고 그는 주말에 자주 아버지를 만나기 위해 집에 갔다.

어느 토요일 밤, 집에 돌아온 에드는 메모판에 이미 잠자리에 든 아버지를 위해 메모를 남겼다. 그는 그것이 특별한 변화를 일으킬 것이라고는 생각하지 못한 채 이렇게 썼다. "아빠, 만일 아빠가 내일 오전 11시 예배에 함께 교회에 가기 원한다면, 10시 전에 나를 깨워 주세요."

놀랍게도 그의 아버지는 다음 날 10시가 되기 전에 그를 깨웠다. 에드는 이렇게 말했다. "그날 아버지와 함께 교회에 간 것은 기쁨을 넘어 굉장

에필로그

315

한 놀라움이었습니다. 그때까지 여전히 나는 아버지에 대해 애정 어린 감정을 갖고 있지 않았습니다." 그의 교회에는 주일 예배 때마다 사람들에게 그리스도를 영접하도록 초청하는 순서가 있었다. 모든 설교는 다음과 같은 말로 끝났다. "만일 여러분이 예수 그리스도를 여러분의 구주로 영접하기 원한다면, 지금 자리에서 일어나 강단으로 나오십시오." 그 말을 하면서 에드는 나에게 말했다. "놀랍게도 나는 아빠가 자리에서 일어나 앞으로 걸어 나가 강단 앞에서 무릎을 꿇는 것을 보았습니다." 예배가 끝난 후 에드는 아버지에게 무엇이 아버지를 앞으로 나가게 한 것인지 물었다. 그의 아버지는 이렇게 대답했다. "쇠사슬도 나를 일어나 앞으로 나가지 못하도록 묶어 놓을 수 없었을 것이다."

아마도 씨와 관련한 예수님의 두 번째 비유는 에드의 아버지의 이야기를 더 잘 이해할 수 있도록 도와줄 것이다. 무엇보다 그 비유는 우리가 희망을 잃지 않고 소망 가운데 계속 기도하도록 격려한다. 예수님은 이렇게 말씀하셨다.

하나님의 나라는 사람이 씨를 땅에 뿌림과 같으니 그가 밤낮 자고 깨고 하는 중에 씨가 나서 자라되 어떻게 그리 되는지를 알지 못하느니라 땅이 스스로 열매를 맺되 처음에는 싹이요 다음에는 이삭이요 그 다음에는 이삭에 충실한 곡식이라 열매가 익으면 곧 낫을 대나니 이는 추수 때가 이르렀음이라(막 4:26-29).

이 비유는 너무나 평범하며 특별한 것이 없는 것처럼 보인다. 주석가

제임스 에드워즈는 이렇게 말한다. "이것보다 더 평범한 비유를 상상할 수 있을까? 하나님의 나라는 저 멀리 희미하게 보이는 산봉우리, 붉은 저녁노을, 주권자의 부요함, 검투사의 화려한 위용 등과 같이 당당하며 영광스러운 것과 비교해야 한다. 그러나 예수님은 하나님의 나라를 씨와 비교하셨다. 이와 같이 평범한 것 속에 감추어져 있는 것이 바로 복음의 패러독스이다. 사실 성육신 사건도 그와 같다."[73]

일상의 평범한 리듬 속에서 하나님의 나라는 밤에 잠들고 아침에 깨어나면서 조금씩 자라간다. 어떻게 그렇게 되는지 우리가 알지 못하는 사이에 말이다. 에드는 어머니가 주일마다 교회에 가는 리듬이 퉁명스러운 아버지에게 얼마나 큰 영향을 끼치는지 알지 못했다. 하나님 나라의 씨는 술과 담배와 TV, 심지어 아버지에 대한 아들의 싸늘한 경멸까지 뚫고 나올 수 있다.

세 번째 비유는 우리에게 가장 큰 격려를 준다. 하나님의 나라에 대해 예수님은 이렇게 말씀하셨다.

> 겨자씨 한 알과 같으니 땅에 심길 때에는 땅 위의 모든 씨보다 작은 것이로되 심긴 후에는 자라서 모든 풀보다 커지며 큰 가지를 내나니 공중의 새들이 그 그늘에 깃들일 만큼 되느니라(막 4:31-32).

---

73 James R. Edwards, *The Gospel according to Mark* (Grand Rapids, MI: Eerdmans, 2002), p.142. 『마가복음』(부흥과개혁사, 2018).

'30배나 60배나 100배의 결실'이라는 표현처럼 앞의 네 가지 땅의 비유가 좀 더 계수적(計數的)인 방식이었다면, 이 비유는 좀 더 회화적(繪畵的)인 방식으로 말한다. 전화로 한 번 대화하는 것, 이메일로 안부를 묻는 것, "당신을 위해 기도하고 있습니다"라고 말하는 것, 메모판 위에 메모를 남기는 것 등은 나중에 큰 결실로 돌아올 수 있다.

대학원으로 돌아가기 위해 짐을 챙기면서, 에드는 아버지에게 그 교회 목사님이 인도하는 새신자 성장 프로그램에 참여할 것을 제안했고 그의 제안에 아버지는 기꺼이 동의했다.

"당신은 매일 신문을 읽습니까?" 목사가 에드의 아버지에게 물었고 그는 매일 읽는다고 대답했다.

"나는 당신이 아기를 낳거나 결혼을 발표한 사람들을 찾아 팸플릿에 있는 축하 글들을 참고하여 축하 엽서를 보내는 일을 맡아 주셨으면 합니다." 이렇게 하여 에드의 아버지는 새로 부모가 된 사람들과 예비 신랑신부들에게 엽서를 보내는 일을 시작하게 되었다. 처음에 에드의 아버지는 팸플릿에 있는 축하 글들을 옮겨 적었지만, 얼마 후부터는 스스로 축하 글을 쓰기 시작했다.

그러던 중 66세가 되었을 때, 에드의 아버지는 경건한 그리스도인 여인을 만나 결혼하게 되었다. 그는 집을 팔고 캠핑카를 산 후 새로운 아내와 함께 전국을 여행했다. 그러면서 자신이 쓴 팸플릿을 수천 부 배부했다(이것은 결코 과장이 아니다!). 이후 그는 18년 이상 두려움 없이 복음을 전하는 전도자가 되었다. 그렇게 자신의 이야기를 나누면서 자신이 쓴 글이 좋은 땅에 떨어져 100배의 열매를 맺기를 계속 기도했다.

이 책을 쓰면서 나의 최고 우선순위는 가족에게 전도하는 그리스도인에게 희망을 주고 격려하는 것이었다. 특별히 지금 전할 마지막 이야기는 내가 아직 구주를 알지 못하는 사람들을 위해 기도하고 그들에게 사랑을 베풀며 그들에게 할 말을 찾도록 격려한다.

2차 세계대전 때 나치는 2년 동안 레닌그라드(오늘날의 상 페테르부르크)를 포위했다. 그들은 포탄으로 그 도시를 공격하면서 그곳 시민들의 정신을 뭉개버리고자 했다. 시민들의 가장 큰 관심사는 에르미타주 박물관에 있는 예술품을 보호하는 것이었다.[74] 대규모 공격이 시작되기 전에 큐레이터들과 자원봉사자들은 수천 점의 그림과 조각품들을 싸서 동쪽으로 보냈다. 그러나 그들은 그림들과 조각품들이 있었던 액자들과 좌대(座臺)들은 남겨 두었다. 언젠가 다시 그림을 끼워 넣고 조각품을 세워 놓게 될 것을 기대하면서 말이다.

박물관 건물을 보호하기 위해, 직원들과 그들의 가족은 그 건물의 지하실로 이사했다. 그리고 러시아 병사들과 함께 그들은 바닥을 보호하기 위해 깨진 유리들을 쓸었고 벽에 난 구멍들을 막으며 지붕에 난 구멍을 통해 건물 안으로 들어온 눈을 치웠다.

병사들에게 감사를 표하기 위해, 직원들은 그들에게 건물 투어를 시켜주었다. 비록 거기에 예술품들은 없었지만 말이다. 그때 찍은 사진이 있

---

74 Max De Pree의 *Leading without Power: Finding Hope in Serving Community* (San Francisco: Jossey-Bass, 2003), 188. 이 이야기에 대한 좀 더 상세한 정보를 얻으려면 다음과 같은 책을 참고하라. Sergei Varshavsky의 *The Ordeal of the Hermitage* (New York: Harry N. Abrams, 1986).

다. 사진에는 빈 액자와 빈 좌대를 가리키면서 병사들 한 무리 앞에 큐레이터들이 서 있다. 아름다운 예술 작품들을 설명하는 그들의 목소리가 들리는 듯하다. 그들은 기억을 더듬어 르누아르, 다빈치, 모네, 미켈란젤로와 같은 천재 예술가들의 붓놀림과 끌질 등을 설명했을 것이다.

큐레이터들은 '행복한 기억'과 '희망에 찬 기대'를 가지고 있었다. 그들은 한때 거기에 있었던 것을 기억하면서, 언젠가 그 작품들이 다시 돌아올 것을 기대했다.

마찬가지로 우리도 구원 역사(歷史) 속에서 현재의 순간을 살면서 그와 비슷한 두 가지를 경험한다. 우리는 남자와 처음 여자가 반역하기 전에 세상이 어떠했는지를 기억하면서, 그리스도께서 재림하신 후 세상이 어떻게 될 것인지를 내다본다. 그리고 주로 성경과 만물이 마땅히 어떠해야 하는지에 대한 내적인 감각을 통해 타락 이전의 창조 세계를 돌아본다. 동시에 우리는 성경과 그리스도의 부활로 확증된 믿음을 통해 재림 이후의 완성을 기대한다.

이러한 성경 역사(歷史)의 양 끝 사이에 우리가 사는 세상이 있다. 우리가 사는 세상은 아름다움과 타락의 증거를 생각나게 하는 것들이 가득하다. 우리는 죄와 반역, 동시에 선함과 사랑과 하나님의 형상을 나타내는 사람들을 본다. 그들 가운데 우리의 가족과 친척과 친구들이 있다. 그들은 우리와 함께 살고 자라며 우리와 같은 모습으로 휴일을 즐긴다. 그리고 그들과 함께 복음을 나눌 때, 우리는 만물을 창조하신 하나님과 만물을 새롭게 하실 구주를 가리키게 된다.

그런 의미에서 우리의 가족과 친척과 친구들에게 복음을 전하는 것은 그리스도의 재림을 기다리는 것과 비슷하다. 또 그것은 예술품들이 다시 돌아오기를 기다리는 에르미타주 박물관의 직원들과 같다. 아니, 그 이상이다.

● 독자 여러분들께 알립니다!
'CH북스'는 기존 '크리스천다이제스트'의 영문명 앞 2글자와
도서를 의미하는 '북스'를 결합한 출판사의 새로운 이름입니다.

가족전도

가족과 가까운 친구들에게 복음을 전하는 방법

1판 1쇄 발행 2020년 5월 22일
1판 2쇄 발행 2025년 2월 21일

지은이 랜디 뉴먼
옮긴이 정충하
발행인 박명곤 **CEO** 박지성 **CFO** 김영은
기획편집1팀 채대광, 이승미, 이정미, 김윤아, 백환희, 이상지
기획편집2팀 박일귀, 이은빈, 강민형, 이지은, 박고은
디자인팀 구경표, 유채민, 윤신혜, 임지선
마케팅팀 임우열, 김은지, 전상미, 이호, 최고은

펴낸곳 CH북스
출판등록 제406-1999-000038호
전화 070-4917-2074 **팩스** 0303-3444-2136
주소 서울시 강서구 마곡중앙6로 40, 장흥빌딩 10층
홈페이지 www.hdjisung.com **이메일** support@hdjisung.com
제작처 영신사

ⓒ CH북스 2020

이 책을 만든 사람들
편집 이은빈 **교정교열** 최은혜 **디자인** 구경표

"크리스천의 영적 성장을 돕는 고전"
세계기독교고전 목록